本书编写组 编著

观石读史

国家线上线下混合一流本科课程

中国出版集团有限公司
研究出版社

图书在版编目（CIP）数据

观石读史 / 本书编写组编著．—北京：研究出版社，2025. 9. —ISBN 978-7-5199-1812-5

Ⅰ. K877.404

中国国家版本馆 CIP 数据核字第 2025DW7552 号

出 品 人：陈建军
出版统筹：丁　波
责任编辑：谭晓龙

观石读史

GUANSHI DUSHI

本书编写组　编著

研究出版社 出版发行

（100071　北京市丰台区右外西路2号中国国际出版交流中心3号楼8层）

北京中科印刷有限公司印刷　新华书店经销

2025年9月第1版　2025年9月第1次印刷

开本：787毫米×1092毫米　1/16　印张：17.25

字数：252千字

ISBN 978-7-5199-1812-5　定价：58.00元

电话（010）59901918（发行部）　59901958（总编室）

本书编写组成员

唐　凌　李天雪　江田祥　徐　毅
刘祥学　李闰华　彭家威　钟　珂

写在前面的话

大学承担着为国家培养各种专业技术人才的使命。大学生作为祖国未来的建设者和科学技术的创新者、传播者，需要具备先进的理念和文化。打好专业基础，是实现发展的重要前提。而提高人文素质，则是打好专业基础的重要保证。

《观石读史》是大学人文素养公选课。这是国家实行课程三级管理制度以来，广西师范大学按照人才培养目标，根据地方实际和课程建设基础独立创设的一门课程。目的是充分利用特色石刻资源，增强课程竞争力，促进学科建设，提高人才培养质量。

2013 年，《观石读史》被列入校级网络公选课；2016 年，被确定为广西专业导论精品视频公开课；2017 年，入选广西首批在线开放课程建设与应用支持计划；2019 年，被评为广西线上线下混合式一流本科课程；2022 年，入选国家高等教育智慧教育平台首批上线课程；2023 年，被确定为国家线上线下混合式一流本科课程。《观石读史》由地方课程发展为国家一流课程，说明取得了社会公认的建设效果，也说明国家以开放的机制促进课程建设的导向是正确的，激发了全国各地高校开展课程改革与实践的积极性与创造性。

石刻广泛分布于全国各地，其创制者多为民众，主要反映民意、民情、民生，无论内容还是形式，均与普通历史有很大的差别，是名副其实的历史的另外一种表现方式。石刻不仅蕴藏着丰富的历史信息，还具有很高的艺术价值和应用价值，在社会主义经济和文化建设中具有不可替代的作用，是珍贵的历史文化遗产。《观石读史》在概述石刻文化基本内涵、源流演变、主要类型、社会功能等知识的基础上，重点对其文化遗产的价值进行论述，并对其保护、利用策略提出合理建议。努力帮助大学生提高人文素质，主动承担起传承中华民族优秀历史文化的职责。

要学好《观石读史》，必须养成收集石刻资料的习惯，从自己的生活世界中寻找石刻历史的踪迹，在点点滴滴的知识积累中逐渐形成“观石读史”的感性认识。走出校园，深入社会开展调查，牢固树立“在田野中发现历史”的观念，是实现教育创新的重要前提，也是确保对本课程学以致用、知识融通的基本保证。

刻在石头上的历史，蕴藏着独特的历史信息。要想增强学习“观石读史”的效率，必须掌握正确的方法。无论石刻构成多么复杂，内容多么与众不同，只要沿着文本解读和非文本解读的路径开展探索，就可打开石刻的奥秘，走进历史的深处。所谓文本解读，就是读懂石刻文字本身的信息；所谓非文本解读，就是读懂与石刻密切相关的自然环境、社会环境、历史源流、文化定制、人物个性等方面的信息。将文本信息和非文本信息结合起来，就会对“石刻是历史的另外一种表现方式”的含义产生深刻的理解。

现代社会里，课程并非孤立存在，而是与各种技术平台产生交集，彼此相互支撑，相互促进，共同发展。“观石读史”作为国家线上线下混合式一流本科课程，依托上海“智慧树”教育平台面向全国开放。目前，在“智慧树”上线的“观石读史”课程共有14个专题，77个知识点。通过教师的逐一讲解，石刻文化在线上得到普及。我们在学习过程中，应充分利用网络技术，将本教材的内容与“智慧树”教育平台上展示的课程内容结合起来。围绕基础知识，比较异同，深化认识，悟出课程核心要义。

品读、传承、创新是“观石读史”三个关键词。在学习中，要准确理解这三个关键词的意义与要求，既要对重要石刻加强品读，也要结合各自的专业进行学习，传承石刻所承载的中华优秀传统文化，还要利用石刻资源，在各自的专业实践中努力创新探索，使课程学习出现生动活泼的局面。

本教材分为上、下两编。上编为“观石读史”的基本理论与方法，这些理论和方法都是当前最基本也是最值得关注的；下编为“观石读史”实践探索案例，每个案例除介绍碑刻和石刻的基本内容、历史文化价值外，还概括出一些解读的要领。这些要领，有的专门设科介绍，有的则结合本讲小结介绍，以供学习、借鉴。

每讲之前设“学习提要”，之后设“复习思考题”，目的是帮助大家更好地理解和掌握学习的重点和难点。

愿《观石读史》给我们带来有益的启示。

期待同学们在“观石读史”的学习中取得丰硕的成果。

目　录

上编

『观石读史』的基本理论与方法

第一讲 学会“观石读史”，探索历史奥秘

学习提要

石刻是一种珍贵而重要的文化资源。学会“观石读史”，既是提高历史专业能力，实现创新的需要，也是保护、开发文化遗产，传承中华文明，促进经济和文化建设的需要，还是契合国际学术潮流的需要。要围绕“观石”和“读史”能力，开展新的知识构建，在挖掘石刻历史文化价值和增强石刻资源应用性方面下功夫。必须转变学习方法与研究方式，走向田野，深入社会，大力搜寻、整理存放于各地的石刻，运用文本和非文本解读的方法，破解有关的历史信息，并发掘其蕴藏的智慧及价值，贡献给社会。

一、“观石读史”是不可或缺的历史专业意识及能力

“论从史出”是历史科学的基本特征之一。所谓“论从史出”，就是要做到依据史实研究社会发展的变迁过程及其规律。治史首先要治史料，这是中国历史学一贯性的优良传统，延续至今。

史料的构成很丰富，既有文献，也有实物，还有运用科学技术统计而形成的“抽象”数据等。只有真正读懂各种史料所蕴藏的信息，才能将其运用在研究中，揭示历史的内幕。中国历来重视以石存史，因此，学会“观石读史”，是历史教学与研究的基本任务。

石刻广泛存在于日常生活中。一般说来，石刻主要包括记载历史的碑文和表现各历史时期社会风貌的石雕、石像等。所谓“观石读史”，就是通过观察石刻，发现其所蕴藏的历史信息，再利用这些信息，解释历史现象和规律的过程。每一尊石刻都位于特定的环境和地点，都有特定的内容及表现形式，通过观察、研究每一尊石刻，就能认识其代表的具体的历史。而一个个小历史认识的集合，就能达到正确认识历史发展规律及其本质特征的目的。所以，“观石读史”很重要的任务，就是引导我们从“小历史”走向“大历史”。这是历史学习和研究亟待探索的一条道路。

历史专业的学习与研究需要具备许多能力，而能力需要培养。学会正确“观石读史”，有助于强化专业能力。虽然人们都知道构成史料的元素很多，但是主动、有意识地解读石刻信息，并利用这些信息认识历史现象和历史规律，在实践中却不常见。囿于传统方法、缺乏创新精神、理论与实践相脱节等，都是导致这种现象出现的主要原因。

石刻作为记载历史的一种形式，其史料特征与普通文献相比，是比较特殊的。在中国，有官方文献和民间文献之分。不同的时代和不同的政治、经济、文化立场决定了不同的石刻有着各自的内容与表达方式。从创新的角度观察，石刻中的历史信息更丰富一些，对历史教学与研究更有意义一些。例如，广西上林县澄泰、白圩二乡所存的《六合坚固大宅颂》和《智城碑》，一成于唐高宗永淳元年（682 年），一成于武则天时期的万岁通天二年（697 年），是壮族地区最早出现的碑文。这两块碑刻，为人们了解壮族社会历史变迁提供了不可多得的史料，具有非常独特而重要的历史价值[①]。众所周知，广西地处西

① 白耀天：《〈六合坚固大宅颂〉、〈智城碑〉通译》，《广西民族研究》，2005 年第 4 期。

南边陲，开发较晚，官方记载的唐朝岭南道西部（今广西地区）社会变迁的文献数量十分稀少，尤其是壮族活动的文献资料更是缺乏。这两块碑虽然文字不多，却涉及壮族地区的社会制度、生产生活方式。全碑行文流畅，特别是《智城碑》的骈文，对仗工整而又富于文采，显示出作者深厚的文字功底和诗词造诣，同时，也表明中原文化对少数民族地区的影响已较为深入。另外，碑文中还出现了一些古壮字，又说明壮族文化也以自己的方式影响着整个社会。因此，该碑文体现了民族文化交融的状况。通过对碑文信息的解读，人们就会对唐朝的整体历史有更深入的了解。显然，《六合坚固大宅颂》和《智城碑》打开了透视西南边疆地区壮族社会的一扇新窗口。因此，经常开展“观石读史”活动，就可以帮助人们有效地发掘石刻中的历史价值，促进创新。从这个意义上来讲，这种历史专业能力的培养，在课堂、书斋中是难以实现的，必须深入社会开展实地调查，广泛收集石刻资料，从中选择有价值的进行解读，方能增强“论从史出”的能力。

对历史专业工作者而言，“观石读史”是一种社会责任。中国是保存石刻最多的国家之一。每一种石刻都蕴含着不同的文化寓意。随着城镇现代化进程的加快，石刻连同古建筑、古遗址等迅速消失。这种状态的出现，很重要的一个原因，是对石刻所承载的历史文化及其所关联的环境缺乏应有的认识。例如，桂柳运河开凿于唐朝，历经 1300 多年的风雨沧桑，仍能发挥一定的作用，不少遗址保存至今，是桂林的一张亮丽的历史名片。

良丰江与相思江交汇处原有的 5 个古码头，还有各时期修建码头的碑刻。最近为了修筑公路，这些古码头被改造、清除，只剩下 1 个作为历史古迹保存下来，多数碑刻也在修筑公路的过程中被破坏或失踪。也许有关部门认为只要有一个古码头保存下来就可以延续桂柳运河的历史。殊不知，在以水路运输为主的农业社会，码头的数量与密集程度是运河地位与价值最重要的证明，就像现在机场、火车站和汽车站的吞吐量取决于其场所的容量一样。只保留一处，其历史地位与价值就大为降低了。不少码头修筑捐款碑虽然只有捐款者及捐款数量的记载，内容单调、烦琐，却蕴藏着十分丰富的信息。例如，通过不同时期捐款者姓氏的统计分析，可以了解经济移民的结构变化；通过不同时期捐款数量的统计分析，可以懂得当地社会经济发展水平；通过捐款商人籍贯及其店铺的统计分析，可以了解历史上经济行业的力量；等等。这些碑刻资料，可以为区域经济史的研究提供重要的参考。若"观石读史"的理念与方法能被社会广泛认可，这种重视现代城镇建设、轻视历史文化保护的悲剧就可以大大减少。再如，祠堂是寄托家族精神、开展家族教育的重要场所。家族的有关规定，以石刻的方式长久保存，其中许多内容与中华传统文化一脉相承，有助于凝聚家族力量，促进社会和谐。但是，随着农村大量劳动力转向城市，广大乡村出现了越来越明显的空心化趋势。家族的教育力量衰落了，祠堂破败了，记载家规、家训的碑刻也逐渐消失了。其结果，不仅造成更为严重的城乡差异，还造成传统文化根基的动摇。

现在，国家已经清楚地认识到保护乡村文化的重要性。2013 年，住房和城乡建设部、文化部、财政部发出《关于做好中国传统村落保护发展工作的通知》，提出明确的保护要求，制定了一系列的措施。2018 年，中共中央、国务院又印发了《乡村振兴战略规划（2018—2022 年）》，其中第二十三章为"弘扬中华优秀传统文化"，提出要实施农耕文化传承保护工程，深入挖掘农耕文化中蕴含的优秀思想观念、人文精神、道德规范。要划定乡村建设的历史文化保护线，保护好文物古迹、传统村落、民族村寨、传统建筑、农业遗迹、灌溉工程遗产等。使历史记忆、民族特点融入乡村建设与维护。要实施乡村经济社会变迁物证征藏工程，鼓励乡村史志修编。这对中华传统文化在现代社会的延续具有积极而重要的意义。然而，要想真正取得成效，必须让民众对乡村的历史资源价值有所了解，因此，引导社会加强"观石读史"，这种责任就显得非同寻常。无疑，在历史教学与研究中，贯彻"观石读史"的理念与方法，并非一个可有可无的任务，而是一项事关国家文化是否具有竞争力，中华传统文化是否能够有效传承、发展的战略方针。文化保护与利用要靠高度的社会自觉，而社会自觉要靠教育养成。"观石读史"显然属于社会养成教育中不可或缺的内容。这种养成教育要从学校教育开始，延续到社会的各个领域，是一个长期的系统性的工程。

“观石读史”是增强历史学科应用性的需要。历史除资治之外，还要服务社会经济和文化建设。学会“观石读史”，能有效促进历史资源转换为建设要素。进入 21 世纪以来，随着科学技术的进步和人们生产生活方式的变革，文化产业和旅游业逐渐成为社会的主导行业，这些行业对历史资源的依赖性很大。事实上，许多石刻都承载着厚重的历史，是珍贵的文化遗产。但是，要将其成功地运用在文化产业和旅游业中，必须真正读懂其所蕴藏的信息。

仔细观察，不难发现，目前许多历史石刻资源的利用尚停留在较低的水平。主要表现在：第一，对文字或形象的寓意缺乏深入理解，无法与古人和古代社会进行有效对话，所以，在利用过程中也就难以引起现代人的共鸣。第二，对石刻与周围环境的关系缺乏深入探究，没有意识到这两者往往是相互支撑、相互影响的。一旦利用起来，只见树木，不见森林的现象就在所难免。第三，对不同时期、不同地区、不同民族的石刻缺乏总体认识，在解读对具体的石刻的解读，往往就事论事，无法揭示彼此之间的联系，并进行历史逻辑分析。因此，石刻文化的整体力量难以聚合，促进文化产业和旅游业发展的作用也就受到局限。在这种情况下，学会“观石读史”，明确历史工作者的责任，弘扬中华优秀传统文化，就显得特别重要。可见，“观石读史”的能力与社会经济、文化建设的担当能力存在着密切的关联性。只有不断增强“观石读史”的能力，才能有效服务社会，这是新时期对历史专业教学与研究的新要求。

刻于桂林王城独秀峰岩口右上方的王正功《鹿鸣宴劝驾诗》，在前人赞誉桂林山水的基础上，写下了脍炙人口、影响深远的“桂林山水甲天下”诗句，对桂林山水魅力的宣扬起到极其重要的作用。可以这样说，从南宋开始，对“桂林山水甲天下”的传播就一直没有停止，时至今日，桂林作为世界旅游名城，仍以这一诗句为基本文化符号。可见，解读这块碑刻，仅从文字本身入手是远远不够的，必须深刻理解其历史背景和文化意义。同时，还要把这块石刻与其他类似的石刻进行比较分析，才能真正掌握其文化精髓。

桂林七星岩龙隐岩有一方《元祐党籍碑》，反映了宋代朝廷党争的历史，该石碑目前全国仅存两方，均在广西，其中，融水苗族自治县真仙岩的那方限于交通和保护条件，未能正常向大众展示。人们要想了解当时党争的实证，只有参观桂林龙隐岩的这方《元祐党籍碑》。历史文化的体验属高层次旅游，需要珍贵石刻作为支撑。桂林作为世界旅游名城，《元祐党籍碑》在文化体验中无疑是十分珍贵的资源。因此，社会经济转型越是加快，就越要加强学习“观石读史”，提高历史学科的应用性。

学习“观石读史”是契合国际学术潮流的需要。当前国际历史教育与研究呈现出两大趋势：一是注重历史整体运动，即在全球史观的指导下，用开阔的视野看待世界各国的历史，展现文明成果和历史运动的共同规律。二是注重诠释历史的细节，增强各国各民族文明的独特性和生动性。只有这两者的高度结合，才能提高历史教学与研究的质量。分布于各地的石刻为人们提供了大量的历史细节。学会“观石读史”，才能对石刻中的历史魅力进行正确诠释，进而更客观、更科学地去看待历史的整体运动，揭示历史发展变化的规律。

目前，越来越多的历史学者重视石刻资料的收集与研究，目的就是利用这些新发现的石刻资料丰富历史的内容，增强历史的表现力。因此，加强石刻资料的整理研究，越来越多地成为社会各界的共识，尤其是边疆地区和少数民族地区的石刻资料，由于具有无可替代性，更是备受重视。在这种国际学术潮流的影响下，现在越来越多的历史教学倡导生活化的课程导向，即创设条件，让历史走进生活，让生活走进历史。通过“观石读史”，引导人们关注自己周围的生活环境，促进理论与实践的结合，获得重要的学习和研究资源，从而加强对文化遗产的保护与利用。

大量的事实证明，石刻是各国各民族文化根脉的承载体，在漫长的历史中，始终以其独特的方式影响着社会。但是，要将这种具体的影响上升为具有世界文明共性的成果，就必须加强“观石读史”方法的训练，使解读工作既忠实于具体石刻的内容与形式，也符合世界历史教育与研究的发展趋势。显然，要真正做到这一点并非易事，需要在理论与实践方面付出艰苦的努力。

二、“观石读史”课程的知识构建

通过前面的论述，可知“观石读史”既是一种意识，也是一种智慧，还是一种历史学习与研究的能力。那么，要学会“观石读史”，如何进行知识的合理构建呢？

“观石读史”是现代历史教学与研究的基本任务。知识的构建当然不能偏离历史科学体系。但是，“观石读史”的对象主要是石刻，因此，这种专业指向决定了有关知识的构建有一些特殊的要求。

如同打基础一样，要具备“观石读史”的能力，首先，必须了解石刻文化的历史渊源及其基本结构。石刻是人类文明的一种表现形式，在全世界都有分布。中国的石刻已有上千年的历史。据文献记载，石碑早在周代就已产生。《仪礼·聘礼》：“东面北上，上当碑，南陈。”郑玄注：“宫必有碑，所以识日景（曩），引阴阳也。凡碑，引物者，宗庙则丽牲焉，以取毛血。其材，宫庙以石，窆用木。”由于受环境和文化因素的影响，石刻形成了不同的派别及特点。因此，要对石刻文化产生、发展演变的过程进行系统学习，了解石刻制作的基本方法，同时，还要了解石刻资料与文献资料的异同。尽管两者都具有文献特征及存史功能，但无论形式还是作用都有较大差别。一般情况下，石刻主要集中在宫殿、宗社、庙宇、祠堂、风景名胜以及其他民间公共社交场域，其礼制、呈现方式、寓意、语言风格等各具特色，因此，在学习中不仅要了解石刻文字、图像所包含的内容，还要了解其支撑体系。在中国，该体系涉及政治制度、职官制度、祭祀制度、科举制度，以及金石学、考古学、年代学、风水学、宗教学等学科知识。只有深入了解这些制度，广泛涉猎这些知识，才能打下“观石读史”的基础。

历史学习与研究主要探究人与自然、人与社会、人与人、人与文化之间的关系。石刻类型可围绕这些关系大致划分，也可以按照历史学科的传统知识构架，划分为政治类石刻、经济类石刻、军事类石刻、文化类石刻和综合类石刻等。无论何种类型的石刻，都要重点关注其内容，尤其是那些充分反映地方特色，而且在全国具有较大影响力的石刻内容，更要对其深入学习、研究。诚然，石刻的内容往往比较复杂，类型的划分事实上难有明确的界限，但是，应当意识到，不同类型的石刻，解读的方式、侧重点是不同的。

因此，在知识构建方面，要依据各种类型的石刻，学会寻找相关的线索，真正读懂其中蕴含的信息。例如，在对商业会馆石刻资料进行解读的过程中，就要知道农业生产力条件下的墟镇，通常设立在河流的两岸，与会馆同时设立的，往往还有码头（集散货物）、戏台（利用墟期宣传产品）、庙宇（大宗贸易在神灵面前商定，加强诚信）、街道、骑楼、商铺（均为交易场所）等，每座建筑通常由商人集资修建，有关修筑的经过及捐款的情况都在这些场所立碑为证。可见，会馆实际上是中国古代商业系统的核心，与之相关的因素是很多的。因此，要围绕会馆这一核心，将有关因素联系起来，分别解读碑刻资料，认识才是完整、正确的。再如，西南边疆地区有不少“契约碑”，涉及不同历史时期的政治、经济和民族关系。当然可以对这些碑刻进行综合解读，但是，若分别从政治、经济和民族关系进行探究，对有关因素的分析就会更具体、更深入，所得出的结论才能更客观。从专业能力结构来看，“观石读史”既包括“观石”的能力，也包括“读史”的能力。“石”重在“观”，“史”重在“读”。学会科学分类，先立足于在具体的领域进行解读，逐渐积累经验，扩大线索，再进行综合解读，是提高“观石读史”能力的明智选择。知识的构建过程，也应遵循这一原则。

石刻是非常珍贵的资源，学会“观石读史”，目的就是要利用这些资料，促进历史学习和研究，同时，促进现代经济和文化建设。深入挖掘石刻的历史价值，是对其利用的重要前提。而要进行有效挖掘，一方面，要正确掌握石刻的基本内容；另一方面，要了解其历史价值形成的过程及意义。此外，还要掌握评价这种价值的标准与方法。当前，要将石刻资源转换为经济和文化建设要素，应从产业链的形成规律以及经济、文化发展的基本模式入手。

众所周知，所谓产业链就是与生产、加工、销售等相关的环节。而经济、文化发展模式往往与产业链密切相关。只要将石刻资源成功利用，文化产业链就会逐渐形成，进而促进社会经济和文化建设事业的繁荣。仍以商业会馆石刻资料为例，目前，许多城镇保存有一些商业会馆及其附属设施。围绕会馆这一核心发展文化产业和旅游业，可选择多种模式：一是将会馆开辟为文化教育旅游发展模式（如河南省开封市的山陕甘会馆、广西百色市的粤东会馆）；二是将会馆资源融入步行街的文化休闲模式（如广西阳朔县西街的江西会馆）；三是将会馆资源融入民俗风情区的文化生态旅游模式（如广西三江县丹洲镇的福建会馆）；四是将会馆资源与其附属设施共同组配的宗教体验旅游模式（如广西梧州粤东会馆天后信仰祭祀活动）；等等。这些会馆内的石刻均能有效支撑这些不同模式的产业发展。在“观石读史”过程中，将会馆的石刻资源转化为这些的支撑因素，必须关注这些产业链的不同组合方式，努力使石刻资源在各个环节都能发挥作用，同时，还要从提高利用效率上展开研究，例如，站在文化旅游的立场，将会馆里的石刻进行讲解，用生动活泼、通俗易懂的语言，诠释其文化内涵，普及历史知识，渗透德育和美育思想，就能大大提升文化品位，增强历史资源的应用性。应该承认，在传统的历史教学和研究中，利用石刻服务于经济和文化建设的意识和能力都是比较薄弱的，缺乏务实有效的措施。因此，当前若要提高“观石读史”的水平，就不得不根据社会经济转型的新形势和新变化，研究文化产业的需求，在“应用”二字上多下功夫。从理论转向实践应用，这是一个艰难的过程，有关知识的建构必须落实到一个个具体的行动方案上。值得高兴的是，各级政府对发展文化产业和旅游业越来越重视，制定了明确的规划，采取了一系列的具体措施，“观石读史”的环境和条件越来越有利。只要善于学习和研究，知识的更新与完善的速度就会不断加快。

“观石读史”需要大量素材。所以，学会收集、整理石刻，也是知识构建中不能忽略的内容。传统的拓碑技术现在虽然已不多用，但是，对于一些很重要，字迹、图像却比较模糊的石刻资料，只有利用传统的技术才能拓出来，从而用于教学与研究，因此，这种技术必须掌握。现代数码技术的普及使石刻资料的收集、整理成为常态，但是，要想做到科学、规范、有效，仍需要进行专业的学习与研究。其中，拍摄技术、图像处理技术、文字转换技术以及在网络平台的呈现技术等，更要及时掌握，这样，才能跟上时代潮流，使“观石读史”工作得以顺利进行。要牢固树立石刻是珍贵财富的观念，养成关注、收集石刻资料的习惯。

优秀不是一种行为，而是一种习惯。在日常生活和工作中，看到有价值的石刻，要学会及时拓下或拍摄，之后抽空进行整理。史料是历史教学及研究的基础，具有不同的价值，所以，每掌握一种石刻资料，就等于积累了一份财富。随着时间的推移，积累的财富就会逐渐增多，价值也会逐渐加大。而当这种财富积累到一定规模时，创建某一领域的石刻数据库，也就有了基础。这是历史工作者应该树立的财富观和发展观。

三、加强“观石读史”必须改变学习与研究方式

石刻广泛分布在社会不同的场所，要加强“观石读史”的能力，就必须走向田野，深入社会开展调查研究。因为只有不断开展实地调查研究，才能发现真正有价值的石刻，了解地方经济和文化建设的实际需求，进而才能知道如何将石刻资源运用在历史教学与研究中，实现创新，以及如何为地方经济和文化建设提供有效服务。大量的实践证明，开展调查，只要科学安排工作时间，持之以恒，就一定能取得成效。指向非常明确的石刻调查固然重要，而指向并非明确的石刻，调查研究也不能忽视。要认识到，再普通的石刻都有价值，因为前人把它刻在岩石上，都有一定的原因与用途，都是历史的产物。例如，兴安县城附近古严关口的一些纪事碑，看似简单，其实通过实地调查不难发现，这些石刻既介绍了该关口修筑的历史，还反映了许多社会政治、军事、生活状况，将这些石刻综合起来，就是一部地方史。所以，把创新的立足点放在社会实践中，学习和研究就会形成新的动力和新的追求，工作和实践的矛盾自然就会得到正确处理。更重要的是，创新立足点的转变，会从根本上改变学习与研究方式，促进历史教学与研究新格局的出现。

不同时期的石刻，语言文字和图像设计各具风格。另外，不同社会阶层的人所撰写的碑文和塑造的形象，也体现了不同的文化内涵及其特征。因此，在“观石读石”的过程中，必须加强研读古文的训练，确保能在语言方面与古人和古代社会的对话没有太大的障碍。许多历史学者反复告诫：掌握语言的能力与实现创新的能力成正比。其中，外语水平的高低，决定了面向世界能走多远；而古汉语运用能力的大小，决定了面向中国社会历史能走多深。因此，遇到石刻中的古文，要舍得花费时间和精力研读。不仅如此，石刻的解读除关注内容外，还要关注书写者、绘制者、倡导者、发布者、镌刻者等，石刻中的地名、人名、事件、现象等，更要进行深入探究。同样一个建筑，政府号召修建与民众自发组织修建，意图就有很大的区别；著名士绅撰写的碑文与平民百姓书写的碑文，所表达的语言与方式也截然不同。一些石刻中出现的残缺、遗漏现象，并非自然因素所导致，而是人为因素所致。例如，桂林叠彩山上有一块碑刻的内容为康有为在维新运动期间讲学时写下的感言，现在许多字迹被凿掉了。因为戊戌政变发生后，慈禧太后残酷镇压维新派，康有为在桂林的活动印迹几乎全部被清除。所以，面对该残碑形成的原因，就要依据当时的政治形势寻找答案。可见，石刻文字、图像的解读，必须转变方式，在实践考察的基础上进行综合分析，学习与研究的重点不仅是文字、图像本身，还包括其蕴藏着的文化内涵及其相关因素。

由此，要进一步明确“观石读史”的基本方法，除文本解读之外，还需要学会非文本解读。从古至今，人们的阅读方式已发生了很大的变化。能否有效利用各种不同的资料来开展科学研究，很大程度上决定了我们专业发展的能力。不同的石刻出现在我们的面前，到底如何理解，回答往往不尽相同。这种差异的出现，与是否具备较强的非文本解读能力有着密切关系。非文本研究是在 21 世纪初，受到社会学、人类学、历史学等学科高度重视的研究方法之一。它是从功能派理论中引进的研究方法。要求通过深入广泛的社会调查，获取原始资料，再对这些资料进行系统整理，之后，进入理论思维层，确定最具研究价值的线索，用于解决有关认识问题。之所以要加强对石刻进行非文本解读，是因为石刻广泛分布在不同的地方，每一方石刻，均与一定的自然环境和社会环境相结合，这些环境使石刻具有特殊的含义。环境属于非文本，因此，碑刻的解读，要充分理解非文本的信息。石刻的种类很多，看似千差万别，其实每一种都有一定的规则，而规则又与一定的历史传统相关，这些规则、传统是一种无形的存在，读懂其中的信息，需要穿越历史时空，找到民族的心理认同、文化认同和历史认同的尺度。显然，这种寻找的过程，也是非文本解读的过程。石刻的功能主要是社会教化。不同石刻的结构、图像、语言、所处位置等有不同的寓意，要想准确理解其真实的寓意，就需要综合分析相关因素，才能读懂非文本信息，在其社会教化功能作用下产生共鸣。

很早以来，中华民族就注意到石刻文化在存史、教化方面的独特作用，因此，有意识地或自发地设立碑林，集中展示石刻精髓。要加强“观石读史”能力，就必须把探究的目光从书本转向碑林。随着科学技术的发展进步，碑林资料利用网络平台越来越多地向社会进行推送，其中桂林的桂海碑林博物馆，以及西安碑林博物馆、重庆大足石刻艺术博物馆等，都在网站上设有石刻文化学习与研究专栏。中山大学历史人类学研究中心的资料库中，也存有大量的石刻资料，供人们进行专业研究。石刻是一本特殊的大书，在现代科学技术支撑下，学会读懂这本大书，对历史工作者而言，不仅是必要的，而且是必须的。

本讲小结

石刻资源广泛蕴藏在民间，石刻文化无论是过去、现在还是将来，都在以各种方式影响着社会生活的方方面面。学会“观石读史”是大学生提高人文素养的重要方法。要牢固树立重视石刻保护与利用的观念，积极通过各种途径，发现、发掘身边的石刻，同时，了解国家关于振兴民族传统文化的政策、法规、制度、措施等，结合各自的专业学习，主动将石刻文化融入知识体系构建过程中，制订切实可行的观石读史课程学习计划，积极践行创新，改变学习方式。坚持将田野调查与理论探索结合起来，将文本解读与非文本解读方法结合起来，将学与用结合起来，寻找石刻蕴藏的文化价值，并将其转换为服务社会的能力，实现专业的深度发展。

复习思考：

1.观石的对象主要是什么？

2.“观石读史”的任务有哪些？

3.“观石读史”的方法有哪些？

4.“观石读史”对提高人文素养的意义何在？

第二讲

石刻简史、类型、制作与保存保护

学习提要

中国石刻历史悠久漫长，石刻历史大致可分为六个阶段：萌芽期、雏形期、定型期、发展期、巅峰期、丰富期。本讲简要介绍了碑碣、摩崖、墓志、画像题字、造像题记、石阙、经幢、买地券八种石刻类型，叙述了石刻制作的主要工序，以及石刻保存路径与保护方法。

石刻是人类最早用于表达和记录思想的重要物质载体，也是人类文化传承与文明延续的一种重要方式。中国金石学具有悠久的传统，石刻史料是研究中国语言、文学、历史、民族、宗教、艺术等各种学问的基本资料，具有相当重要的学术价值。

何为“石刻”？学术界有多种定义。广义上讲，所有用石质材料作为承载信息、传递情感、表达思想的载体，通称“石刻”，它包括用石质材料刻写的语言文字，也包括以石质材料镌刻的画像、雕塑等[①]。狭义的石刻主要指刻有文字的石刻，可与“碑刻”互用。晚清金石学家叶昌炽称：“凡刻石之文皆谓之碑，当是汉以后始。”[②]

一、石刻简史[③]

我国石刻的历史悠久，据考古发现，殷墟墓道中出土石刻 1 种，说明至少在殷商时期，石刻铭文就已经萌芽，但尚未形成专门的纪念性石刻类型。至春秋战国时期，石刻逐渐多起来，主要以石鼓文为代表，秦代石刻已有相当规模。金石学家马衡总括中国石刻发展历史道：“刻石之风流衍于秦汉之世，而极盛于后汉。逮及魏晋，屡申刻石之禁，至南朝而不改。隋唐承北朝之余风，事无巨细，多刻石以纪之。自是以后，又复大盛，于是石刻文字，几遍中国矣。”[④] 中国古代石刻历史大致可分为六个阶段：①萌芽期：先秦时期；②雏形期：秦朝至西汉时期；③定型期：东汉时期；④发展期：魏晋南北朝时期；⑤巅峰期：隋唐时期；⑥丰富期：五代十国、宋辽夏金至元明清时期。

（一）石刻的萌芽期

石刻起源于史前时期，人类逐渐学会使用工具雕琢石面，在石材上镌刻图画、文字或符号来传递情感、表达思想。我国现存的很多岩画，如广西崇左市境内的花山岩画上就刻有很多人像。此外，人们还用石材制作各种装饰用品、礼仪用品。

中国最早的文字石刻见于何时，至今无法考证。现存中国最早的文字石刻，有人认为是商代晚期的石簋，也有人认为是春秋战国时期的石鼓。石鼓文是指环刻在鼓形石材上的文字，故宫博物院石鼓馆藏有今陕西宝鸡境内发现的

---

① 毛远明：《碑刻文献学通论》，中华书局，2009，第 7 页。

② 叶昌炽、柯昌泗：《语石　语石异同评》卷三，中华书局，1994，第 151 页。

③ 本节内容主要参考赵超：《中国古代石刻概论》（增订本），中华书局，2021 年重印本；《石刻史话》，社会科学文献出版社，2011。

④ 马衡：《中国金石学概要》，收入所著《凡将斋金石丛稿》，中华书局，1977，第 63 页。

10 件石鼓，这些石鼓发现于唐代，历代受到重视，才能留存至今。

先秦时期的石鼓文、诅楚文、守丘刻石等形制各异，没有形成系统的类型，制作技术也比较原始粗糙，是中国古代石刻的先声。先秦时期可谓是中国石刻发展历史上的萌芽期。

（二）石刻的雏形期

这一时期目前保存下来的文字石刻并不多，还没有固定形制的文字石刻。北宋文学家、金石学家欧阳修在《集古录》一书中就曾感叹道："余家集古所录三代以来钟鼎彝器铭刻备有，至后汉以来始有碑文，欲求前汉时碑碣，卒不可得。"①

秦始皇统一六国后，多次巡游天下，几乎每到一处，他都要立石刻铭"颂秦德"，颂扬其丰功伟绩，如《峄山刻石》《泰山刻石》《琅琊刻石》《碣石门刻石》《芝罘刻石》《会稽刻石》等。秦二世继位后，也仿效秦始皇的先例，每到一处，都在秦始皇所立的刻石上附加一段刻铭。

秦朝刻石的材料主要是孤立或成片的天然大石块。大约到了西汉时期，人们在下葬碑的石板上刻写文字，简要记述墓主的姓名、官职、生卒年月等内容，竖立于墓前神道，这逐渐成了后世墓碑的雏形。现存山东省博物馆的西汉《麃孝禹碑》，是由一件顶部为椭圆形的长方形石材刻写而成，其形制最为接近后世的墓碑。西汉时期"废黜百家，独尊儒术"，儒家提倡孝道，助长了厚葬之风，为后世石刻的迅速涌现提供了文化基础。

（三）石刻的定型期

东汉时期是中国石刻历史上的重要阶段。其一是东汉时期石刻不仅普遍应用开来，而且形成了多种石刻类型，出现的石刻类型增多了，如碑、画像石、墓碑、石阙、摩崖、石经等。其二是石刻形制趋于固定，追求美观，制作考

---

① 〔宋〕欧阳修：《集古录跋尾》卷四《宋文帝神道碑》，《历代碑志丛书》第 1 册，江苏古籍出版社，1998，第 48 页。

究，开始出现形体高大、镌刻精美的丰碑，如《曹全碑》《鲜于璜碑》等。

东汉可谓是中国古代石刻发展历史上的第一个鼎盛时期。这一时期的石刻在石料的外形加工、雕刻和书写技艺、铭文内容以及应用范围等方面，都远超秦代和西汉时期。东汉时期文字石刻的兴起与社会上崇尚礼教、彰显功德、提倡厚葬等意识形态的作用密不可分，现存东汉石刻数量、石刻类型也比较多，石刻使用应用的范围也较为广泛，尤其是用于纪事、纪功表德、标志墓主等方面。

（四）石刻的发展期

魏晋南北朝时期，社会较为动荡，政权更迭频繁，也伴随着大规模的人口迁徙、民族融合与中外文化交流。尤其是佛教等其他域外文化的进入，深刻影响了当时中国的政治社会与经济文化面貌。

这一时期的石刻应用更为普遍，石建筑与石雕艺术品日益增多，也有着重要的发展与演变：继承了东汉石刻繁荣的遗风，固有类型的石刻得到继续发展，同时因佛教的传播与繁盛，又涌现出了大量的造像题记。由于曹魏政权与晋朝都推行禁碑政策，所以人们逐渐将墓碑埋至墓中，颂扬死者的德行。这促使墓志的出现，并固定了后世墓志的形制和内容，成为现存历代石刻中数量极为庞大的一个类型。

（五）石刻的鼎盛期

隋唐时期，国力强盛、文化发达，是中国古代石刻发展史上的鼎盛期。

隋唐时期的石刻材料形式丰富多样，不仅类型齐全、数量众多、内容丰富，几乎包括了中国古代石刻的各种类型。现存隋唐石刻以墓碑、功德碑、宗教石刻为主；而且涌现出了很多制作精美、技法高超的丰碑巨制，具有大型碑额、碑座等装饰，铭文之字多为著名书法家与文人官员所书写。唐代有多位皇帝喜好书法，朝廷还专设采石之官，负责勘采美石，刻工细致传神，具有极高的书法艺术价值，如褚遂良的《雁塔圣教序》、颜真卿的《颜氏家庙序》等。

（六）石刻的丰富期

五代十国、宋辽夏金至元明清时期，主要类型的石刻基本上保留了唐代形成的各种形制，石刻的使用范围在唐代的基础上有了更广泛的普及，民间使用的各种实用型石刻材料日益增多，特别是各类石刻铭文的文字数量与篇幅都有明显的增加，石刻的体积也随之加大。石刻文字也比较规范，易释读。不过从石刻外形与雕饰来看，其艺术性相对有所退化，不再有唐碑的浑厚气势，大多显得呆板僵滞，程式化严重。不过不同时代、区域也有所差异，如宋元时期南方地区的石刻技艺往往高于北方地区，南方地区保存的碑志、买地券、摩崖题记等石刻明显多于北方地区；明清时期官刻的碑石多有形制宏大、雕刻精细之作，民间石刻形制多样，雕饰也相对简单。不过这一时期也呈现出不少新特点：

其一是少数民族古文字碑大量产生，如契丹文、满文碑刻等。

其二是石刻数量极为庞大，记载内容更为丰富、多样，是历史研究的重要资料。

其三是涌现出多种类型的碑刻，如图碑、法书碑，其中如南宋时期的《平江图》《静江府城池图》等颇具代表性。

二、石刻类型

我国石刻历史悠久，形制多样，类型繁多，学界对石刻分类也有多种说法。金石学家马衡称："石刻之种类名称，偻指难数。有就形制言之者，有就文体言之者，有概名之曰碑者，错综纠纷，尤难分晰。"[①] 叶昌炽《语石》一书中将历代石刻大致分为多种类型，主要包括碑、墓志、塔铭、浮图、经幢、刻经、造像、画像、地图、桥柱、井栏、柱础、石阙、题名、摩崖、买地莂、投龙记、神位题字、食堂题字、医方、书目、吉语、诅盟、符箓、玺押、题榜、

① 马衡：《中国金石学概要》，收入所著《凡将斋金石丛稿》，中华书局，1977，第 65 页。

楹联、石人题字、石狮子题字、石香炉题字、石盆题字、石刻杂体等[①]。马衡《中国金石学概要》一书将石刻分为四大类："今论其（按：石刻）类别，一曰刻石与碑之别，二曰造像与画像之别，三曰经典诸刻与纪事诸刻之别，四曰一切建筑品附刻之文。"[②]四大类下又细分为碣、摩崖、碑、画像、造像、石经、医方、格言、书目、文书、墓志、谱系、地图、界至、题咏题名、桥、井、食堂神位、黄肠、石人石兽、器物、石阙、柱、浮图等[③]。朱剑心《金石学》一书将石刻分为十一种：刻石、碑碣、墓志、塔铭、浮图、经幢、造像、石阙、摩崖、地莂及杂类[④]。赵超《中国古代石刻概论》一书将专用文字石刻根据基本外部形制分为六大类：刻石（包括碣）、摩崖、碑、墓志、经版及各种佛教刻经、买地券及镇墓券、镇墓石[⑤]。毛远明《碑刻文献学通论》一书以石刻内容、形制为主要标准，参考石刻用途与传统，分为碑碣、石阙、摩崖、墓志、画像题字、造像记、经幢（包括石柱）、器物附刻八大类[⑥]。

综上所述，学者们对石刻的分类存在着较大的差异，分类标准也不统一。这里按照毛远明《碑刻文献学通论》一书的分类，简要介绍一下八种主要类型的石刻[⑦]。

（一）碑碣

碑碣是石刻的主要类型之一，也可以作为石刻的泛称。狭义而言，刻有文字或图案的竖立石头称碑碣。碑与碣就其形状、用途而言，也有区别。西汉以前，铭文石刻都是在未作大量加工的天然石块上镌刻而成，多称作"碣"。《说文·石部》"碣，特立之石"。后来逐渐对石面进行加工，碣与碑除了外形上，

---

① 叶昌炽、柯昌泗：《语石 语石异同评》，中华书局，1994。

② 马衡：《中国金石学概要》，收入所著《凡将斋金石丛稿》，中华书局，1977，第63页。

③ 马衡：《中国金石学概要》，收入所著《凡将斋金石丛稿》，中华书局，1977，第65-101页。

④ 朱剑心：《金石学》，浙江人民美术出版社，2015，第173-185页。

⑤ 赵超：《中国古代石刻概论》（增订本），中华书局，2021，第15页。

⑥ 毛远明：《碑刻文献学通论》，中华书局，2009，第28页。

⑦ 这一部分内容主要参考了毛远明：《碑刻文献学通论》与赵超：《中国古代石刻概论》（增订本）二书。

二者并无实质区别。如《后汉书·窦宪传》，唐人李贤作注称："方者谓之碑，（员）[圆]者谓之碣。"① 凡刻石体积薄而方首（或圭首、圜首）的称碑，厚而首浑圆，或介于方圆之间的称碣。

历代碑碣数量极为丰富，也留下了非常多的名碑，根据碑文内容又可分为墓碑、功德碑、纪事碑、神道碑、禁碑等类别；神道碑指的是立于墓道前记载死者生平事迹的石碑，如历代王陵、重臣墓前大都竖有神道碑，其中最有名的当数唐代乾陵武则天的无字碑。

（二）摩崖

摩崖是刻写在山崖石壁上的诗文、题字以及造像等石刻的通称。因山随势，利用天然石壁进行刻写，不必采石与运输，任意取材，只需在石壁上磨出一块平面，便可镌刻各种摩崖铭文，面积大小、字体大小较为自由。当然也因为石面长期遭受风雨侵蚀，难免漫漶损坏，甚至会遭受后世人为破坏。

摩崖的源头可追溯至远古的岩画，先民们在崖壁上刻画鸟、兽、人物图。我国大多数地区都有摩崖，分布地点相当广泛，以名山胜川居多，也最有特色。兹举一些比较典型的山水名胜摩崖，如陕西汉中的褒斜道摩崖、山东泰山摩崖，洛阳龙门摩崖、长江三峡的瞿塘峡摩崖、湖南祁阳市的浯溪摩崖、泉州九日山摩崖、桂林龙隐岩摩崖石刻，等等。

俗语称："汉碑看山东，唐碑看西安，宋碑看桂林。"其中桂林的"宋碑"实际是指"摩崖"。唐宋时期，诸多文人墨客在桂林山崖间留下了相当丰富的摩崖题刻。叶昌炽在《语石》一书中称："桂林山水甲天下，唐宋士大夫度岭南来，题名赋诗，摩厓[崖]殆遍。"② 桂林最著名的摩崖石刻当属市区龙隐岩内南宋庆元四年（1198年）重刻的《元祐党籍碑》。

---

① 《后汉书》卷二三《窦宪传》唐人李贤注，中华书局，1965，第817页。

② 叶昌炽、柯昌泗：《语石 语石异同评》卷二，中华书局，1994，第129页。

（三）墓志

墓志是指埋于坟墓中，记录墓主姓名、籍贯、生卒年月、生平事迹、子孙概况等内容的石刻文字。历史上对墓志有不同的称谓，如称作墓碣、圹刻、墓记、圹志、圹铭等，刻于陶砖上者称“砖志”“墓砖记”等，佛教僧侣墓志称作“塔铭”“塔记”。

墓志的主要内容和用途，是用石质作为书写材料，叙述志主谱系，记述其生卒年月、生平事迹，标识埋葬地点，表达对墓主的赞颂、哀悼和怀念，并将刻石随葬墓中，以求永远铭记，不至磨灭。如 2013 年西安市西咸新区上官婉儿墓出土的《上官婉儿墓志铭》，长、宽均为 74 厘米，厚 15.5 厘米，墓志铭共有 982 字。墓志铭中提供上官婉儿的世系源流、其父祖官职及她本人的经历、死因、葬地等信息，为研究唐中宗时期的政治史提供了新史料。

（四）买地券

为死者购买阴地并告知地下神灵的刻石券契为买地券，又称“买地莂”“买地契”“墓莂”“冥契”“幽契”等，其内容包括墓地大小、四方界限、土地价格、茔域走向、地下神祇、保人等。买地券的材料不限于石材，还有砖陶、铅质等材料。

买地券的源头至少可上溯至西汉初期的告地策，发展于唐宋时期，至明清时期仍有沿用。南宋周密《癸辛杂识 · 别集》卷下“买地券”条记载：“今人造墓，必用买地券，以梓木为之……然则此事由来久矣。”[①] 鲁西奇《中国古代买地券研究》[②] 一书整理了不少买地券录文，值得参考。

（五）画像石题字

画像石是指刻画在坟墓石壁、墓地祠堂、阙庙等石构建筑上的图形，画像石题记则是附着于画像石上的文字铭刻。画像石的外部形制不一，一般是利

---

① 〔南宋〕周密：《癸辛杂识 · 别集》卷下“买地券”条，中华书局，1988，第 277 页。

② 鲁西奇：《中国古代买地券研究》，厦门大学出版社，2014。

用长方形的石板或梁柱等建筑石材，在加工后的石材平面上用减地浅浮雕、线刻、浮雕或透雕等加工手法雕刻出各种图像与纹饰。古代画像石主要流行于汉代，被广泛应用于各种建筑装饰，特别是墓室装饰中。汉代以后，虽仍有沿用，但应用于建筑装饰的情况明显减少。汉代画像石主要来源于石阙、墓葬建筑、石祠建筑三个方面，主要分布区域为河南、山东、江苏北部、安徽北部、陕西北部、山西西北部、四川等地，浙江也有发现。

画像石题字对考察画像内容、确定墓葬年代、研究墓葬情况等方面具有重要价值。墓葬建筑里画像石的题榜文字大多安排在历史人物故事画中，也有一些是单独成篇的长篇刻铭。石祠的画像石题字由于画面限制，字数不会太多，一般只是对画面上人物身份或者所画故事场面的简要说明，或添加一些表现感慨、赞颂和劝诫的短语。需要注意的是，由于汉画像石的铭文题字多为石匠直接刻写，囿于文化水平，文句中脱字、错字、别字以及假借字的现象经常出现。

（六）造像题记

佛教传入中国的同时，也带来了中亚及西域地区的佛教石刻艺术，石质佛教造像随之成为中国古代石刻中的一个重要门类，使石刻的应用更加深入民间。以石质材料为基础，雕刻而成的立体图像，称作造像石。造像石又可分世俗造像和宗教造像，后者题记的宗教色彩较为浓厚，其内容多反映宗教思想、情绪和愿望等。

造像题记主要为捐资建造佛教造像的供养人服务，记录他们造像的情况与祈福的誓愿。铭文内容比较简单，常用语句格式化。由于题记多由石工书写，囿于文化水平，题记的字体大多比较草劣，文字异体纷呈，释读起来有一定困难。

现存世与新出土的佛教石刻造像中，以南北朝至隋唐时期的遗物最多。甘肃、陕西、河北、河南、山东、山西、四川等地造像题记数量相当多。广西桂林、宜州等地也保留了不少唐宋时期的造像题记。

（七）石阙

阙，是古代建筑中一个重要组成部分，也是在宫殿、庄园大门外两座左右对立的门楼，原来是木构建筑，后来仿照其制，改用石材，叠成石门台观，左右对峙，状如门阙，故称石阙。现存汉代石阙主要分布于山东、河南、四川、重庆等地。根据石阙建造地点的不同，可分为宫阙、庙阙、墓阙、民居门阙等，这些建筑的阙，具有装饰大门、区别尊卑的重大礼制意义。

汉代石阙铭文字数长短不一，南宋洪适《隶释》一书收录了西汉建元二年（公元前 139 年）所建的《郑三益阙铭》，这是目前著录最早的汉墓阙铭，可惜实物已不存，铭文拓片也没有流传下来。现存最早的石阙是西汉居摄年间（公元 6—8 年）所刻的《李业阙》，在今重庆潼南区南门外李节士祠内，阙上刻隶书“汉侍御史李公之阙”八个大字，书法刚健劲拔。《隶释》卷十二收录的《汉赵雍劝阙》，共有 167 字（其中缺 22 字），是目前发现铭文最长的汉代墓阙。

（八）经幢

经幢是在唐代初期产生并兴起的一种塔形石柱，以其外形源自佛教供养用品佛幢，以及幢身上多镌刻佛教经文、经咒、图像、题名等而著称。经幢大多是单独竖立的大型石结构建筑，经幢的主体是一根多为八面体、六面体的石柱，或为十面体，甚至多至十六面，形制比较规范，一般可分为幢座、幢身、幢顶三个部分，各个部分往往是单独雕刻的石构件，然后组合成一体。经幢主要有佛教经幢、道教经幢、坟幢、灯幢、香幢等类型，通常竖立在寺院、交通要道乃至信徒家中等，佛教经幢大多刻写《佛顶尊胜陀罗尼经》，或附刻有长篇铭文、赞、记等，以及供养人姓名等内容，具有为众生降福祛灾、感化世人的实用目的。

除了以上八种主要类型的石刻，还有塔铭、石经以及建筑附属刻铭等，本节不一一介绍。

三、石刻制作

只要稍微留心，我们就会发现身边有很多石刻。你可曾想过，古代石刻是如何制作出来的，石刻生产制作都有哪些工序？

关于这一点，北宋李诫在其建筑学经典之作《营造法式》中谈到：

> 造石作次序之制有六：一曰打剥；二曰麤搏；三曰细漉；四曰褊棱；五曰斫砟；六曰磨砻。①

这些术语有点不容易理解，此工序也仅反映那个时代的状况。现根据普遍现象，我们归纳出石刻制作大致有这样几道工序：选石、采石、打磨、书丹、镌刻、检校、修复。

毋庸置疑，石材的选择直接关系到石刻质量，石材类型通常有青石、红石、汉白玉等。自唐代开始，官府设有专门的采石之官，根据需要打造成一定的形状，经过细致地打磨，使石面变得光滑而平整。

将石刻磨平后，紧接着是书丹，即把文字题写在石面上。在唐代以前，可能直接用朱笔将碑文写在碑石上。大约在唐代，改变直接书写于石的办法，先将碑文写在绢帛或纸上，然后双钩摹勒上石，再根据勾勒的轮廓，镌刻成字。这道勾勒上石的工序称“勒”“模”或“模勒”。有的刻工以刀代笔，直接刻写。

书丹完成之后，请刻工或碑匠镌刻成文。石刻镌法有阴刻、阳刻二类。阴刻将文字笔画镌入石面，文字凹陷，绝大多数刻碑是阴刻；阳刻是凿去无笔画的石面，文字笔画凸起，这与印章同理，阳刻的难度偏大，所以并不常见。

铭文镌刻完成后，还要有专人检校，以免碑文出现错误或脱漏。大约从唐代开始设有检校勒碑使。碑刻历经岁月、风雨侵蚀，或有毁坏，或有残泐，需要修补文字、修复残石。

---

① 〔宋〕李诫著，梁思成注释：《营造法式注释》卷上，中国建筑工业出版社，1983，第 44 页。

石刻制作的工序还有很多，前面介绍的只是所有工序中的大类，有些大类之下还细分一些小类，如铭文既有撰写者，也有书写者，有些石刻的制作甚至还需要术士参与。参与石刻制作可能包括这样一些人：选石人、采石人、打磨者、撰文者、书丹者、模勒者、刻工、检校者，甚至还有术士，聘请他们进行石刻选址或立石仪式，其中有些人员可能身兼数职。

如现存于山西闻喜县礼元镇裴柏村裴晋公祠的《裴光庭碑》，此碑已残，碑额、碑座已失，现存上半截，残高 120 厘米，宽 135 厘米，厚 43 厘米。碑阳为唐玄宗命张九龄撰裴光庭神道碑的敕文，碑阴为唐开元二十四年（736 年）十一月张九龄奉敕所撰“裴光庭神道碑文”，均为唐玄宗御书。据载，碑首原为李林甫题额。可见该石碑分别由张九龄撰文、唐玄宗御书、李林甫篆额，碑末还有“奉敕检校树碑使”进行核查。

再以广西桂林市区独秀峰南面的元朝《广西道平蛮记》摩崖为例，此摩崖刻于元统二年（1334 年），由静江路儒学教授李震孙撰文，前全州路儒学教授李时书写，广西两江道宣慰使司事、副都统元帅田忽都不花篆额，由多位地方军政官员与父老共同立石，可见参与此摩崖制作的人员不少且分工明确。

古今很多学者对历代石刻碑铭进行了深入的研究，积累了丰硕的研究资料与学术成果。我们不仅要关注石刻的历史与内容，也要关注石刻的制作与生产过程。石刻史料具有丰富的历史文化内涵，也是历史研究的对象，这是需要强调的重要内容。

四、石刻保存保护

石刻是珍贵的历史文化遗产。1949 年以来，国家与各级地方政府高度重视保护石刻资源，国家先后制定《中华人民共和国文物保护法》《中华人民共和国文物保护法实施条例》等法律法规，各省级行政区依法制定地方性法规及地方政府规章，也有一些地方政府出台了专门的石刻保护条例，如《桂林市石刻保护条例》《重庆市大足石刻保护条例》《云冈石窟保护条例》等。民间各界人士也纷纷提供人力、物力及财力上的支持，建立起各种民间保护组织，积极保护石刻文物古迹。

2015 年，由国际古迹遗址理事会中国国家委员会制定通过、中国国家文物局批准向社会公布的《中国文物古迹保护准则》开始实施。这一准则中的“文物古迹”是指人类在历史上创造或遗留的具有价值的不可移动的实物遗存，包括古文化遗址、古墓葬、古建筑、石窟寺、石刻、近现代史迹及代表性纪念建筑、历史文化名城、名镇、名村和其中的附属文物①。此准则第三章提出了七条“保护原则”：不改变原状；真实性；完整性；最低限度干预；保护文化传统；使用恰当的保护技术；减灾防灾②。这些保护原则自然也适用于石刻文物的保护。

北宋以后，古人开始注重收集、保存石刻铭文，或就地建碑亭，修碑洞，或移藏于私家，或建碑林集中保护。古今石刻保存的途径有如下几种：

第一是就地保存。“不改变原状”是《中国文物古迹保护准则》第三章《保护原则》中的第一条，一些石刻或因体积太大，或因是摩崖石刻而移动不便，或为旅游需要，或因价值不突出，采取就地分散保存的办法，在全国形成了大小不一的石刻群，如五岳石刻、少林寺碑群、大足石刻、房山石刻、桂林石刻等。将石刻就地保存，在一些石刻集中的场所建立博物馆、陈列馆等管理机构，让观众回到历史现场，感受到古代石刻生产、制作、观看的真实场景，更能体验到石刻文化的魅力。

对野外石刻或石刻群的就地保护，可通过建造碑廊、碑亭、碑檐等附属设施，可减少雨水对石刻的侵蚀，同时拓印并数据化加以保存。

第二是集中保存。《中国文物古迹保护准则》“保护原则”中的第一条明确规定：“只有在发生不可抗拒的自然灾害或因国家重大建设工程的需要，使迁

---

① 国际古迹遗址理事会中国国家委员会：《中国文物古迹保护准则》（2015 年修订），文物出版社，2015，第 5 页。

② 国际古迹遗址理事会中国国家委员会：《中国文物古迹保护准则》（2015 年修订），文物出版社，2015，第 10-14 页。

移保护成为唯一有效的手段时，才可以原状迁移，易地保护。易地保护要依法报批，在获得批准后方可实施。”①

对于单体的石刻而言，将散落在各地不同时代的石刻集中移至某处，防止被自然因素、人为破坏或偷盗，建造专门的建筑场所，进行集中陈列、保护，形成石刻博物馆、展览馆、陈列馆等，更能真正保护石刻。1949 年以来，全国各地的博物馆保存收藏了大量石刻，地方政府与民间人士根据不同主题、不同目的，也新建了不少石刻博物馆，著名的有西安碑林、曲阜孔庙碑林、洛阳千唐志斋博物馆、桂海碑林博物馆等。

第三是私人收藏。北宋以后，私人收藏多以原石或拓片为多，出现了很多有名的收藏家，如北宋后期的赵明诚、民国时期的张钫先生等。张钫先生酷爱金石字画，千唐志斋博物馆最初是由他私人所建，他收藏了碑碣 1419 件，其中唐代墓志 1191 件。1997 年，千唐志斋博物馆晋升为全国重点文物保护单位；2008 年，晋升为国家二级博物馆。全国民间金石爱好者众多，有些地方还成立了金石研究会、石刻研究会等学术组织，可见，民间私人收藏保存的石刻数量也是相当可观的。

石刻保护也有多种方法：

一是加强石刻保护立法，制定专项条例。

如今，我国多个省（自治区、直辖市）和设区的市已出台《石刻保护条例》，通过更严格、全面且科学的规范强化保护管理。各级政府将重要石刻依法公布为文物保护单位或文物保护点，使石刻保护有法可依，纳入法治化轨道。典型案例有，省级立法：重庆市针对大足石刻制定专项条例；市级立法：江苏省连云港市、广西壮族自治区桂林市出台市级保护条例、青海省玉树市推进区域性保护。其中，《桂林市石刻保护条例》由桂林市人大常委会制定，经广西壮族自治区人大常委会批准，自 2017 年 1 月 1 日起施行，它包括总则、

---

① 国际古迹遗址理事会中国国家委员会：《中国文物古迹保护准则》（2015 年修订），文物出版社，2015，第 10 页。

保护管理、合理利用、法律责任、附则，共五章。其中第二章保护管理的内容涉及较为广泛，加强了对桂林石刻的保护与管理。

二是利用科学保护与修复技术。

《中国文物古迹保护准则》第四章有“石刻保护”的措施：“石刻保护：应以物理防护为主，首先保证石刻安全。任何直接接触石刻表面的防护和保护措施都必须经过研究、分析和试验，证明对石刻文物无害方可使用。”[①] 我国各地多使用保护石刻的修复技术，修复石刻。

石刻类文物病害主要包括以下七类病害：①文物表面生物病害（如植物、动物、微生物伤害）。②机械损伤（断裂、局部缺失）。③表面风化（表面粉化剥落、表面泛盐、表面溶蚀等）。④裂隙与空鼓。⑤表面污染与变色（大气及粉尘污染、水锈结壳、人为污染等）。⑥彩绘石质表面病害。⑦水泥修补。

在提高石刻保护意识的同时，根据石刻保存现状，针对各种文物病害，实施有效的石刻文物保护措施。国家与地方政府要逐年加大石刻保护资助力度，制定科学保护的方法，完善硬件保护措施，使用比较先进成熟的保护修复技术。

三是通过普查整理石刻档案、数位化保护的方法。

通过发达的科技手段对石刻资源进行普查登记，并将石刻的各种信息全方位地记录下来。目前，国内外不少大学与博物馆等单位已将相当数量的石刻资料数字化，也有类似中国金石网、中华石刻数据库、中国国家图书馆、广西桂林图书馆、美国哈佛大学图书馆等网站，或免费开放部分石刻拓片资料，或制作开发各种石刻数据库，方便研究使用。但石刻资源数字化的工程浩大，石刻保护保存的工作依然任重道远。

---

① 国际古迹遗址理事会中国国家委员会：《中国文物古迹保护准则》（2015 年修订），文物出版社，2015，第 31-32 页。

本讲小结

总而言之，石刻是一本读不完的史书，记录着大量历史信息，不仅可以让我们了解更多的历史细节，而且可以丰富我们对历史的认识，走进普通民众与日常生活的历史世界，跨越“小历史”与“大历史”的鸿沟。保存与保护石刻，保护历史记忆，留住我们的精神家园。

复习思考：

1.学界关于中国石刻的萌芽，有哪些主要观点与依据？

2.汉代墓碑、六朝墓志的起源与演变，受到哪些因素的影响？

3.结合所在区域的石刻文化遗产现状，分析其保存与保护的路径与方法。

第二讲

石刻图片的拍摄与电脑后期处理

学习提要

石刻资料的收集整理，乃至石刻文化的传播，都离不开石刻的图片资料。而图片资料的获取主要通过拍摄，拍摄的效果取决于各种摄影器材的选择，以及拍摄技术与技巧的应用。本讲主要介绍如何选择石刻拍摄的摄影器材、在拍摄过程中应注意的事项、应对不同情况所采取的合适的技术手段，以及石刻图片的电脑后期处理技术问题。

一、石刻的拍摄

（一）石刻拍摄的器材选择

当前，石刻拍摄跟其他摄影一样，基本使用数码相机进行拍摄，如单反数码或者微单数码相机（微单数码相机也有人称无反数码相机，是指没有反光板的数码相机；单反数码是指单镜头反光数码相机）。相机种类繁多，不同配置的相机输出的画质各不相同（所谓的画质，是指数字设备生成图像的清晰度、色彩真实度等综合表现）。在数码相机的选择上，有条件的尽量使用高画质的相机，高画质相机是高质量图片的前提保障，这类相机的拍摄效果有利于对碑文的识别。

数码相机的镜头也是琳琅满目，各种焦段、各种参数的镜头数不胜数。对于广大摄影爱好者来说，镜头的选择也会带来困扰，难以确定选择何种镜头。对于石刻摄影来说，要想选择什么样的镜头，首先了解一下石刻拍摄的具体要求：

1. 石刻所处环境的概况（全景）

图 3-1　全景

2. 整块石刻的完整全图（近景）

图 3-2　近景

3. 碑文的详细图（特写）

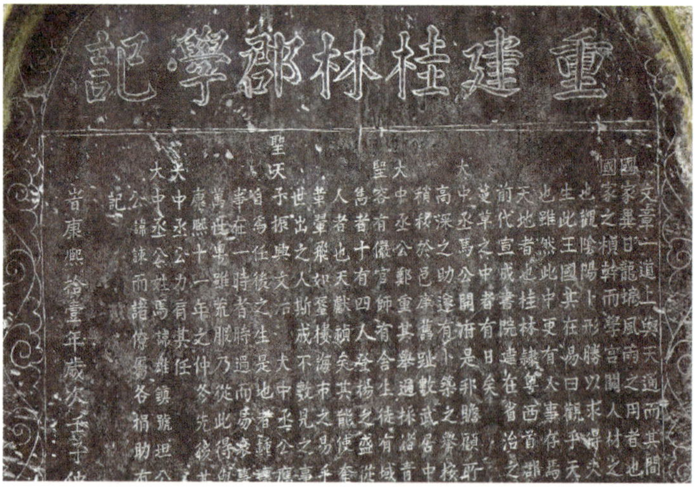

图 3-3　石刻局部特写

图 3-4 “桂林山水甲天下”摩崖石刻

石刻与环境密切相关，石刻所处环境的概况，就是要交代清楚石刻所处的位置、周边都有些什么、石刻的保护现状等，方便后来者根据图像信息来探寻此碑，这是石刻拍摄的第一个要求。例如，大家都知道“桂林山水甲天下”这一句名言，但是这句话具体出自哪里，不少人恐怕都回答不上来。通过查阅相关资料，我们大体知道这句话出自桂林独秀峰的摩崖石刻上，独秀峰摩崖石刻有上百方，即使来到独秀峰脚下，要找到这块石刻都不容易。但是如果我们所拍摄的照片把周边的环境都交代清楚了，只要依据这些信息，就会知道这方石刻位于独秀峰下的读书岩，找到了读书岩，再根据图片信息很快就可以找到这块石刻了。

所以我们在拍摄的时候应尽可能多地展示图片信息，拍摄的视场角要足够大，这种情况下就要使用带广角的镜头（普通广角镜头的焦距一般为 24 ～ 38 毫米，超广角镜头的焦距为 13 ～ 20 毫米），广角镜头可以扩大拍摄视野，在有限距离、范围内拍摄出全景或大场面的照片。此外，广角镜头还具有超比例地渲染近大、远小的特点，有夸张变形的作用。

石刻拍摄的第二个要求就是拍出完整全图。有关石刻的相关信息都应该尽量拍全，这个时候经常使用的就是标准镜头了。以 135 相机为例，标准镜头通常是指焦距为 40 ～ 55 毫米的摄影镜头，这类镜头的视场角接近人眼的视角。

图 3-5 广角镜头拍摄的石刻全景

因此，用标准镜头拍摄的照片，其画面景物的透视关系比较符合人们的视觉习惯，在相同拍摄距离上所获得的影像尺寸等均比较适中，因而这种镜头适合大多数场合的石刻拍摄。

石刻拍摄的第三个要求就是要拍出碑文的详细图。大部分石刻文字较多且碑文很小，如果仅仅拍摄石刻全图，由于相机分辨率的原因，后期在电脑上即使把图片放大了也有可能无法清楚地识别，这时就需要对石刻进行局部特别拍摄，这样放大后碑文才能够清楚识别，一般来说，长焦镜头就比较适合拍摄特写。长焦距镜头是指比标准镜头的焦距更长的摄影镜头，分为普通远摄镜头和超远摄镜头两类。普通远摄镜头的焦距长度接近标准镜头，而超远摄镜头的焦距却远远大于标准镜头。焦距为 85 ～ 300 毫米的摄影镜头为普通远摄镜头，300 毫米以上的为超远摄镜头。长焦镜头的特点就是焦距长，因此，在同一距离上能拍得比标准镜头更大的影像，所以这类镜头常用于石刻的特写，很多石刻刻在悬崖峭壁上，没有特殊工具很难接近，长焦镜头可以把这些石刻尽量拍

图 3-6　相同距离广角镜头拍摄的画面

图 3-7　相同距离标准镜头拍摄的画面

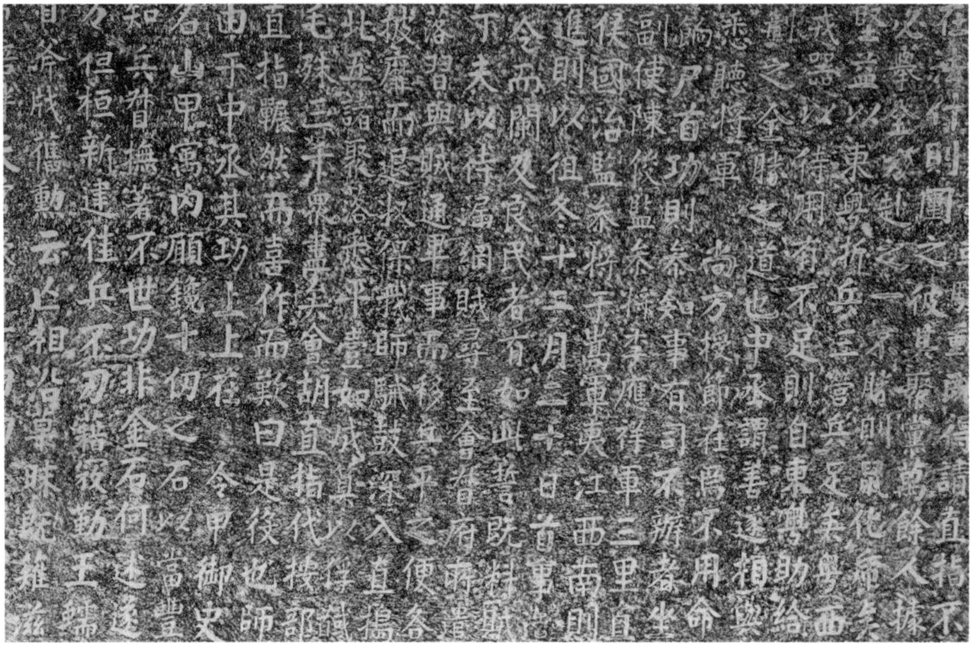

图 3-8　相同距离长焦镜头拍摄的画面

摄清楚。例如，桂林王城独秀峰西北面的悬崖峭壁上有一块巨幅的“紫袍金带”石刻，在距离地面几十米的垂直峭壁上，如果不搭脚手架根本无法靠近，而下面又是几十米宽的月牙池，用普通焦距的镜头拍下的照片只能看清“紫袍金带”几个大字，其他更多的石刻信息，如年代和题作者等，根本没办法看清，如果使用长焦镜头，则可以把这些信息都拍摄得清晰可辨。

综上所述，我们对石刻摄影镜头的选择应该有了一定的了解。在条件允许的情况下，建议大家配足三款型号镜头，那就是广角镜头、标准镜头和长焦镜头，以应对不同情况的拍摄要求。

除了上述几种情况，还有一些特殊情况，例如，长江两岸的很多峭壁上就有很多石刻，由于这些石刻的位置特殊，如果只是使用常规手段，很难把石刻拍摄清楚，这个时候就可以使用无人机进行拍摄。通过操控无人机，可以很轻松地近距离观察和拍摄这类石刻。无人机的型号很多，价格也各不相同，而且对无人机的操控有很高的要求，所以利用无人机进行石刻的拍摄也有诸多条件

图 3-9　短焦镜头只能拍摄远景

图 3-10　长焦镜头可以远摄无法接近的石刻

的限制。在学习中，我们适当予以了解，很有必要。

（二）辅助器材的选择

我们在进行石刻拍摄的时候，经常遇到一些情况，比如在岩洞里、光线昏暗的室内或者临近傍晚的户外，常常无法拍到清晰可用的图片。其中最主要的原因就是手持相机拍摄的情况下，由于光线不足，快门速度跟不上，导致了图片的模糊。

这个时候我们就要利用到一些辅助设备了，如三脚架、闪光灯和快门线等。石刻摄影的首要目的是保证图像的清晰度，所以，即使是在光线充足的情况下也应该尽量使用三脚架，避免因手持拍摄器材引起的抖动而影响画质。如果在使用三脚架的基础上配合快门线的使用，可以进一步降低相机的抖动；如果没有快门线，可以利用相机的自拍功能。另外，快门线可以方便控制在长时间曝光情况下的快门操作。快门线就是控制快门的遥控线，常用于远距离控制拍照、曝光、连拍等，它属于摄影基础配件，几乎所有摄影爱好者都会用到。无论使用传统设备还是数字设备的摄影者，或多或少都会遇到因为按下快门的瞬间力道过大导致相机震动、歪斜，从而降低照片质量。避免此种情况发生的有效办法就是应用快门线，它可以控制相机拍照并防止接触相机表面导致的震动，保证画面的完整性。

即使使用了三脚架和快门线，若光线不足，照片仍然偏暗，这时我们还可以提高相机的 ISO（感光度）来增加曝光。如果效果仍不理想，则应使用电子闪光灯。使用闪光灯的时候要注意闪光的角度问题，避免因光线太直而影响碑文的识别。

图 3-11　三脚架配合快门线

拍摄石刻时，对于三脚架和快门线，建议在有条件的情况下尽可能地使用。关于闪光灯，离线闪光的效果要优于机顶热靴闪光。离线闪光的具体使用大家可以自己去学习掌握，这里不做统一讲解。

器材的选择主要根据预算而定，预算充足的可以选择全画幅的机身，还有配齐各个焦段的镜头。各个焦段的镜头也有不同规格，有原厂镜头（如佳能工厂生产的供佳能相机使用的镜头就是原厂镜头）和副厂镜头（如适马工厂生产的供佳能相机使用的镜头就叫副厂镜头）之分。原厂镜头价格高，但是成像质量好，适合预算充足者购买；副厂镜头性价比高，适合普通人群用。如果预算只能配备一支镜头，一般情况下选标准镜头，就可以顾及大多数场合的拍摄。

（三）拍摄的技术与技巧

一般来说，石刻拍摄的对焦点放在整块石刻居中的位置比较合适，由于石刻所处的环境千变万化，方位、高度各不相同，有的在高处，有的又铺在地面上，以至于在拍摄时要不断地变换各种姿势，相机拍摄的角度也要随之变换。总的来说，可以概括为以下几种方式：

①平拍：是指照相机拍摄位置与被摄体的高度相同，也就是照相机平视拍摄。它的特点是不易产生形变，拍摄的画面亲切自然。这是石刻拍摄最理想的角度。在拍摄石刻的时候，尽量调整相机高度，保持与石刻正面平视的高度。

②俯拍：是指照相机的拍摄位置高于被摄体的高度，就是照相机从上向下拍摄。俯拍一般较多地用于平躺于地面石刻的拍摄。这种情况下尽量把相机抬高，保持与碑面垂直的角度，如果相机高度不够，可以借助凳子、梯子等工具抬高相机的高度。

③仰拍：是指照相机的拍摄位置低于被摄体的高度，即由下往上拍摄。由于很多石刻都刻在高于人眼平视的高度，仰拍的概率也比较高。

以上这三种拍摄方式，无论哪一种，都要注意相机的角度，尽量保持相机与被摄平面垂直，这样可以尽量避免被摄体近大远小的形变。

除了拍摄角度，还要注意分段拍摄。实际工作中，往往会遇到这样的情况：有些石刻的尺寸很大，碑文又很多且很小。这样的情况下如果只拍摄一张全图，由于图片分辨率的问题，图片放大后我们往往会看不清碑文，这时就需要进行分段局部拍摄了，最后再在电脑软件里（如 Adobe Photoshop）进行图片的拼接（软件有自动拼图的功能）。

制作时只要遵守一些拍摄法则与拼接步骤，一样可以轻松达成。其实全景拼接功能非常实用，可以大幅扩展镜头的表现能力，但在技术上，单张照片的拍摄质量会直接影响后期合成的效果。拍摄要点简要列举如下，做到了这些，就能获得理想的全景拼接效果：

①使用三脚架，确保拍摄位置固定且水平。

②使用标准或中焦镜头，将镜头畸变控制在最低水平。

③使用手动曝光、手动白平衡和手动对焦，使画面参数保持一致。

④保证每相邻的两张画面之间有 1/3 的区域是重叠的。

在石刻拍摄的过程中，我们往往还会碰到许多年代久远或者破损严重的碑文。碑文清晰度不够，很难直接识别，这时要尽可能先把碑文清理干净，有条件的可抹上白色粉末，如面粉或者石灰等。当然这些是在保证不破坏石刻的前提下，让碑文更加清晰可见再进行拍摄，同时要注意避免石刻洒水后形成的镜面反射。

石刻拍摄的目的是更好地传承和保护传统文化，无论什么方法，均应力求准确、真实地再现石刻内容。

以上就是我们石刻拍摄过程中会经常遇到的问题和需要注意的事项。石刻拍摄属于摄影范畴，和其他摄影活动一样，需要我们反复练习并不断总结经验，这样才能够应对各种拍摄的需要。

图 3-12　抹粉前后对比景

二、石刻图片资料电脑后期整理

对石刻图片在电脑上进行后期处理的目的，首先是使碑文更加清晰完整，以利于识别，这样更有利于研究，其次才是图片的艺术表现（图片是否美观、颜色是否合理、构图是否完整）。电脑图像处理的软件很多，如 Adobe Photoshop、Lightroom 等，这些图像处理软件的功能很强大，可以进行图像处理、图形设计、文字编排、视频编辑等。利用这些软件可以解决我们在石刻图片收集过程中遇到的许多问题，比如：①裁剪图片，调整图片的大小、位置、方向等。②拼图处理。③锐化处理。④矫正畸变。⑤画面的亮度调整。

（一）图像旋转及裁剪

图 3-13 是图像旋转调整前的图片，图 3-14 是调整后的效果。

图 3-13　调整前

图 3-14　调整后

（二）拼接图片

有的石刻尺寸很大，或者碑文特别多，且文字还较小，如果直接拍一张完整的石刻全景图片，由于相机的像素和分辨率有限，拍出来的石刻图片放大后往往不够清晰，碑文看不清楚，难以达到拍摄目的。在这种情况下，为了保证拍到清晰的碑文内容，往往需要对石刻进行分段拍摄或者局部拍摄，然后再进行拼接，从而获得相对清晰的图像资料。这种全景拼接的原理是将多张连续的

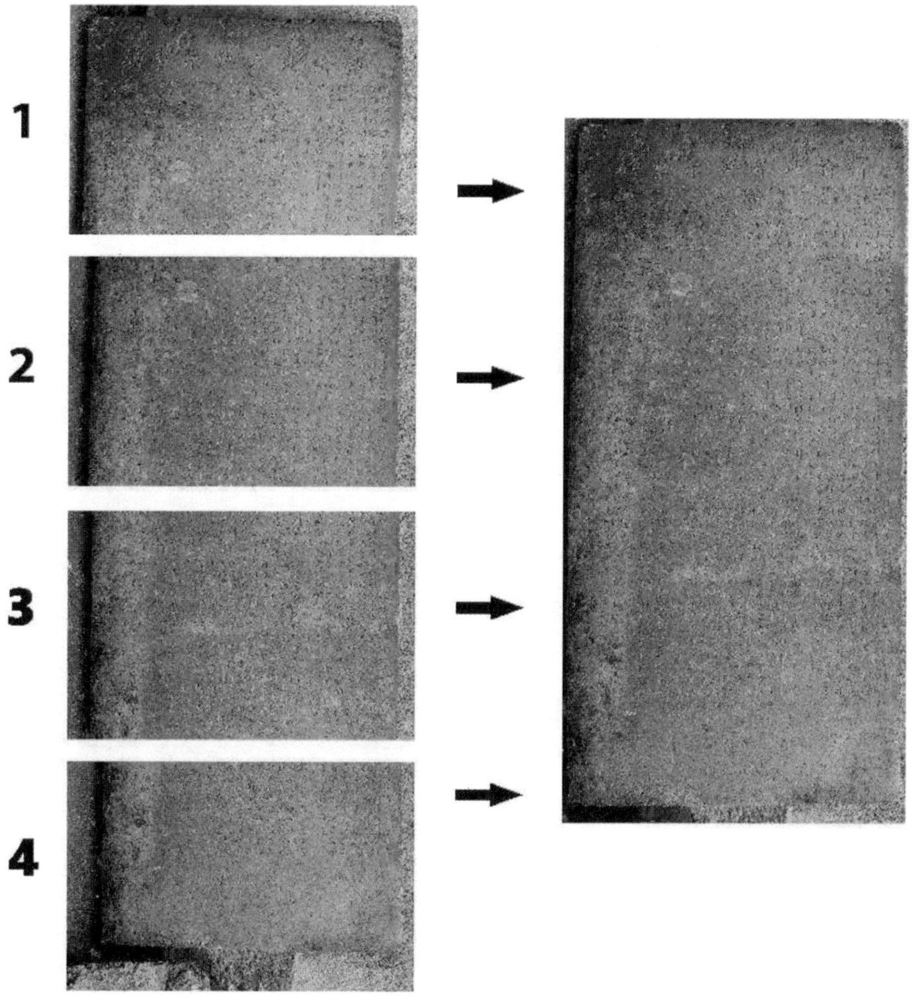

图 3-15　图片拼接前后对比

照片拼接成一张全景照片，目前，许多无反相机、便携数码相机和智能手机都内置有这种功能。若是使用不具备拼接功能的单反相机拍摄，也可以在后期利用软件自行制作高画质、高像素的全景拼接照片。

可将石刻分为四段进行拍摄，然后在电脑上进行拼接。一般专业的图像处理软件都有图片拼接的功能，完成后进行裁剪和旋转，这就是石刻分段拍摄的拼图处理。

（三）矫正图片透视畸变的问题

有时候拍摄的石刻图片，由于石刻的位置偏高或者其他原因，抑或者使用了广角镜头，拍出的图片往往会产生透视畸变，近大远小，导致画面变形，不利于研究和展示。此时可以通过软件的透视变形工具来矫正图片的透视畸变。

图 3-16　畸变处理前

图 3-17　畸变处理后

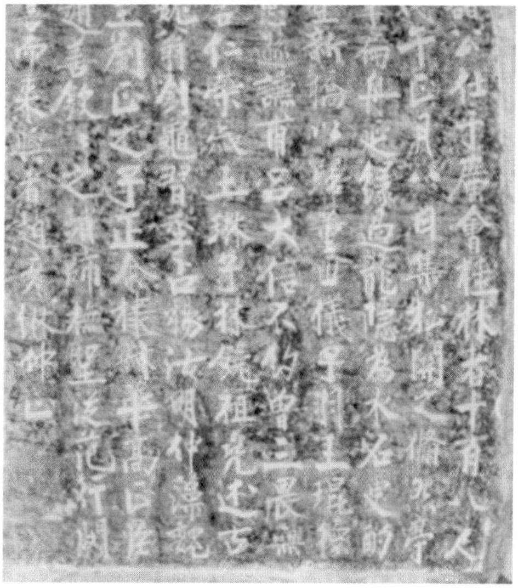

图 3-18　锐化前

图 3-19　锐化后

（四）锐化处理

有时候拍摄的石刻图片由于各种原因，模糊不清，暂时又没办法到现场重拍，这时可以通过锐化的方法，进行适当的修正，可以避免一些遗憾。需要注意的是，锐化只是通过增加边缘明暗对比度的方式，提升整个画面的清晰度，是修饰图片效果时常用的操作功能，但并不是所有模糊的图片都可以通过锐化功能来达到清晰的效果，其功能也是有限的。

（五）画面的调整

有时候拍摄的石刻图片由于曝光或者其他原因，画面太亮（图 3-20）或者太暗（图 3-21）。可以通过亮度、对比度的调整，对整个图片进行修正。

以上是石刻图片电脑后期处理的几种简单方法。大多数情况下，在处理这些石刻图片的时候，常规步骤为：首先，检查图像是否需要旋转调整，如果需要调整，先将画面旋转至所需的方向（一般都是正面方向）。接着对图片进行透视矫正处理，如果需要全景拼图的再进行拼图、裁剪然后调整画面的影调

图 3-20

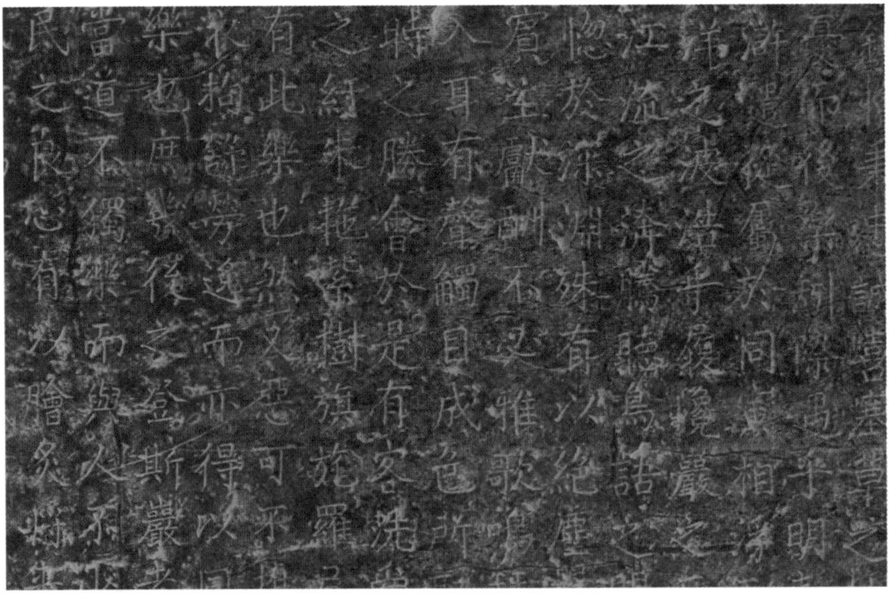

图 3-21

（画面的明暗对比调整），随后检查是否需要锐化处理（如果不够清晰的先进行锐化处理）。最后根据需要裁剪画面，选择保存的路径和格式（一般选 JPEG 格式），点击“保存”。

石刻图片电脑后期整理，能在一定程度和范围内对所收集的石刻图片资料进行加工处理，以便更好地研究和展示。但电脑后期整理也有局限性，并不是无所不能的，只是对前期拍摄不足的弥补。

本讲小结

石刻的拍摄和电脑后期处理，是研究、学习石刻文化和传播石刻文化的重要环节。收集石刻照片，是研究和学习石刻文化的第一步。只有掌握数码相机的使用方法，根据石刻所处的不同环境和位置采用相应的拍照方法，才能获得较清晰的照片。根据教学及研究的需要，将部分石刻照片进行后期加工，目的是使其表现力得到增强。为此，除掌握有关电脑软件的使用方法外，更需要加强实践，在实践中获得真知，不断提高技能。

复习思考：

1.石刻拍摄的三个具体要求是什么？

2.石刻拍摄的角度分为哪三种？

3.简要叙述一下石刻电脑后期处理的步骤。

第四讲

石刻的非文本解读

学习提要

非文本解读就是对文本以外的资料进行解读的过程。石刻资料蕴藏着丰富的非文本信息。在深入了解其本身的文本信息的同时，还要结合其周围的环境、与石刻相关的历史文化源流、定制、作者、镌刻者等信息进行综合分析，努力走进历史的深处。案例剖析，是提高非文本解读能力的重要途径。

一、学习非文本解读到底有什么用

众所周知，人文科学要求正确地理解人与自然、人与社会、人与人、人与文化之间的关系。前三种关系是现代公民都需要认识的，因此，已被列入教育的培养目标。第四种关系即人与文化的关系，可理解为是前面三种关系的综合反映。

学习人文科学有一个很重要的前提，就是要正确地识读有关资料。而资料的构成具有多样化的特征，所以要对各种不同的资料进行解读。从古至今，人们的阅读方式已发生了很大的变化。能否有效利用各种不同的资料来开展科学研究，在很大程度上决定了我们的专业发展能力。

一幅照片、一个场景、一个器物摆在面前，到底如何理解，人们的回答往往大相径庭。这种差异的出现，与是否具备较强的非文本解读能力有着密切关系。我们知道王国维最早发现了中国的甲骨文。而在此之前，甲骨文其实已在社会上存在并在一定范围内流传了。一般的人认为它和普通龟甲差不多，就是一些奇形怪异的符号。但是王国维破译了其中的历史信息，发现了它们的文化价值，由此就把中国的文明史往前推移了一大步。另外，我们知道摩尔根是一位美国的历史学家，他通过对一些原始部落进行长期的观察，了解他们的生活习惯和生产习惯以后，对古代社会的状况成功地进行了揭示。他的代表作《古代社会》在全世界都具有非常重要的影响力。该书所运用的就是非文本的解读方法。

学会非文本解读是提高人文素质的需要。人文素质是指人们在人文方面所具有的综合品质，包含认识方法和实践方法。人文素质的提高在很大程度上依赖于非文本解读的能力。所以我们要提高人文素质，就必须学会非文本解读。要增强“观石读史”的能力，就必须运用非文本解读的方法。

二、什么叫非文本解读

文本之外的研究通常都可以称之为非文本的研究。那么，什么是文本之外的研究呢？顾名思义，就是不利用文献而进行的研究。相应地，有关文本以外的资料解读都可以称之为非文本解读。显然，这与写在文字上的那种资料解读方式是不同的。

非文本研究是 21 世纪初，受到社会学、人类学、历史学等学科高度重视的研究方法之一。它是从功能派理论中引入的研究方法。

功能派的创立者与实践者，从马凌诺斯基到拉德克利夫・布郎和塔尔科特・帕森斯，都十分重视从实地考察中得到非文本资料，然后对此进行分类研究与探讨，从而进入理论思维层。这就是通常所说的“田野作业”的方式。

我国不少著名的社会学家与人类学家都十分重视田野调查，认为每一位研究者对于他所择定的范围以内的一切现象，必须做极精细的观察，融入他们的日常生活，然后加以客观分析。故野外作业，现在已公认为人类学调查所必经途径。凡此途径所搜集取得的材料，才是一切归纳、校正之必需的基础。可见非文本解读的重要性。

应该认识到，非文本解读比文本解读要复杂和困难得多。例如，关于史学家和社会活动家梁启超，如果利用文本的资料进行研究相对来说比较容易，只要找到他的著作、日记、信件以及人们对他的评价等，就能大致对他的思想、活动等作出判断，进而确定他为社会所作出的贡献。可是，这样做就够了吗？我们对他的认识方法是科学的吗？结论是正确的吗？这就很难讲了。实际上，如果我们要想对他进行全面的研究，还要面对很多的问题。例如，他的社会关系很复杂，涉及不同的年代和不同的社会群体，他周围的人、他的家庭、他的工作等都会对他产生不同的影响。对于他的作品，文化程度较高的读者和一般的工农群众理解以及接受的程度显然不一样。若拿到一些有关梁启超的文本，有的是专业人员对他的研究，有的是普通人对他的看法，这时，我们就会发现里面的差别是很大的。梁启超是一个历史人物，他的生活经历了较长的年代。在不同的环境下，他的作品不可避免地产生了不同的影响力。而环境显然就不是文本。既然研究梁启超这个人涉及的因素很多，所以光是利用文字资料是远远不够的，还需对他进行非文本的解读，即下功夫了解他所生活的那个年代，他的各种社会关系，他的性格和爱好，等等。

非文本研究不仅要投入更多的精力，还要有充沛的体力、顽强的毅力和有一定的经济实力。总之，非文本解读的难度要比文本解读要大，这是显而易见的。

三、为什么要重视非文本解读

总的来说，就是要破解这种资料所蕴含的真实信息，走进社会历史的深处。同时，要通过非文本的解读改变我们的学习和研究方式，提高专业能力。只有成功地破解有关资料的信息，才能帮助我们深刻认识问题，提高人文素养，强化专业能力；而只有不断改变学习和研究方式，才能确保破解过程的顺利进行。所以，这两者是相互依存、相互促进的。

大学生不仅要学习专业知识，还要提高自己的人文综合素质。从这一培养目标出发，重视非文本解读的目的至少体现在以下几个方面：

一是适应新课程内容变化的需要。21 世纪初，我国开启了新一轮的课程改革，这一改革一直延续至今。各级课程内容都需要进行非文本解读，如在历史课程当中，探究历史奥秘需要读懂其中的信息，认识自然的变化也需要学会依据有关现象进行分析等。只有掌握非文本解读的方法，才能理解新课程的内容。

二是适应探究性教学方式的需要。探究性教学要求师生关注周围的生活和学习环境，学会利用非文本资料开展学习和研究。“让课程走进生活，让生活走进课程”是一种非常重要的导向。生活化的课程实施，需要依据我们周围的非文本资料来认识问题和研究问题。这种资料的有效利用，可提高探究性教学的质量。

三是开发课程资源，增强学科建设需要。现在我国的课程分三级，分别为“国家课程”“地方课程”和“校本课程”。国家课程是由国家进行编制的，地方课程是由省一级政府组织力量来进行编制的，而校本课程是由学校根据自己的情况来编制的。三级课程体系赋予教师和学校建设课程新的使命。能否正确解读非文本资料，在很大程度上决定了校本课程建设的质量。因为要建设校本课程就必须依靠当地的资源。只有将大量的石刻资源开发出来，地方课程和校本课程建设才能获得有力的支持，学科建设才会真正形成特色，进而提高竞争力。

四是适应物质文化与非物质文化遗产保护工作的需要。党的十八大以来，有一个非常重要的变化，就是把软实力（即文化）的竞争上升到国家发展的战略高度来考虑。随着文化产业逐渐兴盛，加强物质文化和非物质文化遗产的保护工作日显重要。物质文化遗产具有外显性，其保护的重要性容易为人们所认识，而非物质文化遗产很多尽管属于活化石，十分珍贵，但是由于以非文本的形式存在，其价值却不易为人们所发现。如果不懂得非文本解读的方式，要想有效地保护这些遗产就会比较困难，进而要把它作为一个国家发展的战略来推进，就更不可能了。许多物质文化遗产和非物质文化遗产都隐藏着民族生存的密码。例如，我国从古到今都非常注重长城的修筑，直到现在，无论北方还是南方，都还能找到长城的遗址。这与我们民族的性格及“稻作文明”的形成与发展有着非常密切的关系。有些民族为什么非常喜欢穿自己的服装？他们的头饰、服饰为什么各具特色？因为这些东西都是不同民族的文化符号，是民族存在的一种证明。因此，我们必须对这种文化遗产所深藏的密码能够准确地去把握，学会解读[①]。既然物质文化遗产与非物质文化遗产保护是国家的文化发展战略，自然就成为我们无法推卸的责任。

五是提高认识和研究能力的需要。在科学研究中，求实与创新是最基本、最重要的要求。社会科学的研究依据是史料。必须指出，我们现在所看到的各种资料，如著述、回忆录、公开的报道、统计资料等，都应归入“有意”史料之列。这些史料不仅涉及历史学科，也涉及其他学科。原作者都是“有意”地想以自己的文字来左右当时的人和后人的视听。这些史料虽然具有相当的价值，但若仅依靠这些“有意”的史料，我们就会成为前人思想的奴隶，成为旧时代偏见的牺牲者，这是毫无疑问的。一个时代也如同一个人，并不愿意把自己及祖先的隐私全部抖露出来，它有意将选择性重构的形象公之于世，史官便是他的代言人。这就为后人了解历史真相设下层层雾障，留下种种谜题。随着史学的进步，人们已日益注重“无意”的史料，自觉地抵制“有意”史料的束缚。现在，在人文科学各领域，人们经常提的问题是：除文本资料外，是否开展过社会调查？能收集到非文本资料吗？证明过程和方法经得起检验吗？人们越来越深刻地意识到，非文本资料属于“无意”史料，它的客观性强于文本资料。通过大量地收集这些资料，正确解读这些资料，有助于人们更好地认识和研究历史。新的可靠的资料决定着研究的方式与结论。只有将文本资料与非文本资料结合起来，才能打牢学习和研究的基础，开辟出新的发展道路。

---

① 甘措：《美与历史的非文本载体：甘青藏族妇女头饰探略》，《西藏艺术研究》，2006 年第 1 期。

四、如何正确解读非文本资料

解读非文本资料的方法很多，有的比较成熟，有的还在探索之中。以下方法被实践证明较有效，具有一定的推广价值。

（一）把非文本资料与其周围的环境联系起来进行解读

许多非文本资料都与特定的环境密切相关。只有将这些资料与周围的环境联系起来，对其蕴含的信息才能有效捕捉。

广西历史上共开凿了三条运河，一条是兴安县境内的灵渠，第二条是防城县（今防城港市）境内的潭蓬运河（也叫天威遥），还有一条是在桂林市境内（包括临桂区和雁山区）的桂柳运河（也叫相思埭）。众所周知，灵渠是秦始皇时期开凿的，这条运河把漓江系统和湘江系统贯通了，而湘江水系与长江水系是联系在一起的，所以通过灵渠，中央政府就加强了对边疆地区的控制。桂柳运河开凿于唐朝的长寿元年（692 年），至今已有 1300 多年的历史。随着这条运河的开凿，漓江系统和柳江系统又贯通了，而柳江水系与黔江水系是联系在

图 4-1　桂林市雁山区境内的桂柳运河故道

图 4-2　桂林市雁山区竹园村前桂柳运河岸边的石壁上，水手们撑船时留下的洞口

一起的。这样，长江、湘江、漓江、柳江、黔江几大河流系统就构成了一个整体。潭蓬古运河横贯于江山半岛中部，是中国唯一的海上运河，东起潭蓬村，西连潮松港，沟通西湾和珍珠湾运河凿通后，往来船舶不必绕过江山半岛而直航防城、珍珠两港湾，不但缩短了 15 千米的航程，而且避开了江山半岛南端白龙尾的巨浪搏击和海盗的袭击，使可船舶安然航行。可见运河在历史上的地位和作用非常重要。

了解了这些运河的简单情况后，再来看看这几张照片。这些照片的拍摄地点为桂柳运河。图 4-1 是桂柳运河的一段，这座桥位于今雁山区竹园村前，是当时水陆交通的连接点之一。桥的左侧（即河的左岸）石壁上，留下了图 4-2 所示的这几个石洞。把这些石洞与其周围的环境联系起来进行非文本解读，发现了什么呢？仔细观察，可以看到，运河的河床大概宽 3 米，洞的宽度大概是 5 厘米，其深度大概也是 5 厘米，洞很圆。这些洞显然与古老的桂柳运河有关。运河是做什么用的呢？当然是运输。这些洞是当年水手们经过运河这个地方的时候，由于水流湍急，用撑杆撑出来的。洞并不是很大，既然如此，就可以想见当时经过这里的不可能是大船，而只能是小船，其载重量大都为几吨或十几吨。河道的宽度也证明了这一点。再看照片里最高的洞和最低的洞的位置，说明这个地方的生态已经发生了较大的变化，因为水手们撑船时发力的支点与水平面是有关系的。所以，当我们用专业的眼光进行非文本解读的时候，就会发现：虽然此运河的功能如今已丧失了，但历史上这里的运输曾出现过非常繁荣的景象却是不争的事实。不难设想，当年究竟有多少水手不断在这里撑船才能够撑出这些洞来。若这种解读有道理，那么，就必须承认这些照片所蕴含的历史信息量是很大的。依据这些资料，还可以发现一些新的研究线索。例如，到底经过了多长时间，这些洞的直径才达到如此深度？从生态学角度来看，是什么原因才会使洞的位置发生了这样的变化？只要我们把它与周围的环境继续联系起来进行解读，认识就会不断地加深。

再来看下一个案例。

秀水村是广西富川县的一个村，图 4-3 是秀水村进士第前的一面屏墙。

墙上有一个“福”字。这个字给人的感觉充满杀气。图 4-4 也是一个“福”

图 4-3 广西富川县秀水村（武）进士第屏墙上的“福”字

图 4-4　广西富川县秀水村（文）进士第屏墙上的“福”字

图 4-5　秀水村进士第（文）房基的菊花石雕

图 4-6　秀水村进士第（武）旁的石鼓

字，这个“福”字也写在屏墙上，不仅没有杀气，而且还特意在“福”字上方写下“古风犹存”几个字，两边还有一些诗文，极力表现出文气来。

图 4-5 的石雕是菊花，镶嵌于极力表现文气的进士第房基里。图 4-6 是秀水村进士第旁的石鼓，村民说这是古代的战鼓，位于写有充满杀气的“福”字的进士第右侧。武进士和文进士有不同的价值追求，体现在其建筑方面，就展现出了不同的风格及寓意。而状元坪则为进士们的价值追求起到了引导的作用。

该村现在还保存有状元坪，该坪是当年举子们聚会活动的场所。

这两面屏墙上的“福”字和石鼓、菊花石雕以及状元坪等都是进士第的组成部分，是我国科举文化在乡村的具体反映。

图 4-7 为广西昭平县黄姚古镇的街道，宽度约为 2 米。灵川县的大圩镇是广西的四大名镇之一，那里的街道宽度大约也是 2 米。恭城县的龙虎街靠近湖南，该街道比黄姚古街道稍微宽一点。其实，仔细观察我们就会发现，只要是明清时期的古街道，宽度大概就是 2 米。人们习惯把这种街称为“扁担街”，即挑着担子能自由通行的街道。为什么会是这样？因为明清时期商品经济开始兴盛，而此时我国仍处于农业社会。人们从事商业贸易主要依靠的是水道，所

图 4-7　昭平县黄姚古镇的街道

以古镇旁边一般都有河流。当货物运送到河边时，人们拿着扁担挑货到街道就可以买卖了。街道修筑过宽会造成浪费，过窄则不利于通行，2 米左右正好合适。这就是历史的规定性。

图 4-8 是广西灵川县雄村的一道石门。雄村是大圩附近的一个村庄。它的历史早于大墟，正如当地民众说："先有雄村，后有大圩。"这道门的高度为 1.8 米左右，宽度为 1 米多。为什么不开得高一点和宽一点呢？目前这个状况显然不利于人们出入。在门的墙边（图 4-9），还留有 4 个方孔，这是防盗用的。村门的这个高度和宽度，也是出于防盗的考虑。古时候雄村是一个大村，而且靠近大墟，村民相对富裕。平时在此借宿的商旅也不少。强盗一旦进村抢掠，村民人多势众，一打锣，村民们就可以组织保卫村庄。为防止强盗骑马逃跑，村门故意建得低一点、窄一点。这样，他们要想骑着马迅速通过这里就不容易了，而只要他们下马，村民就可以躲在墙内用长矛对付他们。可见古圩镇街道的宽度、城门的高度和宽度等与农业社会之间存在着必然的联系。

图 4-8　灵川县大墟镇雄村前门口

图 4-9　灵川县大镇雄村前门口一侧的防盗孔

据此，我们可以联想到：北方的古都除有高大的城墙外，一般还有护城河，其宽度大都为 15 ～ 20 米。游牧民族的骑兵部队对封建统治者造成很大的威胁。在都城外围挖一条河沟，战马就很难越过了，这也是一种历史的规定性。

马步青是近代的西北军阀。图 4-10 是他的住宅。向外一面的墙很直，没有屋檐。里屋却是两面都有屋檐。这是为什么？由于西北雨水稀少，向外的一

图 4-10　兰州市马步青住宅

图 4-11　三江县的侗宅

图 4-12　侗宅的防火公约碑

面不建屋檐，目的就是让有限的雨水最大化地流到院子里。至于院子内的墙两面都建屋檐，也是因为能保证“肥水不流外人地”。西北缺水的环境使得房屋必须具备聚水的功能。

图 4-11 是广西三江县的侗宅。全是木楼，旁边通常都有一个水塘。认真观察，会发现侗宅基本上都建在水塘边。这是防火的需要。图 4-12 的防火公约碑证实了这一点。当我们把周围的环境与这些建筑联系起来解读的时候，其真实的内涵就比较容易理解了。

（二）把非文本资料与民俗历史源流联系起来进行解读

民俗历史是一种特殊的社会资源，读懂其真实寓意，既可促进旅游业和文化产业的发展，还可加强政治思想教育。

广西富川县富阳镇有一条古老的街道，街道中部有一座灯楼。调查中发现，4 月距当年春节已逾两个月，可是灯楼里喜庆的气氛依然浓烈。正面屋檐下还挂着“欢度元宵”的横幅。灯楼正堂里挂着一条条的彩条，五颜六色，上面所写的字大都是“吉祥如意”“兴旺发达”等内容。柱子上还挂着一些灯笼。当地的老百姓说，在灯楼里挂彩条和灯笼是本地的习俗。具体来说，年内凡是

图 4-13　富川县富阳街的灯楼

生了男孩的家庭，都要到灯楼上挂彩，第二年农历正月十五的那一天还要去挂一只灯笼。灯楼及街上的一些碑刻，介绍了这种地方习俗。由此得到启发：若要了解这个地方的出生率，统计这些彩条不失为一种方法。因为受民俗的影响，当地生了男孩的家庭都非常乐意到灯楼里挂彩、挂灯笼表达自己的喜悦之情。灯楼是人丁兴旺的昭示。懂得这个道理，研究时就可以减少很多阻力。

桂林王城承运殿是当年靖江王议事传令的场所。图 4-14 中的这个台阶是通往宫殿的，旁边的护栏石柱为方形，而顶端则为圆形，看上去就像一个人戴着帽子，连接石柱的是一道貌似祥云的石壁。这些要素结合起来，就是“青云直上”的意思。当时，承运殿前的台阶只有官员才能走，而护栏的“青云直上”寓意，算是对他们的一种无形激励。将来大家有机会多考察一些中国古代的宫殿，就会发现它们的建筑风格及其文化寓意都基本相同。

图 4-14　桂林靖江王城承运殿台阶护栏

（三）把物化的和活化的非文本资料结合起来进行解读

物化的东西没有生命，而活化的东西则体现出鲜明的生命特征。把这两者的非文本资料结合起来，对于我们通过现实认识社会历史有很好的促进作用。

1. 具有祭祀意义的石头、大树与宗族活动的结合，显示家族的团结、兴旺

图 4-15 的这棵大树位于西江大藤峡的一个村前。树根处有很多残留的香炷，说明烧香的人很多。树上挂着一些塑料的红圈，用红线连起来。这相当于过去的红纸条。纸条不耐用，风一吹、雨一淋就掉了。挂上塑料的红圈，风吹不掉、雨打不烂，什么时候去祭拜都用得上，很方便。现在城市里敬神的家庭不少，而供奉、祭祀所用的物品也越来越现代化，如用电子声响代替鞭炮、用通上电的蜡烛型电灯泡代替香烛等。重要的是仪式，举行了仪式，表达了感情，祭拜的目的也就达到了。乡村的现代化程度不如城市，但是受城市的影响，越来越多的村民开始使用现代物品进行祭拜。所以树上的这些塑料制品，与传统

的祭祀仪规有着密切联系。树根中间有几块石头，有的显得较新，有的则很旧了，还有的甚至被树木包裹入树中。到底要经过多少年才能出现这种情景呢？据当地村民说，这种祭拜习俗已延续了800多年。那么，民众为什么要在这棵树下举行祭祀活动，其目的究竟是什么？看一个与此相关的仪式就知道原因了。

据调查了解，西江流域是广西客家人最集中的地区之一。客家人有很强的宗族观和凝聚力，每年同姓的家族都会聚集在一起，开展祭祖及乡谊活动。村前的大树周围，就是活动的主要场地。平时村民们在此祈求平安，每年同姓家族定期集聚于此，通过“游神”和唱族谱等方式，唤起家族的共同记忆，依据共同的信仰和共同的血缘、地缘关系，协调利益，消除日常生产和生活中的一些矛盾，增强家族、村庄的团结，促进经济的繁荣和社会的稳定。每当开展祭祖及乡谊活动时，人们都会系着红绳，扎着红腰带或者戴着红花，喜庆的氛围十分浓郁。组织分工也很严密，有负责分发食物的，有负责表演的，还有负责唱族

图 4-15　村民祭祀对象及其物品

谱的，等等。祭祖之后，大家就聚在一起共同享用美食，同时，听老人叙述家族的历史，讨论未来的生产和生活计划。大树及其下面的石头从宗教的角度上没有特殊的意义，最早也许就是一个普通的祭祀场地。随着家族的扩大，在这里从事活动的次数越来越多，其意义就慢慢超出了宗教的含义，变成建立乡村联盟的一种工具。而乡村联盟正是中国社会长期得以稳定的重要因素。不仅家族需要依托这种联盟增强内部力量，而且国家也需要借助这种力量来调控乡村社会。这种认识，若只是依据某一个方面的非文本资料是难以形成的，只有把物化与活化这两种类型的资料结合起来，视野才会开阔，才能找到正确的结论。

2. 侗族风雨桥与民俗活动的结合蕴藏着民族发展的愿望

广西三江侗族自治县有一座著名的风雨桥，名“程阳风雨桥”。该桥是最能体现侗族历史文化特征的标志之一。通过这一物化的非文本资料，可以对侗族有一定的了解，同时，通过风雨桥里保存的各种石刻，还能对侗族的古往今来增加认识。但是，若要更深入地认识侗族，还需要依靠活化的非文本资料。事实显示，随着旅游业和文化产业的不断发展，侗族地区的民众越来越重视对本民族文化资源的开发、保护与利用。走进侗寨，会看到以体验侗族风情为主旨的活动处处可见。每当游客进入村寨，村民们就会打起锣鼓，放起鞭炮，吹响芦笙，唱起山歌，端上热腾腾的油茶、美酒和饭菜。菜品基本上都是偏酸的，如酸鱼、酸鸡、酸肉、酸笋、酸黄瓜等，很有特色。侗族主要居住在西南山区，糯稻种植较多。糯饭不易消化，而酸食则有助于消化。加上侗族人很勤劳，每年生产多有收获，用腌制的方法对食物进行加工，就能达到长期保存的目的。久而久之，酸食品就成了侗族人的特色食物。饭后，又会与游客共同举行篝火晚会，一起唱侗族“多耶”，一起跳舞，一直持续到深夜。若游客在村寨里住宿，费用通常都较城镇里便宜。侗族地区目前的社会经济发展水平不高，为了促进现代旅游业和文化产业的发展，他们往往要付出较大的代价，甚至会背离市场经济规则。但是，他们这样做却为侗族地区的未来发展奠定了坚实的基础。欠发达的民族往往要用一些方式证明自己的存在和价值。认识到物化的风雨桥是侗族的一种符号，而在现实社会中的侗族风情，也是他们的一种

图 4-16　广西三江侗族自治县程阳风雨桥

符号。这两种类型的非文本资料，从一些方面透露了侗族的遗传密码。

（四）把非文本资料与时代特征联系起来进行解读

每个时代都有自己的特征，正如阿拉伯谚语所说："人与其说像他们的父母，不如说像他们所生活的那个年代。"人们的行动，往往都被打上很深的时代烙印。

1. 民国初年的社会转型形势为劣政碑的立存创造了条件

图 4-17 的石碑立于广西兴安县著名的古代水利工程灵渠旁四贤祠，俗称"劣政碑"。一般而言，树碑是为了留名。《辞海》对碑的解释是："古人把长方形的刻石称碑，作为纪念物或标记，用以纪事颂德，如纪念碑、墓碑。自秦始皇刻石纪功始，方大开树立碑碣的风气。"[①] 这就告诉我们，树碑的历史悠久，意在歌功颂德，为死去的人或活着的人立传，借此让后人敬仰。

后来，碑的功用被放大了，举凡地域风貌、历史沿革、人文景观，甚至文

① 《辞海》，上海辞书出版社，1979，第 3765 页。

图 4-17　兴安县知事吕德慎劣政碑

人游山玩水的即兴赋诗题字，都可以刻上碑碣。由此，树碑立传已成为一种独特的文化现象，成了我国几千年传统文化的组成部分。

兴安县灵渠的这块碑是劣政碑，可以说是罕见的。一反歌功颂德之旧制，而以简明扼要之词表达了民众心声，为后世为官者之鉴。民众传言，吕德慎为兴安县知事，任上，刮地皮、增田赋、欺上压下、贪赃枉法，民愤极大。民众公推乡绅曾石年等人状告吕德慎，曾石年等人冒险去到时任两广巡阅使的陆荣廷驾前拦马告状。吕德慎终被告倒。在其离任当年，由曾石年拟文，刻下一碑，立于兴安县灵渠四贤祠碑廊内。而《兴安县志》记载则为："吕氏把对农村的赋税转嫁到商界，一些商人怀恨在心，待其卸任后，为之立碑。"[①] 吕德慎于 1914—1915 年在任。许多人对民国之初能容许乡民树这样的碑存疑。其实，立这块碑已是民国之初，民主观念开始深入人心，当权者在各种场合大谈民族、民权、民生。他们意识到，将民众自发竖立的"败德碑"推倒，必然会引起公愤，被认为与前任乃一丘之貉。索性容忍它存在，则可落得个执政者民主大度的美誉，何乐而不为？于是一任又一任官员更迭，但谁也不愿做出头椽子将其清除。就这样，这块碑得以保留下来。中华人民共和国成立后，劣政碑理所当然地成了控诉封建社会的反面教材，被当作文物加以保护，所以能完好存留至今。所以，理解民国初年的民主观念存在的社会环境这种非文本因素，才能找到劣政碑保存至今的原因。

正是：

四贤祠内观奇碑，形如闪电字如雷。
吕公为官心不正，百姓议政评是非。
冒功累民谋高位，浮加赋税腰包肥。
倘若碑行成利器，惩恶扬善胜钟馗。
以史为鉴警自身，独留清廉在人心。[②]

---

① 兴安县地方志办公室：《兴安县志》，广西人民出版社，2002，第 710 页。
② 罗庭坤：《观劣政碑》，广西纪检监察网，发布时间：2021 年 01 月 29 日。

2. 不同民族、不同国家的建筑风格都带有鲜明的时代特征

图 4-18 是广西临桂区的一个瑶寨，建于明朝。全寨几乎是连成一个整体。要读懂其中所蕴藏的非文本信息，一方面要懂得，在封建社会里，瑶族饱受统治者的欺压，不断被迫迁徙，被称为东方的“吉普赛人”。另一方面要知道，中国的经济中心自宋代开始不断向南转移。到了明末清初，大量的经济移民进

图 4-18　临桂区瑶寨鸟瞰

图 4-19　福建客家围楼

图 4-20　广西灵川县江头村巷道一段房墙的截面

入广西境内。临桂区的瑶族为了防范其他民族的侵扰，在建房屋的时候，就紧紧地连在一起，才逐步形成今天这个模样。若对此进行非文本解读，可以说瑶寨建筑所表达的是一个明显的防御戒备状态。中国的南部尤其是西南边疆地区和沿海地区是移民大量聚集的地方，客家人的建筑也体现了防范的理念。

福建的围楼式民居建筑更是将这种防范理念体现得淋漓尽致。

从图 4-20 可知，墙内有一排木板，这个设施的主要作用是防盗。该村的房屋大都是清朝时建立的。江头村地处湘桂走廊，人流、物流十分密集。村里有钱有势的人较多。在巷道房墙里加上木板，强盗一旦挖墙，就会发出“咚咚咚”的声响，屋内的人就能及时发现、制止。今天这种设施已经不管用了，但是明清时期却发挥着较大的作用。所以，对于古村寨建筑的非文本解读，必须准确把握时代特征。

图 4-21　昆仑关脚下侵华日军中村正雄墓

在解读上述建筑非文本信息过程中，若能结合修建碑了解相关背景，认识会更全面、更深入。

3. 带有纪念性质的一些建筑，其时代特征也值得深入解读

抗日战争后期，日本为了截断中国新开辟的西南国际交通线，发动了桂南战役。宾阳县境内的昆仑关是当时非常重要的军事据点，中日双方展开了激烈的争夺战。经过反复搏斗，中国军队以伤亡 1.5 万人的代价，打垮了日军第 21 旅团，消灭中村正雄旅团长及其部下 4000 余人，取得了战役的胜利。战后，杜聿明将军下令将中村正雄埋葬在昆仑关下，并亲自为他写了墓碑。如何理解他的这一举动？在战争环境下，对敌军阵亡将领的厚葬目的是为了激发将士的勇敢精神。杜聿明将军的这个举动实际上是告诉广大将士：只要是战死在疆场，即便是敌军将领我都厚葬，何况你们呢？当然，这只是表层的解读，从更深层的意义上说，将侵略者埋葬在这里，是为了给历史一个交代。事实证明，杜聿明将军的这一举动是非常英明的。不管日本如何推卸战争罪行，中村正雄墓地的存在，就使其侵华的事实无法抵赖。在把握抗战时期基本特征的前提下，利

图 4-22　桂林王城孙中山先生纪念碑

用非文本解读的方法，认真分析有关因素，会引导我们认识历史深层次问题。

桂林市王城里的孙中山纪念碑有三面，台阶有五级，有 18 根柱子环绕碑座。孙中山先生是中国革命的先行者，他提出了“三民主义”的政治主张，推行“五权宪法”，领导人们推翻了清王朝的统治，结束了 2000 多年的封建帝制。在当时的社会形势下，这一纪念碑的非文本信息如下：碑为三面，寓意孙中山的“三民主义”；五级台阶，寓意“五权宪法”；18 根柱子，寓意全国人民对中山先生的怀念（当时全国只有 18 个省）。时代特征对人、事物、现象等都具有很大的规定性。因此，当我们面对具体的非文本资料时，一定要善于从时代特征入手。不同的时代有不同的特征。从这个意义上讲，掌握历史知识就显得十分必要和重要。

五、增强非文本解读能力是实现专业发展的长期任务

通过上面介绍的这些方法，我们应该意识到，提高非文本解读能力既需要加强基本理论和基本知识的学习，更需要加强实践。这是专业发展的一项长期任务。

1. 要从知识结构的建构方面及时发现不足

一般来说，专业技术人才至少应该具备三个层次的知识，这三个层次分别为核心层、中间层和外层。所谓核心层知识，主要指自己的专业知识；中间层知识，主要指与自己专业密切相关的知识；外层知识，就是具备核心层和中间层知识前提下应掌握的知识。鉴于非文本解读涉及大量的人文知识，当前应从关注物质文化遗产和非物质文化遗产入手，因为这两种遗产对社会经济发展和文化建设具有重要意义，亟须加强调查研究，提出保护、开发利用的对策。如调查少数民族居住地，通过对其周围自然环境和社会环境的非文本解读，可以发现封闭背后的原因，找到打破封闭、走向开放的道路。调查本地传统节日（如宾阳的炮龙节），可发现保持和强化民族记忆所需要的文化支持、市场支持和政策支持。若在调查研究的过程中发现知识不够用，就必须立刻弥补，使自

己的知识结构得以不断完善。非文本解读是一种新的读书方式，我们一定会面临许多困难。但是，只要坚持不断学习、研究，根据所发现的新问题及时补充知识，就一定能克服困难，推进创新工作，促进自己的专业发展。

2. 要有强烈的问题意识，培养对周围的现象进行非文本解读的兴趣

问题意识是创新的起点。石刻文化蕴藏着许多创新的素材，要带着强烈的问题意识“观石读史”。无论在学习还是生活中，看见有特色、有价值的非文本资料，都可以尝试进行解读。例如，桂林市七星岩的“桂海碑林”有许多碑刻，通过深入调查研究，往往就会获得新的知识。如图 4-23 中的这块佛字碑，设计就非常巧妙，图案的含义十分深刻。这本身是一个“佛”字，同时又是一个人拜佛的景象。其含义是：信佛的关键在于虔诚，跪拜的动作说

图 4-23　桂海碑林的佛字碑

图 4-24　平乐县榕津镇粤东会馆

图 4-25　平乐县榕津镇粤东会馆内有天后庙碑

明了这一点。再有就是倡导女性信佛，拜佛者显然是一位女性。相对男性而言，女性信佛的社会意义更重大。因为母亲是孩子的启蒙老师。只要母亲信佛，就可带动整个家庭信佛。读懂了这些非文本信息，不禁对该碑刻的艺术价值、宗教意义深表赞叹！

广西平乐县榕津镇是桂北地区的交通要道和商业重镇。明末清初，越来越多的外地商人来到这里从事贸易活动。他们不仅带来了先进的经营方式和生活方式，还带来了新的文化。妈祖信仰就是其中之一。古榕树和古戏台是当年商人开展贸易和商业宣传的重要物证。妈祖信仰主要流行于东南沿海地区，平乐县榕津镇属于内陆交通要道，为什么妈祖信仰能在此地如此盛行呢？其实，只要联系移民的活动就不难找到答案。商人属于经济移民。在市场化过程中，他们必须建立一个系统的商业贸易结构，这个结构既包括有形的要素，如码头、商铺、会馆、仓库等，也包括无形的要素，如宗教信仰等。商业具有较大的冒险性。开辟市场，就必须引进敢于开拓、敢于冒险的文化观念。榕津镇之所以每年都举办“妈祖节”，就是受外地商人长期影响的结果。外来文化在本地有一个逐渐适应的过程，那么，这个过程的实际状况究竟如何呢？只要带着问题不断探索，我们对非文本的解读能力就能不断提高。

3. 要制定新的读书制度，增加新的读书方法，定期走出校园，深入社会学习研究

大量的事实证明，要想在学术上取得优异成绩，就必须坚持利用文本和非文本的资料开展研究，决不能只倚重某一种资料而偏废另外一种资料。在这方面，王国维、梁启超、费孝通等学者都树立了典范，已被学界所公认。除此之外，常年开展社会调查，在田野中追求创新的学者还有许多。中国著名的太平天国史专家钟文典教授几十年如一日坚持教学、科研，86 岁高龄仍带领师生深入桂柳运河地区开展调查研究。他经常说：“走向社会越多，获得的知识就越丰富，教学工作就越生动、越有效。做学问仅埋头书斋是不行的，一定要深入社会实际，才会获得真实的信息，校正研究的偏差。”有些大学生强调学习任务很重，没有时间走出校园开展调查工作。其实，时间是可以挤出来的，关键在于是否有计划和毅力。用最保守的方法算一笔账：每周双休日，若抽出半天时间开展社会调查，其余 1 天半照常休息或者处理各自的事情。每个学期按照 15 个周计算（开学初和期末的这几周有些不确定因素，不列入有效调查时间），则每个学期就有 7 天半可用于调查，1 个学年就是半个月，4 个学年就是 2 个月。这么多的时间完全可以做大量的调查研究工作。所以，要制定新的读书制度，抽出专门的时间开展社会调查，掌握非文本解读的方法。“心动不如行动”，通过具体的实践，一定会改变自己的学习方式，提高创新能力。

4. 坚持师生互动，在教与学的双力推动下，不断提高非文本的解读能力

由于知识的局限和经验的缺乏，我们平时虽然有进行非文本解读的意愿和兴趣，但是却感到无从下手。在这种情况下，最好的方法就是结合平时的作业，不断与同学和教师沟通，及时处理解读过程中的问题。例如，走进桂柳运河的历史现场，可见运河岸边有许多清朝时期的墓地，这些坟墓几乎与水平面等高，为什么至今依然基本保持完好？带着这个问题继续进行调查，通过对陡门、河道、堤坝等建筑的考证，了解运河排水系统的科学性所在，以提高非文本的解读能力。

图 4-26　桂柳运河岸边与古墓

再如，许多古代建筑中都有蝙蝠的图案（包括木刻和石刻）。蝙蝠的图案寓意“福”。从中国民俗文化传统的角度思考，再把这个图案与其周围的环境联系起来解读，使之明确“福”“禄”“寿”等是中国古代建筑雕饰的通常寓意。之后，再进一步比较各种蝙蝠图案的异同，从更广阔的层面认识中国的建筑文化。

5. 在阅读文本资料的过程中，要善于发现和发掘里面的非文本因素

必须明确，非文本解读的对象绝不只是实物或现象，文本中也有很多非文本的因素。所以，从文本资料中发现非文本的因素也是专业发展中的重要任务。如果我们掌握了这种阅读方法，就会发现许多权威著作的内容都值得怀疑。例如，中国许多史学著作和文学作品中，作者出于趋利避害的需要，常常会有隐蔽性的描写叙述。这就需要依据非文本解读的方法，对这些描写叙述涉及的自然环境、社会环境、作者动机等进行分析。文本资料中蕴藏着许多非文本的因素，只要善于解读，就会发现问题。例如，抗战时期黄河决口所造成的死亡人数，不能完全以当时国民政府提供的数据为准。因为当时国民政府为了推卸自己的责任，会掩盖甚至歪曲一些事实。树立了非文本解读的观念，掌握了非文本解读的方法，我们就不会被人轻易左右，就敢于质疑权威，在创新的道路上不断前进。

总之，提高非文本解读能力是促进人文素质的重要方式。在创新背景下，这是我们所面对的一条艰难而漫长的道路。只有在探索中不断前行，别无其他选择。

本讲小结

非文本解读是一种新的阅读方法。要想掌握这种方法，必须养成经常走向田野开展实地调查的习惯，在对石刻本身的信息进行解读的同时，还要仔细观察其周围的环境，并结合石刻信息，思考与之相关的文化传统、民俗风情、政治影响等。此外，还要认真思考这些非文本信息之所以产生的原因。对于石刻文本，也要运用非文本解读的方法，加强验证，这样才能对石刻文化的价值作出准确判断。

加强非文本解读对提高“观石读史”的能力至关重要。这种能力，需要通过大量的实践才能获得。

复习思考：

1.什么是非文本解读?

2.非文本解读与文本解读是“观石读史”的一般要求吗？为什么?

3.对石刻进行非文本解读，重点要关注哪些因素?

4.文本资料中蕴藏有非文本因素吗？如有，请举例说明。

第五讲

如何对石刻评头品足

学习提要

在中国，石刻广泛分布，其中许多堪称历史文化精品，也有的存在一些瑕疵。对石刻的评判，需要掌握一些正确的方法。生活中的石刻，应依据中国的文化定制进行衡量，同时，注重对其周围环境的考察，就能看出其中的奥秘及意义。承载着深厚历史、具有重大象征意义的石刻，要站在国家或人类共同价值观的立场予以审视。同类的石刻，要通过比较，明确其异同及其原因。独立思考，遵循中国历史发展的基本规律，弘扬中华传统文化核心价值观，是对石刻进行正确评价的基本保证。

石刻是中华传统文化的重要载体，蕴藏着珍贵的历史价值和文学艺术价值。自古及今，一直是很多人深入研究的热点。

“观石读史”是历史学习的重要方法之一。面对石刻养成评头品足的习惯，会促使我们的专业能力得到提升，人文素质得到增强，终身为此受益。

所谓评头品足，就是要用欣赏或批判的眼光审视碑刻和石刻。既要发现其美、其精、其艺、其巧、其意、其蕴，也要发现其瑕、其疵、其纰、其漏、其失、其误。

衡量“观石读史”成效的重要标准之一，就是看是否养成对碑刻和石刻经常进行评头品足的意识和能力。

一、遵循中华文化定制对生活中有代表性的石刻评头品足

石刻与人们的生活息息相关，有时甚至成为人们生活的一个部分。因此，对生活中有代表性的石刻评头品足，具有十分重要的意义。

石刻是历史的产物。有的距今已有数百年甚至上千年之久。其价值仅从表面是难以看清的，需要将其内容、形式与周边的环境结合起来，综合运用有关知识，才能进行正确的判断。

石刻在发展演变过程中，逐渐形成一些文化定制。是否符合有关定制，是我们需要关注的问题。因此，依据文化定制对石刻评头品足，就能发现一些值得探究的线索。

“定制”中有的是明文规定，有的则是根据文化传统而自然约定。在对现实生活中的石刻进行评头品足的过程中，要有意识地对照有关“定制”，同时根据周围的环境，作出合理的判断。

（一）从石刻存放地审视是否符合中华传统文化定制

“喜上眉梢”石刻十分常见。其基本造型是一只喜鹊站在梅花枝头，怡情悠然，充满灵性。这种石刻一般表达祝福、庆贺之意，按照中国的文化定制，应多出现在喜庆的场合，如戏台、剧院等。而实际上，在不少地方，尤其是当代所修复的古城镇里，这类石刻也用在官衙或庙宇的建筑里。官衙是政权的象征，庙宇则是较为神圣的地方。这些地方出现此类石刻，至少是欠妥的。这说明，石刻的运用若偏离或者违背了文化定制，就会造成不良的效果。

中国农村田间地头到处可见土地庙。里面供奉的是土地爷。土地爷通常由

大石雕刻而成。在农业生产力条件下，土地是财富的源泉。土地爷被塑造成一个有求必应的慈祥老人，这其实是对土地创造财富的期盼。显然，在这里，农业生产力、财富、期盼，这三者合一，构成了一种无形的定制。理解了这一点，我们就能明白，为什么在广袤的田野里和各村头前都会设立土地庙。土地庙一般很小且简陋，但是，土地爷面前的香火却始终旺盛。农民对土地期盼的传统观念，是导致这种社会现象的根本原因。

（二）从审美视角评判石刻是否符合中华传统文化定制

一些十分著名的石刻，我们在审美的同时，也要依据专业知识进行评头品足，了解其真正的价值。俗话说，“外行看热闹，内行看门道”。石刻的门道靠实践摸索，如漓江“画山”碑刻就很值得评头品足。

2013 年，桂林漓江被美国有线电视新闻网（CNN）评为全球 15 条最美丽的河流之一，成为中国唯一入选的河流。这次评选是集合了专家意见和世界各地旅行者的投票得出的结果。CNN 此次评选以旅游价值为核心，有“五大标准”，即风景、野生动植物、文化底蕴、冒险度和娱乐活动。

九马画山是漓江著名的景观之一，它位于兴坪镇西北约 4000 米处的漓江主航道旁，山高 400 多米，宽 200 多米。画山临江而立，石壁如刀削斧劈，五彩斑斓，远望如一幅巨大的画屏。乘游船顺江而下的游客，从远处细细端详画山，可在画屏中发现一群骏马，或立或卧，或昂首嘶鸣……清代诗人徐弓赞道：“自古山如画，如今画似山。马图呈九首，奇物在人间。”

在九马画山附近，有一块巨大的“画山”碑，该碑为明嘉靖三十二年（1553 年）御史陈善治所题，距今已有 470 余年的历史。这或许就是画山得名的缘由。此“画山”摩崖石刻，每个字高 1.6 米，宽 1.2 米，加落款所占方框，整个石刻长 5.3 米，高 3.2 米，四周还刻有祥云花边作衬托。石刻右上方为石刻年代，左为石刻落款。“画山”摩崖石刻虽然年代已久远，但字迹依然隐约可见。

此碑刻的文化价值十分凸显：“画山”两个字本身很像画，与阳朔九马画山情景融为一体。画中有字，字中有画。书法艺术与自然景观高度融合。每个乘船到漓江游览的人，只要经过九马画山，都会看到“画山”这一巨大石刻，为其艺术魅力所折服。

然而，这方碑刻也存在瑕疵。其中最明显的表现在落款上。既然已注明嘉靖癸丑年（1553 年），则“明御史”中的“明”字应去掉。嘉靖是明朝的年号，而且属于很重要的年号。明朝建立于洪武元年（戊申年，1368 年），灭亡于崇祯十七年（甲申年，1644 年）。嘉靖为明朝使用第二长的年号（1522—1566 年），仅比明神宗的年号万历少 3 年。嘉靖年号在社会影响较大。作者在落款中既已注明该碑刻于嘉靖癸丑年，又在“御史”职务上加上个“明”字，就显得多余了，属于“画蛇添足”的败笔。“画山”碑遵循碑刻落款的格式，但是却忽略了明代嘉靖年号对社会的影响力，换句话说，违背了当时无形存在的社会文化认知定制。

“画山”碑被刻在崖壁上，长期被茂密的竹林和树木所掩盖，直到 2008 年才被村民发现。经清理，世人方可再睹其真容。漓江也因此增添了新的文化景点。九马画山充满了神奇。在仔细参观九马画山及“画山”石刻时，又有游客发现九马画山旋转可成人头像。当然，这有想象的成分，但想象也必须建立在合理的基础上才会有价值。游客的发现无疑使九马画山充满了更多的神奇[①]。这也从另一个方面证明，“观石读史”是一种重要的社会意识及能力，对碑刻和石刻评头品足，可促进历史文化更有效的传播与利用。

（三）从碑刻创制者的价值追求审视是否符合中华传统文化定制

一些石刻被公认为艺术精品，我们对这些石刻进行品评时，应重点从创制者的价值追求中审视其究竟如何体现中华传统文化定制。位于阳朔县城内的碧莲峰东麓。风景如画的漓江环绕而过，古往今来，自唐代佛门大师鉴真、大诗人曹邺，明朝地理学家和旅行家徐霞客等上百名人雅士，到当代的周恩来、陈毅、邓小平等数十位国家领导人都曾到此游览，留下了大量的锦绣诗文墨宝，

---

① 2004 年 08 月 07 日，广西新闻网–南国早报。

图 5-1　阳朔县城内的碧莲峰东麓“带”字碑

最醒目的莫过于清朝书法家王元仁的草书——“带”字石刻。

“带”字碑的魅力，首先，是字径巨大。它高 5.72 米，宽 2.91 米，笔画最粗处 50 厘米，最细处 16 厘米。在广西已发现的碑刻中，它的字径是最大的。“带”字右侧刻有“大清道光甲午仲春山阴元仁书”13 字款，字径最大 45 厘米。款下刻“静山”（边径 16 厘米，朱文）、“王元仁印”（边径 16.2 厘米，白文）两枚方印。

“带”字不仅以其字径之巨著称，还以其字中含意倾倒中外游人。如“一带山河甲天下，少年努力举世才”，“一带山河，举世无双，少年努力，万古流芳”等。解读的意思和相关的诗句还有许多。当地流传着这样一首民谣：“古人有意一笔勾，题刻带字影清流。来游往人纷纷过，谁家到此不抬头。”可见

图 5-2 “带”字碑隐藏字

此碑魅力之大[①]。

不过，阳朔“带”字到底含有多少笔意，还待后人去揣摩、发现。这正是几多妙句，几多奇趣，尽在一字当中。

碑上的两枚印都是倒刻，为何如此？是与江中碧莲相映成趣呢，还是有其他寓意？这个疑问至今还没有找到答案。正因为此碑具有如此多的魅力和奥秘，所以引起了人们的极大兴趣。目前，当地民众特在“带”字下面建立了“带”字简介亭，便于游客欣赏。

人们不禁会问：“这个字是怎样写出来的？”

“带”字的作者王元仁为阳朔的代理知县，浙江山阴（今绍兴）人，是书圣王羲之的后裔。清道光十三年（1833 年），30 来岁的王元仁经人推荐到桂

① 广西地情网：《广西最具丰富内涵的独字石刻——阳朔碧莲峰“带”字》，2009-03-20。

林来任职。他翻阅了历代咏阳朔山水的诗词，觉得韩愈的“江作青罗带，山如碧玉篸”两句最为贴切，特别是其中的“带”字点出了桂林阳朔自然风光之母——漓江的形态神韵。确实，漓江的水如青罗带一样柔曼迤逦，漓江的山如碧玉篸一样翠绿峻秀。于是他决定写个“带”字。每天早晨，他都拿根扁担到河滩上反复设计、练习这个字的布局和笔画。然后把五幅白布连起来，用布条扎成大笔，写下这个差不多一丈八尺长的大“带”字，之后告别阳朔父老离任而去。

不久，贵州遵义举人吴德征来到阳朔任知县，认为这个字写得妙不可言，他立即请匠人刻在县城主山碧莲峰的石壁上。这便有了这处被视作阳朔一胜的“带”字摩崖，也流传着“王元仁写带字，吴德征刻带字”的说法①。

驻足“带”字碑前，使人联想无限。

古代许多碑刻的造型都非常独特。人们认识到，碑刻是文化传承特殊而重要的载体，追求独创性和艺术价值、艺术品位，是确保碑刻具有强大感染力和影响力的重要保证。因此，碑刻创作的过程往往凝聚着极大的心血和智慧，通过独辟蹊径，努力提供前人未有的新成果，以此赢得世人的认可。这同样是一种无形的定制。人们往往需要通过深入了解其产生的过程，才能真正读懂其内涵，品出其高远、深邃之立意。显然，要想对碑刻和石刻进行评头品足，必须深入社会开展实地调查，掌握当地文史资料和民间传说。如此，“评”和“品”才有充分的依据。

（四）对于存在争议的石刻，要透过分歧，审视其是否符合中华传统文化的主流

桂林七星岩桂海碑林的观音石刻也非常著名。

在中国，观音信仰随着佛教的传入而逐渐普及。观音石刻因此遍及全国各地。

---

① 关于“带”字碑的传说，参考了当地民间流传的各种版本。

不同时期、不同地区的观音石刻像，其造型、风格、镌刻技术等很不一样。认真评品，方可知其用意及蕴藏的价值。

观音最初为男性。隋唐以前，观音菩萨还依旧是男身，明显的标志就是唇上的一撇小胡子。那时的观音形象大多现王子相，体格刚健、清貌秀骨，有的身披王族衣冠，有的神采悠闲、现济度相，站、坐之姿明显是男相。到了唐朝，特别是武则天时期，由于女性的地位越来越高，信佛的女性越来越多，在这一政治家的影响下，观音像就逐渐演变成了一尊女神，而且体态婀娜多姿、美丽大方。到了宋代，观音菩萨完全变成了女相，元明之际便成了典型的中国淑女形象。

桂海碑林的这尊刻于清康熙四年（1665 年）的观音像为男性，为何？

有人解释，世俗人间对男、女性别有很大的歧见和分别心，但观音菩萨神通无边，无处不在，大慈悲悯，全无分别，其救苦救难之应身没有男、女身之分。另有人解释，清初，西南是反清势力很集中的地方，这尊观音像，是否体现了民众对朝廷的反叛？因为当时其他地方的观音仍多为女性形象。这里刻意将其树立为男性形象，目的是表示对传统的尊奉，对现实社会的否定。无疑，这值得深入研究，因为每个时期石刻的寓意往往是十分深刻的。

再从石刻艺术看，一般的石刻多为阴文刻线，而这件石刻是阳文刻线，也就是把石刻的线条留下凸出来，所以相当难刻。但它的刻工却非常精细，线条也较柔和，使人不得不佩服古人的高超技艺。将该观音图像拓下仔细观察会更清楚。

评品桂林七星岩观音石刻，虽然存在不同见解，却能引发人们对佛教文化及其艺术的无限联想，获得历史的启示与美的熏陶。

正确评品这一尊观音石像，还是要从定制出发。男观音的形象在当时是违例的，却符合佛教早期传入的历史。精美绝伦的雕刻艺术，体现了很高的文化价值。这种价值的评定标准，一直为中华传统文化主流所推崇。也就是说，符合文化定制。因此，从历史传统和艺术追求等方面进行评品，就能较好地把握尺度，得出正确的结论。

（五）对于思想寓意深刻的石刻，要从中华传统文化的根源，审视其是否符合定制

南通狼山寺苦藐归耕碑刻，看似普通，实则意味深长。

仔细观察此碑，可知标题为“苦藐归耕图”，其碑文为：

四皓歌云：驷马高盖，其忧甚大。故昔之仕宦者，常惧其如此，而有志于归耕。今苦藐仇君未尝为官，其旅食他方，与耕者之自食其力无异，顾为图如此，志意可谓高远矣。夫不必归而求归，此知所归者也。当求归而不归，则终将安归乎？余既钦仇君之意，且愿世之宜及时而归者一自省焉。乙卯暮春，含光。

题跋为：

仇苦藐于乙酉冬属黄怀觉摹己卯小像镌之石，越六月，及纪元三十五年之五月以疾亡。友人议俪李苦李像入狼山准提庵之壁，传诸后世。呜呼，两君久侨通同，名于通同，而不寿则亦同，苦李年五十一，苦藐四十一也。曹君觉记，徐一瓢书，黄怀觉刻。

表面上看，这尊石刻反映的是士人归耕的情景及志向。而实际上，透过这些文字，我们看到在那个风雨如晦的年代，一群具有悲悯情怀的文化人，以文化自觉立言立德、身体力行。他们的情感以中国式的纯朴被记录、保存下来，成为传承民族精神和人文精神的种子。碑刻是中华文化的一种载体，其中言志碑，往往蕴含着较为深刻的内涵。“苦藐归耕图”碑配文诠志，力图将自己的志向形象地表达出来，并以“不必归而求归，此知所归者也，当求归而不归，则终将安归乎”感慨，启示时人和后人。因此，评品这类碑刻，人们的心灵往往会受到清流的荡涤。反过来，也会对文化人的社会心态加深理解。

中国自古就是一个农业大国，耕读文化乃立国之根本。“苦藐归耕图”以

“归耕”为导向，推崇简朴的生活方式，强调扎根土地的重要意义，从这个意义上说，这方碑刻的文化定制，就是中国儒家的核心思想。以此评判“苦藐归耕图”碑，就会找到正确的认识基点。

以上，我们对生活中几种有代表性的碑刻和石刻进行了评品。不难发现，碑刻和石刻有各种类型，分布在各个地方，功能各异，但是，只要围绕定制开展评品，同时，注重周围的环境的考察，就能看出其中的奥秘及其意义，从表象中找到问题的本质所在。

二、对具有特殊意义的石刻必须精心评品

有特殊意义的石刻承载着厚重的历史，具有重大的象征意义。在评品过程中，要站在国家或人类共同价值观的立场予以审视。

（一）具有国际影响力的石刻，要在历史和现实联想的基础上进行品评

美国飞虎队烈士的一些墓碑，凝聚着中、美两国人民的战斗情谊。深情、隽永，令人动容。

众所周知，美国飞虎队是抗战时期一支非常重要的反法西斯力量，担负着协助中国军民抗击日本侵略、维护中国大后方安全和交通线畅通，以及轰炸日本本土等任务。他们不避艰险，不畏牺牲，在非常艰难的条件下，英勇杀敌，尽力履职，作出了巨大的贡献。许多飞虎队将士甚至悲壮地倒在中国的大地上。

1944 年 10 月 3 日，美国第十四航空大队的一个轰炸机中队从百色空军基地起飞，执行到福建厦门轰炸日本军舰的任务。返航途中，与前来截击的日军飞机展开搏击。激战中，美军一架轰炸机尾部中弹，驾驶员试图迫降，不幸失败，飞机坠毁在昭平县黄姚古镇附近的猪头岩旁的稻田里。

黄姚镇镇长向县长韦瑞霖报告后，即按照其指示，马上找来当地一位略懂英语的小学老师，让他跟随刚刚集合好的全副武装的自卫队赶赴坠机地点。自卫队员和赶到的村民一道用水泼，用树枝扑打，用泥土覆盖，很快就将飞机上

的火扑灭了。几个自卫队员爬进机舱，先后抬出3名飞行员，不幸的是，这3名飞行员因伤势过重，已经停止了呼吸。接着，县长韦瑞霖又派专人前往黄姚，会同黄姚镇公所将3位阵亡的飞行员装殓，合葬于十里坪一个叫三蔸树的地方，墓地上立着一块大青石做的墓碑，正中用中文刻着“三烈士合墓”5个大字，墓碑的下方用英文分别刻上了3位烈士的姓名、年龄、籍贯。碑文内容：

“US ARMY AIR FORCE 14TH AIR CORP (BOMB GROUP)
CASSELBERRY WALTER F AGE35 PENNSYLVANIA
BROWN BERNARD C AGE22 WASHINGTON
AUSTERMUNL CEORGE AGE26 NEW JERSEY”

抗日战争胜利后，1946年3月，中国空军总部会同美国军方来到黄姚，将安葬于此的3位烈士遗骸迁回美国。而留存在黄姚的那块墓碑，成为那段历史的无声物证。

这块墓碑，底座和碑身均与中国的样式相同，只是顶部是尖的，中间刻有一个十字架，毫无疑问，这是基督教的文化特征。墓碑中西传统交融，是中、美两国军民共同抗日的产物，凝结着中、美两国人民的患难之情，是用鲜血和生命铸就的。因此，对这方碑刻，不仅要读懂其文化意义，更重要的是，要读懂背后所承载的历史。

中美关系的发展道路曲折坎坷。抗战胜利后，美国支持蒋介石打内战，中华人民共和国成立后，又采取敌视中国的政策，伤害了中国人民的感情。受此影响，抗战时期的一些历史文物受到了破坏。“大跃进”期间，美国飞虎队3位烈士的这块墓碑被用于水利修建，断裂成3截。1972年，中美恢复外交关系后，此墓碑被重新挖掘出来，陈列在黄姚古镇的历史博物馆，供人们参观。这说明，政治的阴霾阻挡不了历史的光辉，中、美两国人民的战斗友谊是牢不可破的。飞虎队烈士墓碑虽然历经沧桑，但其历史价值不会被湮没。

评品这块碑的裂痕，会引发人们对国家之间交往历史与现实问题的思考，

图 5-3　美国飞虎队烈士墓碑

从而树立正确的历史观和发展观。墓碑上的裂痕很容易弥合，而国家之间的裂痕一旦产生，则需要几代人的努力才能逐渐消除。因此，评品过程中，要将正确的历史观和发展观渗透其中，将为人类的和平事业奠基作为评品的基本原则。

（二）承载历史越厚重的石刻，越需要重视从细节中品评其深刻含义

1934 年底爆发的湘江战役是中国革命发展史上的重大转折。红军冲破了国民党军设置的第四道封锁线，但是红军也遭受了极其严重的损失，由 8.6 万人减少至 3 万余人。

红军在湘江战役中遭受惨重损失的情况，有许多细节。例如，在全州旁边的湘江转弯处，叫岳王塘。此处江水流速很缓，上游漂下的尸体几乎全都汇集到这里。在水湾处，红军的尸体密密麻麻，一眼望去，湘江都是灰色的。陈靖

将军在《湘水黔山》里写道："血染十里溪，三年不食湘江鱼，河底遍尸体。"当地民众流传着这样的谚语："三年不喝湘江水，十年不吃湘江鱼。"

如今的湘江沿岸，尤其是兴安、灌阳、全州等湘江战役的主战场，修建了不少纪念园和纪念馆，在这些地方，镌刻着许多红军烈士的名录。每一个名字背后，都有不同的故事，让人感慨、震惊。

开国中将韩伟是湖北黄陂人，他是湘江战役的亲历者。湘江战役时，他担任红 34 师第 100 团的团长，在陈树湘师长的领导下担任阻击任务，后陷入敌人的重重包围中。他与陈树湘师长在部队突围时曾留下最后的生死约定："万一突围不成，誓为苏维埃新中国流尽最后一滴血。"他带着几名战士将敌人引到一悬崖上之后，毅然从山崖跳下，而红 34 师其他将士包括陈树湘师长在内，全部壮烈牺牲。1992 年，86 岁的韩伟将军弥留之际，对儿子说出了要"魂归闽西"的夙愿。他说："湘江战役，我带出来的闽西子弟都牺牲了，我对不住他们和他们的亲人。活着不能和他们在一起，死了也要和他们一起回到家乡，这样我的心才能安宁。""生不能相伴，死却要相守。"韩伟将军以这样的方式，守护着那片以万千闽西子弟的生命为代价换取来的幸福家园。在闽西革命公墓内安葬的 20 位将军中，韩伟是唯一一位非福建籍将军。

20 多年来，韩伟将军的儿子查访了闽西的每一处村落，追寻着父亲和战友们当年的足迹，搜寻在湘江战役中牺牲的红军将士名单。从文家市到三湾，从井冈山到龙岩，最后来到了湘江之畔，寻找烈士遗骸，立起英雄墓碑。最终，他们找到了 1000 多名红军烈士的名字，全部刻在花岗岩石板上。

寻找烈士名字的过程，成为评品的重要内容。

兴安县湘江战役纪念园的烈士纪念碑中，不少姓氏相同，例如，"欧阳"这一姓氏就有数十名，而且其中部分人的"字"（即辈分）亦相同。这说明他们来自同一个家族或同一个村庄。"陈""刘""谢"等姓氏，类似的情况更多。这让我们深刻理解"共和国基石"的真实含义。正是这些红军烈士的浴血奋战，才为中华人民共和国的成立奠定了基础。他们是国家的功臣。

在兴安县湘江战役纪念园，我们从不少烈士名字不难判断，他们多出身于

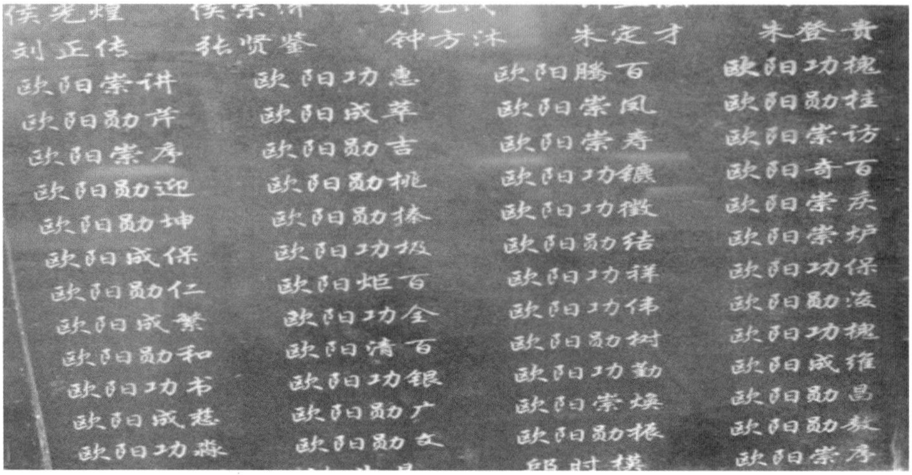

图 5-4　兴安县湘江战役纪念园烈士碑墙（局部）

贫苦家庭，其父母也多目不识丁。不少名字严格说来连“小名”都算不上。面对这些烈士名录，应该认识到：这些出身贫寒的生命，有着和我们一样的身躯，一样的热血，一样的知道冷暖饥饿，一样的惧怕伤痛和死亡。但是，在那个特殊的年代，正是他们俯下身去，将自己的满腔热血和身躯碾碎成为滚滚前行历史车轮下的泥土。革命历史上的无数英雄都没有活到胜利的一天，没有赶上评功、授勋、授衔，没有来得及让别人树碑立传，也没有机会返回故乡光宗耀祖。但是他们才是真正的英雄。作为后人，我们绝对不能遗忘。史上首部反映闽西 6000 名将士在湘江战役中浴血奋战，最后几乎全部壮烈牺牲的革命史诗大剧《绝命后卫师》，在央视播出后，好评如潮。英雄归来、悲壮重现的一刻，有人感慨地说：“《绝命后卫师》证明了中国人民是用生命和鲜血，来投中国共产党的赞成票的。”

参加湘江战役的烈士许多都没有留下名字，现在纪念碑上的每一个名字都是后人经过千辛万苦才搜寻到的。碑上的名字很容易识别，但是其背后所蕴藏的意义，却只有联系中国革命道路的探索历程，以及党和政府不忘初心的强烈使命，才能真正领悟。无疑，这需要我们用心用情，才能对这些纪念碑进行正确的评品。

三、比较之中对石刻识同别异

石刻的主要功能是社会教化。许多石刻具有基本相同的功能，但是基本内容及表现形式却各有特色。对此，需要通过适当的比较，才能对其价值有更全面、更深入的认识。

乡村是蕴藏碑刻最多的地方。随着国家乡村振兴战略的实施，正确对每个村庄的碑刻评头品足，成为当前非常重要的工作。

我们以两个村庄为例，探索一些评品的方法。

（一）尝田制碑揭示高山村崛起的秘密

玉林城北高山村是广西壮族自治区历史文化名村，也是中国历史文化名村，还是中国传统村落，曾获得多个荣誉称号。

高山村古建筑是以两广地区宗祠文化为主要载体的民居群。保存着明清古宗祠 13 座，古民居 60 座 150 幢，古火砖巷道 9 条，以及古井、古戏剧场、古石碑、古城墙等一批古建筑，浓缩着深厚的明清民俗文化底蕴。这些古建筑大多保持完好，以绍德祠、思成祠、致齐祠、聚星楼、拔谋故居、企岭巷为典型

图 5-5　玉林高山村牟氏祠堂

代表。历史文化内涵深邃，建筑风格独特。古民居布局合理，排列整齐，立面美观。

高山村被称为“进士村”。村民明礼、诚信、好学，历代人才辈出。明万历年二年（1574 年），村里便办起了“独堆坡书房”，随后各个家族竞相开办启学蒙馆、大馆、私塾等，到清末，全村共有 15 间。自清乾隆二十二年（1757 年）到清末的 150 年间，高山村共出 4 名进士（玉林科举时代共中进士 24 名），19 名举人，200 名秀才①。

高山村以牟氏为代表的各大姓议定了“蒸尝助学”的族规，即从宗祠的田产收入中拿出一部分资助族中贫困子弟上学，并明确提出“有经此培植学成出仕者，须将廉俸以厚蒸尝”。同时，对受助对象进行严格限制，确保经费用得其所。牟氏家族规定：“议蒙馆束脩自六岁支，递年每名给钱陆百文，至入大馆，则不再给此项；大馆束脩不限年纪，以实在听书读文者支起，递年每名给钱一千文。”这一制度通过勒石于墙，镌刻于谱，传之于后，世代遵行。高山村文风不断、人才辈出，主要原因即在于此。

这些碑刻显示：高山村的尝田制度历时悠久而且完备。村中最好的田地用于支撑教育，族人对读书进仕的观念高度认同。碑刻图文并茂，立于祠堂，具有强大的约束力。尝田碑是打开高山村历史奥秘的钥匙。

尝田不是普通的田地，而是力量和财富的源泉。村庄的繁荣和家族的兴盛，很大程度上得益于尝田。沿着尝田碑指明的路径，我们才能真正走进高山村的历史深处。

评品高山村的尝田碑，使我们不仅看到了牟氏家族人才辈出，而且看到了他们的远见卓识，窥见了中国农村社会所蕴藏的发展智慧。

（二）江头洲村所有的辉煌源于“莲文化”

走进桂林市灵川县的江头洲村，展现在人们面前的，除充满古韵的各种建

---

① 李伟中：《桂东南科举家族及其近代转型》“前言”，广西师范大学出版社，2009。

图 5-6 广西玉林高山村“尝田碑”(局部 1)

图 5-7 广西玉林高山村“尝田碑”(局部 2)

筑外，就是分布在各种场域的碑刻。

江头洲村的碑刻大致有九类：

一是封建王朝对官员、先代、妻室授予的爵位或者称号的碑，称之为“诰封碑”。

二是朝廷下达命令封赏官爵或称号的碑，称之为“敕命碑”。

三是对立下了功劳或做出成绩者而立下的碑，称之为“功绩碑”。

四是把历史事实记载下来的碑，称之为“历史记载碑”。

五是把子孙后代的姓名按辈分记录下来的碑，称之为“人丁碑”。

六是按民俗习惯竖立的碑，称之为“民俗碑”。

七是竖在殁者墓前刻有其生平、事迹的碑，称之为“墓志铭碑”。

八是墓葬碑，即墓碑。

九是在科举时代中试者所竖立的“夹石碑”，也称“甲石碑”。

这些碑刻告诉人们，这是一个历史悠久的村庄。

该村为官者甚多，房屋多为明清时期所建，气势恢宏，显示出该村家族势力的显赫。

进一步调查研究发现，该村非常崇尚“莲文化”。正是这种文化追求，造就了该村及其家族辉煌的历史。

明洪武元年（1368年），理学家周敦颐后裔从湖南省道县迁入灵川江头洲村居住，距今已有650多年的历史。其祖周敦颐的《爱莲说》，极力推崇莲花的品格：“予独爱莲之出淤泥而不染，濯清涟而不妖，中通外直，不蔓不枝，香远益清，亭亭净植，可远观而不可亵玩焉。”因“莲”与“廉”同音，文章所倡导的清正廉洁一直是国人为人处世的重要“信条”。受先辈“爱莲”文化熏陶，生于斯、长于斯的江头洲村周氏后裔，人才辈出，忠君爱民，清白做人，廉洁为官，被誉为“百年清官村”。周氏子弟一直承袭其祖先周敦颐“出淤泥而不染，濯清涟而不妖”的理学文化和高贵品德，崇尚儒学，热衷科举，为官者大多勤政爱民，清廉秉正。如廉官周履谦，举人出身，在四川多地任职，常以“贪一文断子绝孙，冤百姓男盗女娼”自律。他殁于梁山任所时，内

图 5-8　广西桂林灵川县江头村大官桥

无余帛，外无盈财，当地百姓感其恩德，自筹旅资，不远万里，将其灵柩从四川送回广西老家安葬。

据《灵川县志》记载，清乾隆后该村出了秀才数百人，举人 31 名，进士 8 人，庶吉士 13 人，入仕 200 余人，官至五品以上的有 37 人。

“莲”文化的长期滋润，功不可没。

村头的大官桥也叫护龙桥，桥下的河又名护龙河，为甘棠江的一段。该桥的桥拱、桥墩、桥面全由青石块相扣砌成，不用丝毫灰浆。虽经数百年风雨，桥体依然完好。此桥为一位七品官出资修建，上桥 4 级阶梯，下桥 7 级阶梯。桥的级数，寓意为该官出任后，获七品官位。桥拱顶端距水面 4 米，意为当官后要清廉公正才可“事事（四四）如意”。可见，“莲”文化还体现在桥的建筑当中。

江头洲村丰富的文化遗产、独特的历史篇章和优美的自然景观，使其享有广西古村落中历史文化遗迹数量第一、房宇建筑工艺第一、建筑镂花种类第一、名人数量第一、清官数量第一、数代为官同职第一的盛誉，被誉为“科举仕宦村”“才子村”“清官村”“历史名人周敦颐爱莲文化村”“广西历史文化名村”等。2012 年被列入首批“中国传统村落”名录。

桂林市江头洲村与玉林市高山村都是历史文化名村。其共性在于家族繁盛，人才辈出。不同之处在于，高山村靠尝田制支撑起家族教育体系，为家族的繁衍提供了强大的动力。而江头洲村则靠“莲”文化，使家族的政治肌体充满活力。

两个村庄的碑刻记载了各自的历史。通过评品和比较，明确异同，我们就能找到其各自最关键的因素。

四、对石刻评头品足要有章法

对石刻评头品足，是提高“观石读史”能力的重要途径。评头品足要有基本的章法，简单肯定与否定都不足取。

通过以上案例的分析，我们应该知道，这些章法既有思想层面的，也有理论方面的，还有技术层面的。

首先，要有独立思考的意识。要认识到，每一碑刻和石刻都有各种内涵及其特点，蕴藏着丰富的信息。历史学家认为，历史感的培养并非总是局限于历史本身，当今的知识、现实的生活往往以一定的方式更直接地帮助人们认识历史。碑刻和石刻分布在各地，而各地的情况千差万别。若仅仅关注碑刻和石刻本身，忽略其他因素，对其历史认知就会出现偏差。如前所述，“喜上眉梢”这类石刻应反映喜庆的场景，如果随意运用，效果可能适得其反。而事实上，其被不恰当运用的案例经常出现。这从反面说明加强独立思考，对其进行评头品足的重要性。公共建筑是传播文化的重要阵地，若随意使用的状况不被发现、制止，就会对民众造成不当的引导，导致认识的模糊甚至混乱。再如，认真观察会发现，土地庙各地都有。但是在人口密集的地方，或者说移民相对集中的地方，土地庙的数量会更多些，土地爷的石像造型也会更丰富。其背后的缘由，是人们对土地创造财富的更多期盼。这就告诉我们，评头品足的对象，既包括石刻个体，也包括局部和整体。观音石刻也非常普遍，运用专业知识进行评品就会懂得，无论文化价值、艺术价值还是工艺水平，其实都存在差别。真正来自独立思考的认识，往往就会有新意、有价值。

其次，对碑刻和石刻进行评头品足，要以中国历史发展基本规律和中华传统文化核心价值观为基准。现代社会倡导文明的多样性和文化价值观的多元化，这从学术争鸣的角度看是合理的。但是必须明确，每个国家、每个民族都有属于自己的文化体系和核心价值观。对碑刻和石刻评头品足，对此绝不能忽略。我们之所以认为“画山”碑刻有瑕疵，就是因为该碑刻的创制者忽略了中国年号纪年的发展演变规律。众所周知，中国的年号纪年从汉武帝时期就开始使用，最初每隔几年换个年号，较有规律，后来逐渐就没有规律了。到了唐宋时期，年号的变化已到了混乱的地步。从明朝开始，年号基本是一帝一号。在年号使用缺乏规范的历史时期，为防止误解，在年号前加上朝代名是有必要的，而在年号使用较为严谨的时期，加上朝代名则是多余的。如嘉靖癸丑年即嘉靖三十二年（1553 年），无论官方和民间都非常熟悉这一年号。漓江“画山”石刻的作者在其官名“御史”前加上“明”字，就如同画蛇添足。阳朔的“带”字碑，民间之所以对其赞不绝口，不仅是因为作者是著名书法家王羲之的后裔，更重要的是体现了中国书法艺术追求卓越的意境。一个“带”字，生动表现了漓江的风韵，同时，让人们从各种字意中抒发自己的情怀，表达了社会的核心价值观，成为留名青史的不朽之作。掌握了中国历史发展基本规律和中华传统文化核心价值观，再评品碑刻和石刻，就能较好地运用尺度予以衡量。

再次，将同类碑刻和石刻进行比较，评头品足往往能一语中的。玉林市高山村的牟氏家族和桂林市江头洲村的周氏家族，都是中国传统耕读进仕、光宗耀祖的典范。在广泛收集记载两个村庄碑刻的基础上，通过“观石读史”，运用比较方法分析，很快就能发现其共性和差异性所在。因此，评品碑刻的重点和策略很快就能确定。

中共中央、国务院于 2018 年发布了《关于实施乡村振兴战略的意见》。这是新世纪以来党中央连续发出的第 15 个指导“三农”工作的“一号文件”。这 15 个中央“一号文件”都是聚焦“三农”工作，足以证明党中央坚持把解决好“三农”问题作为全党工作的重中之重。古村落的保护与利用，无疑是实施乡村振兴战略的重要途径。运用比较的方法，加强对乡村碑刻和石刻的评头品足，我们就能为此计划的推进贡献自己的智慧和力量。

最后，在对碑刻和石刻评头品足的时候，适当借鉴前人的研究成果也是十分必要的。网络时代，社会各界“观石读史”的成果往往能在很短的时间内迅速流传开来。借鉴其中的一些研究理论与方法，可以帮助我们开拓思路，提高认识。必须指出，目前的一些成果，尤其是旅游观感性质的随笔、札记等，引用时需要核对原件，切不可盲目照搬，人云亦云。

本讲小结

养成对石刻评头品足的习惯，不仅是提高“观石读史”意识与能力的需要，也是维护传统文化纯洁性和权威性的需要。石刻是中华文化的重要载体，其中许多具有重要的历史意义和现实意义，要从石刻文字、艺术风格、表现方式等方面对其进行品头评足，并利用好各种渠道，将正确的评品结果进行宣扬，使石刻的价值为更多的人所知晓。同时，使其存在的瑕疵及时被发现、被纠正、被清除，如此，才能进一步继承和发扬中华优秀传统文化，确保其在新的时代充满生命力。

复习思考：

1.对石刻评头品足的目的是什么？

2.生活中的石刻坚持依据文化定制进行评判的意义何在？

3.哪些石刻的评品需要依据人类共同的价值观？

4.对石刻评头品足，要注意哪些价值分类？

第六讲 “观石读史”的启示

学习提要

碑刻文化对提升人文素养具有重要意义。通过学习碑刻文化，进一步明确石刻究竟是什么？为什么要学习这种知识？哪些石刻对中国社会的影响最大？其背后的原因如何理解？当前，我们在保护、传承和利用石刻文化中需要秉持何种基本立场？等等。

在“观石读史”基本理论和基本知识学习的基础上，我们需要对一些关键性的问题进行回顾与思考，以获得重要的启示。

一、碑刻是什么

关于这个问题，相信每个人都有自己的理解和回答。无疑，对于每一方碑刻或石刻的外表、形状、内涵、本质特征等，人们都可以提出各种各样的见解。但是历史学习与研究需要把握基本规律。站在人文素质教育的立场，我们应该透过具象背后的复杂因素，形成一些抽象的认识，从而帮助我们提升理论水平和“观石读史”的能力。

（一）碑刻和石刻是历史的另外一种表现形式

既然“碑刻和石刻是历史的另外一种表现形式”，那我们就需要明确，其与普通历史的表现方式究竟有何区别？

“碑刻和石刻是写在石头上的历史。”人们用文字、图案、雕刻等方式，将自己的所作所为、所见所闻、所思所想等记录在石头上，以表达自己的喜怒哀乐，寄托自己的理想、希望，展示自己的志向、誓言、戒律等。这种历史的书写者是各种各样的人，“史记”权被广泛而自由地使用，不用担心受到限制，或者受到歧视，历史的表达因此呈现多元化特征。这与官史有很大的区别。

人民是生产方式和生活方式的主体，也是石刻历史的书写者。不同地区和不同民族在不同的时代有各种不同的生产方式和生活方式，因此，他们在石头上书写的历史不尽相同。这就决定了这类历史的表现方式更为灵活，也更为生动。它们虽然没有文字，却同样具有很强的真实性及影响力。古码头的系船洞，用自己的语言诉说着当地水运交通发展和市场繁荣的历史。古商道上马蹄在石板上踏出的一个个槽痕，是马帮绘制的农耕社会贸易蓝图，折射出丰富多彩的经济风貌。生产方式和生活方式由生产力发展水平所决定。生产力是人类改造自然使其适应社会需要的客观物质力量，由劳动者、劳动资料、劳动对象这三大要素构成。人们根据自己的生产方式和生活方式创建的石刻，更能体现历史的本质及其内涵。沿着这种历史指明的方向，人们就能从生产力构成要素中洞悉社会发展的真正动力。

碑刻和石刻的标识特征凸显，既有“碑”的外表，又有“美”“威”“思”“雅”的蕴意，吸引力因此大为提升。石刻主要供公众识读，促使文化共性形成。我国历史悠久，无论形势如何变化，这种标识性及文化共性始终存在，因此，使大众历史占据较重要的地位。

石刻历史的功能重在教化，虽然客观上也起到一定的资治作用，但由于主要面向大众，以传播先进文化为主旨，因此，教化成为其主要任务。通常依石而教，教而化之，化而同之。既寓理，也伴乐，既原则，也灵活。使人们通过“观石读史”，增长知识、智慧，促进社会和谐与稳定。

石刻记载历史的场域非常广阔。只要有石头和人活动的地方，大到繁华都市，小到偏僻乡村，甚至无人居住但与人类生产和生活相关的地方，都有可能发现石刻的踪迹。刻在石头上的历史随处可见。

正因为刻在石头上的历史与普通的历史存在着这些重要区别，所以，我们要以创新的态度学习历史：坚持走向田野，深入社会开展调查研究。养成“观石读史”的习惯。通过诠释碑刻中的历史，实现创新。

（二）石刻最大的价值是真实，主要体现民意和民情

石刻的创制者多为民众，反映底层社会的历史。民间意愿、民间行规、民间契约、民间文学艺术等尽显风采。无论立场还是内容都非常独特，社会底层的历史，内容最丰富，也最生动。

碑刻和石刻真实。首先，表现在是以真实的载体出现，无论文字、图案、造型等，都非常直观形象。其次，内容真实反映了社会各阶层的心声，许多碑刻和石刻其实就是民众思想情感的直接表达，还有的甚至是民众生产和生活的原始记录，例如，墟市里关于交易规则的约定、渡口关于乘船的规则、村寨关于防火的责任与义务、家族之间关于交往礼俗的条款等。再次，碑刻和石刻一旦形成，就会被固化，一直延续，虽然也有些碑刻因各种原因被人为破坏，但是这种现象很少，绝大多数碑刻和石刻都能保持原貌，除非被自然力量逐渐消磨掉。

碑刻和石刻基本都是根据民众不同的需要而竖立的，有的是为了凝聚力量，增强团结；有的是为了歌功颂德，弘扬正气；有的是为了规范行业，防止弊端；有的是为了宣示主权，维护利益；有的是为了协调力量，缓解矛盾；有的是为了保存记忆，怀念先祖；等等，总之，充分体现了民意和民情。碑刻和石刻类型很多，作用千差万别，正是由于民意和民情千差万别的缘故。

实事求是乃史学的灵魂。利用碑刻资料，依据不同的立场进行判断，就能接近真实的历史。“秉笔直书”就有了较为可靠的依据。

（三）碑刻是社会变化的晴雨表

碑刻和石刻忠实地记录了历史。社会繁荣昌盛，碑刻数量就多，其内容也以积极向上的为多；反之，其数量就少，对社会颂扬的内容也会减少。碑刻为我们提供了一个透视社会的窗口。

以桂林为例。无论过去还是现在，桂林均以山水秀美而闻名于世。留下的石刻很多。仅以在网络上公布的数据而论，桂林现存南朝至清代的石刻达 2000 多件，其中南朝碑刻 1 件，唐代碑刻 28 件、造像 149 龛 484 尊，五代碑刻 1 件，宋代碑刻 484 件、造像 26 龛 101 尊，元代碑刻 30 件，明代碑刻 352 件，清代碑刻 478 件，年代无考的有 117 件[①]。

这些石刻主要分布在桂林市中心及周围的独秀峰、叠彩山、伏波山、象鼻山、龙隐岩、龙隐洞、普陀山、隐山、西山、南溪山、虞山、铁封山等 20 多处名山洞府，方圆数十平方公里的奇山秀水之间碑刻如林。宋代和清代是桂林碑刻产生的重要时期。这两个时期，大量移民来到桂林，他们在开发边疆的过程中，一直以各种方式在石头上记录自己的历史，成为桂林这座城市重要的文化印记。桂林的碑刻依山水而分布，体现了人文与自然的高度融合。如此多的碑刻和石刻镶嵌在秀美如画的桂林山水之间，使其魅力大增，正因为如此，吸引了无数的中外游客到此参观。通过这些碑刻和石刻，人们对当地发展变化的历史能有更清晰的认识。

战争、政治运动、移民活动、宗教及文化改革、社会体制改革、自然灾害等是人类社会发展中的重大事件，势必对社会产生各种影响，因此，人们也势必从不同的角度进行记录，其中，有些被记录留在了石头上。所以，对不同时

---

① 参考中国人民政治协商会议广西壮族自治区委员会：《桂林石刻文化》，广西科技出版社，2018。另参考网络上有关桂林石刻的相关介绍。

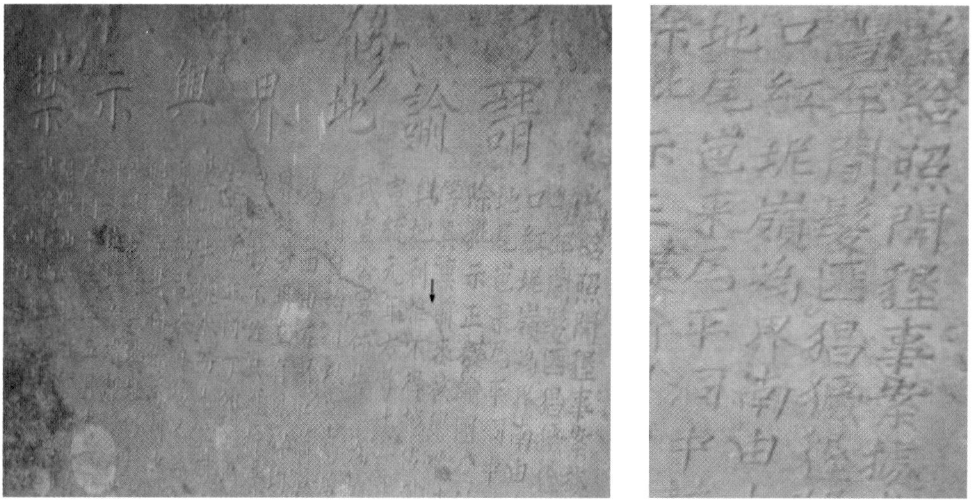

图 6-1 武宣县东乡镇莫村的禁示碑

期的碑刻和石刻记录进行整理，可以帮助我们深入了解社会发展变化的过程。需要特别指出的是，有些碑刻所揭示的历史，许多内幕是一般的文献资料所没有记载的。例如，武宣县东乡镇莫村的这块禁示碑，记录了太平天国运动的历史。其中涉及当地的阶级关系，由于内容较为翔实，这就为人们深入研究太平天国的历史提供了重要的证据，同时，也为人们研究当地的社会历史提供了重要的素材。再如，“文化大革命”期间的桂林市城郊的一些碑刻，不仅以“最高指示”的碑铭独树一帜，而且还展示了“文化大革命”期间乡村社会阶级斗争的真实面貌，为人们了解“文化大革命”对乡村的影响提供了珍贵的史料。可见，碑刻以其存在，为不同时期的社会发展程度及发展特点作出了鉴定。“往事悠悠，凭石而论。”

有些石刻所记录的历史由于事关国家之安危和民生之休戚，地位更为重要。例如，中国主要江河沿岸，可以看到各历史时期发大水之后的水位高度石刻，这些石刻线，基本都是按照大水退后的痕迹刻上去的。越是水害严重的年份，留下的水位石刻线就越多。之所以如此，一方面，是为了发挥其警示作用；另一方面，则是为了真实地存史。因为这些位于江河边的石刻线，是表现自然历史发展变化的重要符号，与江河及其环境融为一体，是对人与自然关系的生动诠释。人们刻意留下这些石刻，目的是要提醒世人，与大自然必须和谐共存，防止水害的发生，减少水害，是全社会的共同责任。事实证明，各朝各代的许多防洪设施，通常以这些水位石刻线为依据，因为这些证据具有很强的说服力，不能不采信。随着计算机技术的普及，人们记录水害的方式越来越先进，越来越精准，但是，在河边刻石为印的传统仍在坚持，因为“观石读史”对于大众来说更有积极意义。

在中国，一些重要的建筑物，如大厦、场馆、亭台、楼阁、园林、纪念碑等，在动工修建之初，往往要举行庆贺性活动。而奠基石的竖立，也就成为庆贺活动最重要的内容之一。奠基仪式举行的地点，一般选择在动工修筑建筑物的施工现场。而奠基的具体位置，按常规均选择在建筑物正门的右侧。在一般情况下，用于奠基的奠基石为一块完整无损、外观精美的长方形石料。在奠基石上，文字多为竖写。在其右上款，刻有建筑物开始修建的时间。众所周知，建筑是国势、民生的标志物，每当太平盛世，各种建筑纷纷拔地而起，彰显国泰民安的盛况；反之，若社会动荡，生产力发展受到制约，经济凋敝，各种建筑就难以出现。奠基石可以说是国势盛衰的标志之一，通过对奠基石的数量统计，同时，结合各种建筑的分析，我们对各个历史时期的发展状况就能作出较为准确的判断。

道路、桥梁、码头等是国家的基础设施，也是民生大计之根本。无论修建的主体是谁，用什么方式修建，都是功德无量的事情，因此，工程竣工后，通常都会立碑铭记。这些记事碑，折射出各个历史时期经济建设的状况。

在封建社会，统治者推行民族歧视和民族压迫政策，少数民族被排斥、打击、剥削，处于非常悲惨的境地。1949 年中华人民共和国成立后，大力推动民族平等、促进民族和谐和民族进步，使民族关系得到了很大的改善。因此，在不少民族地区，民众自发竖立民族团结碑，以表达感激之情，并表示自己的坚定信心。

1950 年 12 月 27 日，具有历史意义的“普洱专区第一届兄弟民族代表会议”在普洱专区（今普洱市）所在地宁洱召开。来自全区各地的傣族、佤族、彝族、拉祜族、哈尼族、布朗族、基诺族等26个少数民族（含支系）的首领、头人、群众代表，以及专区党政军领导人共300余人欢聚一堂，共商民族团结大计。会议开到第5天，有代表提出要用一种各民族都能接受的形式，把跟共产党走的誓言记录下来。经过商议，主席团一致同意，按照佤族的传统习俗，举行剽牛、喝咒水等仪式，盟誓建碑，以志其事。

宁洱哈尼族彝族自治县民族团结誓词碑位于云南省宁洱哈尼族彝族自治县县城西北侧的普洱民族团结园内，碑长142厘米，宽65厘米，厚12厘米，用白色石灰石雕刻而成。民族团结园内有碑亭、浮雕、陈列馆、牌坊式古典大门等。

民族团结誓词

我们二十六种民族的代表，代表全普洱区各族同胞，慎重地于此举行了剽牛，喝了咒水，从此我们一心一德，团结到底，在中国共产党的领导下，誓为建设平等自由幸福的大家庭而奋斗！

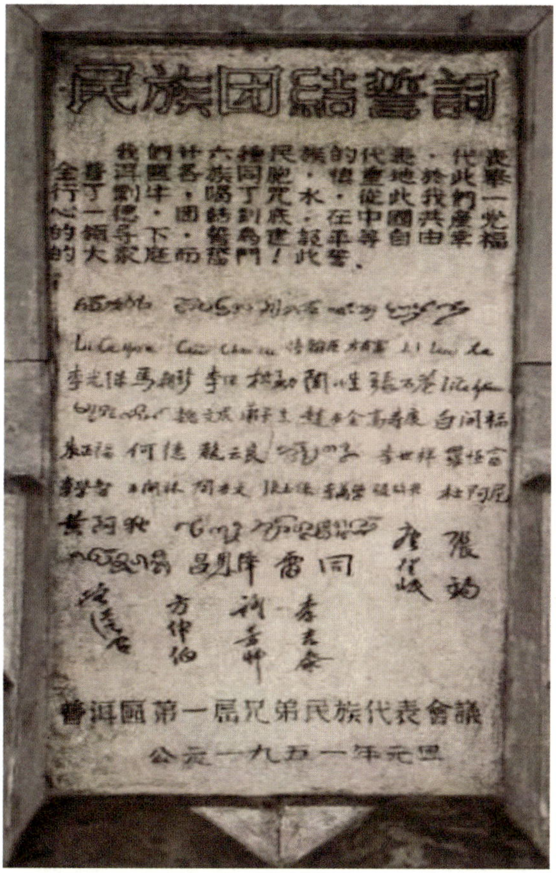

图6-2 民族团结誓词碑

云南普洱地区的各民族用传统的歃血为盟方式立碑，真实反映了中华人民共和国成立之初西南边疆的社会形势变化。

1951年8月，中共中央和中央人民政府联合组成的中央访问团来到广西大瑶山，慰问各民族人民，帮助他们发展生产。8 月 25—29 日，在金秀召开大瑶山各族代表会议，参加会议的各民族代表共 246 人。在讨论中，茶山瑶、花蓝瑶、坳瑶的代表表示愿意放弃荒地、山林的特权，允许各民族农民自由开垦种植；盘瑶、山子瑶的代表也认识到只有少数瑶头才是坏人。在认识统一的基础上，会议拟订放弃特权、荒地自由垦植、森林内可自由培植土特产品、保护森林以及水田租赁和处理纠纷的原则等大瑶山团结公约 6 条。29 日，《大瑶山团结公约》被镌刻在石碑上，供各族人民共同遵守。各民族代表在团结公约碑前共饮鸡血酒，表示共同贯彻公约的决心。团结公约的订立，使瑶族内部关系翻开了新的一页。《大瑶山团结公约》是中华人民共和国成立初期金秀瑶族自治地方各族人民共同制定和实施的，得到了中央和地方政府认可的新制度，具有民族自治地方单行条例的性质。瑶族固有习惯法的基本精神、议订程序、某些规范在《大瑶山团结公约》订立中得到了全面的体现，这充分表明了瑶族固有习惯法具有现代价值。

图 6-3　金秀瑶族博物馆里展陈的《大瑶山团结公约》石

这些碑刻生动展现出中华人民共和国成立之初改善民族关系的新探索，成为我们认识那段历史的重要依据。

（四）碑刻储存了大量的文化财富[①]

碑刻和石刻是中国文化的重要载体，其中蕴藏着许多珍贵的历史价值、艺术价值和应用价值。

中国拥有全球难以比拟的石刻文化宝库。

广西桂海碑林位于七星岩公园内，藏有唐代至民国时期的摩崖石刻213件，密密麻麻的石刻，将一个个历史横截面生动地展示在了今人眼前。其中，《平蛮三将题名碑》《龙图梅公瘴说》《石曼卿等十六人饯别题名》《元祐党籍碑》入选国家文物局《第一批古代名碑名刻文物名录》，较具代表性。

陕西西安碑林始建于宋元祐二年（1087年），现收藏石刻文物4000余方，其中尤以东汉以来书法名家的碑刻称著于历朝历代，序列完整，诸体具备，被誉为“书法渊薮，经史宝库”，成为中华民族传统文化的宝贵财富和人类共同的文化遗产之一。从年轮上说，它无愧为历史最古老、积淀最深厚的博物馆之一；从性质上说，它俨然是宇内首屈一指的碑刻与石刻艺术类专题博物馆；从体量上说，它以4000余方碑版和近千件石刻艺术品的宏富收藏，早已成为海内外翘楚；从品类上说，它的藏品上自秦汉，下迄民国，略无间断，且碑版、墓志、造像、经幢，以及各类石刻艺术品一应俱全，堪称宝库；从文化价值上说，它是见证与弘扬中华5000年历史文化一脉相承与文字书法渊源递嬗的不朽载体；从社会意义上说，它更是代表祖国先进文化和彰显中华民族品质的精品。

中国石窟艺术在其长期的发展过程中，积淀了自己独具特色的模式及内涵。以云冈石窟为代表的早期石窟艺术创作魏晋时期，受印度犍陀罗和笈多式艺术的影响较为明显。以龙门石窟为代表的中期石窟艺术创作隋唐时期，表现出印度文化与中国文化相融合的特点。作为晚期石窟艺术（晚唐至南宋时期）

① 本节参考了桂海碑林、西安碑林、大足石刻数字博物馆等网站提供的信息。

的大足石刻在吸收、融合前期石窟艺术精华的基础上，以鲜明的民族化、生活化特色，成为具有中国风格的石窟艺术的典范，与敦煌、云冈、龙门等石窟一起构成了一部完整的中国石窟艺术史。大足石刻造像既追求形式美，又注重内容的准确表达，其所显示的故事内容和宗教、生活哲理对世人能晓之以理，动之以情，诱之以福乐，威之以祸苦，涵盖博大的社会思想，令人省度人生，百看不厌。它们是中国石窟艺术群中不可多得的释、道、儒融合的造像珍品。

大足石刻开凿于唐永徽元年（650 年），盛于宋代。现存摩崖石刻造像 5 万余尊，铭文 10 万余则，遍布 100 多处。石刻以佛教造像为主，兼有儒、道造像。具有石窟造像的特征，属于石窟艺术的范畴。1999 年 12 月 1 日，在摩洛哥历史文化名城马拉喀什举行的联合国教科文组织世界遗产委员会第 23 届会议上表决通过，将我国大足石刻中的北山、宝顶山、南山、石篆山、石门山 5 处摩崖造像，正式列入世界文化遗产。 这是我国洞窟石刻类遗产继 1987 年莫高窟之后的第二次入选。世界遗产委员会评价：大足地区的险峻山崖上保存着绝无仅有的系列石刻，时间跨度从 9 世纪到 13 世纪。这些石刻以其艺术品质高、题材丰富多变而闻名于世，从世俗到宗教，鲜明地反映了中国这一时期的日常社会生活，并充分证明了这一时期佛教、道教和儒家思想的和谐共处局面。

重庆市的大足石刻以其规模宏大、雕刻精美、题材多样、内涵丰富和保存完整而著称于世。它集中国佛教、道教、儒家的造像艺术精华，以鲜明的民族化和生活化特色，成为中国石窟艺术中一颗璀璨的明珠。它以大量的实物形象和文字史料，从不同侧面展示了 9 世纪末至 13 世纪中叶中国石刻艺术的风格和民间宗教信仰的发展变化，对中国石刻艺术的创新与发展作出了重要贡献，具有前代石窟不可替代的历史、艺术和文化价值。

2007 年 5 月 8 日，重庆大足石刻景区经国家旅游局正式批准为国家 5A 级旅游景区。 桂海碑林、西安碑林、大足石刻等，实际上都是人们创建的另外一种类型的博物馆，是中华文明的宝库。

文化资源需要挖掘与转化。树立正确的财富观，对更新人的知识、提高人创造社会价值的能力，进而对改变人的命运具有决定性的作用。

二、碑刻的作用何在

关于这个问题，学界有各种不同的回答。

一般而论，碑刻最大的功能应是教化民间。其社会教育的作用难以替代。而这种教育的方法及其作用，需要从多个层面进行理解。

（一）碑刻通过倡导“扬善”“感恩”促进社会和谐

认真观察我们的周围，会发现功德碑大量存在。其立足点是扬善。无论捐款者是谁，无论数量有多少，这种碑刻的竖立就是为了扬善。任何一点善行，都会被碑刻记录下来，目的就是告诉人们：“勿以善小而不为”。

请看平乐县华山村粤东会馆的《鼎建戏台碑记》：

> 自将乐助芳名勒之于石以垂不朽
>
> 总理陆廷玉助银二两，大备行助银两百两正，叶开达助银二十四两……
>
> 黄钦聚银二钱四分，冯鸿清银二钱……古业丰银一钱，叶振梅银一钱……

这块碑记显示，为华山村粤东会馆戏台修建捐款的，既有大备行捐款200两，也有个人捐款2两、24两，还有仅捐款2钱4分，甚至仅捐1钱的。不难想象，把这些人的名字刻在石碑上，也许工钱都不止1钱，为何立碑者仍坚持为其留名？毫无疑问，是为了肯定每位捐款者的爱心。善是人类一种高贵的品格。扬善是社会的长期导向，穿越历史时空，经久不息。即使是微小的善举，都会被石刻记录下来，这体现了社会的正能量。

扬善除以捐款的方式表现外，还以各种感恩的方式表现出来。在我们的生活世界里，留存着大量的感恩碑记。灵川县皎霞、社塘两村的兄弟情深碑就是其中之一。报恩观念的形成促使社会和谐，也促使扬善思想广泛传播。

皎霞、社塘两村结拜为兄弟村七十周年大庆

皎霞、社塘两村结拜兄弟村以来，已走过了七十年的风雨历程。七十年来，两村众姓兄弟在生产、生活中团结互助、互爱互敬，建立了不可分割的情同手足的兄弟情义。

民国三十二年（1943 年），社塘村因参加辖区的走排灯表演赛，本村无排练和表演道具，便到相隔十多里远的皎霞大哥借道具，皎霞大哥慷慨相助。社塘村将道具归还皎霞大哥时，皎霞大哥设宴盛情款待社塘兄弟。为感谢皎霞大哥友情，社塘兄弟称皎霞为大哥、大姐。皎霞大哥为了谦让，反过来也称社塘为大哥、大姐。从此以后，两村兄弟关系越来越密切。

六十年代中期，社塘村盛产花生，但本村无油榨坊，社塘村只好用人工将花生挑到十多里开外的今水塘村进行加工，皎霞大哥得知这一情况后，马上将本村的大树砍倒，请本村的能工巧匠制作成油榨送到社塘村。当时该油榨因树材太小，出油量少，不好使用。皎霞大哥又从村中砍了一棵大樟树并加工成一条大油榨，并派了村中六十多名大哥徒步行多里窄小弯曲坡陡的小路，用人工将一千多斤重的油榨抬到社塘村。在赠送油榨的同时，皎霞大哥还将油榨技术毫无保留地传授给社塘村。赠送油榨和传授油炸技术社塘村兄弟永远铭记心中。

六十年代后期的某年，因春旱，皎霞村无法春播和培育秧苗，正当皎霞为春耕焦急时，社塘大哥将自己准备春播的秧苗赠送给了皎霞村，并协助皎霞村民一起将秧苗播好，然后社塘大哥才重播谷种培育秧苗。社塘大哥此举也给皎霞村众弟留下了深刻的记忆。

六十至七十年代，社塘村盛产甘蔗和蔗糖，属该村当时的主要经济支柱产业。为谋求两村共同致富，社塘大哥主动将甘蔗种赠给皎霞种植开发，为皎霞村增加了一种经济来源。

公元一千九百八十六年，社塘村为了解决饮用水荒，需要挖掘修复坍塌已久的一口老井，并到皎霞采石场购买片石，采石场人员告知，片石已被全部购买不向外卖，社塘村派出的两辆手扶拖拉机空车而返。第二天清晨，社塘村口有人喊，皎霞大哥送片石来了，社塘派人出来迎接，只见片石不见人。社塘村修复水井后，把七车的石料款和运费送去，皎霞大哥一律不收，还设宴款待社塘兄弟代表。由于社塘村及时得到了皎霞大哥赠送的片石，社塘村快速把老井修复，永久性解决了饮用水荒问题。

九十年代末，因天旱，皎霞村的稻田的禾苗面临枯竭。社塘大哥得知情况后，及时购买一台漓江泵抽水机，赠送给皎霞村抗旱使用。社塘大哥此举感动了七星区政府，也及时拨款为皎霞村配备了抗旱抽水机，使皎霞村面临枯竭的禾苗重新获得了生机。

□□□□充分体现了两村之间互相支援、互相帮助的兄弟情义，为了两□□□□□□□□□□□□□分离，值此两兄弟村结缘七十大庆之际，特立此。

此碑的文字近于口语，内容较为翔实，所表达的思想却很朴素、简单，即不忘彼此的相互帮助，以及在此过程中结下的情谊。灵川县皎霞、社塘两村历史上，在生产生活中，围绕着借表演道具，送大樟树制作的油榨，赠送秧苗、蔗种，修水井、购买抽水机等事件，体现出浓浓的手足之情。他们将这些事迹刻在石碑上，一方面，是铭记对方给予各自的恩情；另一方面，则是启示后人。这种善行非常珍贵，需要代代相传，发扬光大。

碑刻的教化功能无所不在。我们看到，在祠堂、庙宇、牌坊、学堂里，在道路、桥梁、码头、凉亭边，各种捐款碑随处可见，这说明，扬善的观念和行为非常普遍。这些碑刻以不同的方式传递正能量。

时代在发展，社会在进步，扬善的德行持续影响人们，并且很多仍以立碑的方式予以彰显。由此可知，“观石读史”可正身立德，修身养性，其时代意义仍非同寻常。

（二）碑刻通过宣扬爱国主义，铸民族精神

有些碑刻历经沧桑，被毁情况比较严重。但是最终都得到国家和民族的认可。阅读这些碑刻，普遍受到感动。那么，这是什么样的碑刻？它们通常出现在什么地方呢？随着观石读史进程的推进，我们会发现，通过回顾历史，不难发现，是那些体现民族精神的碑刻。它们通常出现在战争遗址、庙宇、纪念堂（馆）等场所。

献身精神是中华民族经久不衰、屡危不亡的精神支柱，是古典爱国主义思想最闪光、最具生命力的部分。蕴藏这种精神的碑刻，无论遭遇什么样的坎坷，最终都能成为历史的永恒记忆。

岳飞庙，位于河南省安阳市汤阴县城内西南街。始建时间无考，今址是明景泰元年（1450 年）重建。历代曾多次作修葺、增建，至今占地 6400 余平方米，殿堂雄伟，碑碣林立。历代歌颂岳飞的碑刻超过 200 件。从帝王到普通百姓，均以各种方式表达对岳飞忠义精神的赞誉，包括清代越南使节的题诗碑。有些碑刻记载了史书中未有的逸闻。岳飞蒙冤被害，但是历史最终对他进行了客观评价。其高尚的民族气节及操守，通过该庙的石刻记录了下来。每个驻足于岳飞庙前的人，都会受到心灵的触动。从这些碑刻中，我们可以看到强大的民族精神和民族力量。

昆仑关位于广西南宁市宾阳县与南宁市昆仑镇交界处，相传为汉代伏波将军马援所建，距今已有 1000 多年的历史。1939—1940 年，日本帝国主义侵略者为了控制中国刚建成的桂越国际铁路，发动了桂南战役，占领了昆仑关、南宁等战略要地。为了抗击日本侵略者，中国军民与日军在昆仑关展开激战。这是抗战中期中国军民最重要的一次攻坚战，经过反复争夺，最终粉碎了日军的图谋，迫使日军退出昆仑关。在这场战役中，1.5 万名中国军人阵亡。他们用生命维护了中国的权益。战后，修建了烈士纪念碑及纪念牌坊，以缅怀这些为国捐躯的将士。由于历史原因，这些纪念设施在“反右运动”和“文化大革命”期间受到很大破坏。

随着全民抗战逐渐成为中华民族的共识，昆仑关战役的地位与作用得到

了充分肯定。2008 年 12 月，党和政府在昆仑关修建了纪念馆，馆藏文物共计 975 件（套），其中实物 500 件，图片 200 件。以此展现这次战役的过程与意义。此外，鉴于原纪念碑上只有 3000 多名阵亡将士的姓名，为表达对所有为抗击日军侵略而英勇牺牲者的怀念，在纪念馆的右侧，特设立烈士碑柱，每柱 4 个姓，姓下没有名字，这是在明确告知后人，他们的名字虽然不被知晓，但是国家不会忘记他们作出的贡献。

2019 年末，昆仑关战役旧址入选《全国红色旅游景点景区名录》。景区包括南门牌坊、北门牌坊、阵亡将士纪念塔、阵亡将士公墓、抗战碑亭、草帽山战场工事遗址、昆仑关战役博物馆等。民族精神如同脊梁，不能被扭曲。承载着民族精神的碑刻往往体现出国家意志，其教化作用更为突出。中国共产党具有博大的政治胸怀，以正确的历史观为指导，尊重历史事实，弘扬抗战精神，表现出大党的政治风范，用实际行动表明，无论哪个党派、哪个民族、哪些人，只要是为了维护中华民族的利益，抗击外来侵略者，其历史功绩就不会被抹灭。

图 6-4 昆仑关纪念馆旁的烈士碑柱

（三）碑刻以文学艺术为载体，并利用公共活动空间，增强中华传统文化的影响力

碑刻文化影响为什么如此深远？延绵上千年，遍及全国各地？

碑刻是历史文化传承的载体。它集书法、图画、宗教仪式、雕刻艺术于一体。无论内容还是形式，无不体现中国的文化精髓。如岳飞庙的碑刻，诗、词、歌、赋、记文体俱全，真、行、篆、隶、草书体皆备，是中原大地上一处弥足珍贵的书法、文学艺术和史学研究的宝库。又如山东曲阜孔庙内有 1157 块碑刻，都是自汉代以来保存下来的。内容既有封建皇帝追谥、加封、祭祀孔子和修建孔庙的记录，也有帝王将相、文人学士谒庙的诗文题记。碑苑位于孔庙正南方 300 米处，是一座以《论语》为表现内容、书法为表现形式、碑刻为载体、古典园林为环境的高品位的文化旅游新景点。把《论语》用各种形式雕刻在墙壁、山石之上，并配以楼、堂、殿、阁、山水长廊，情调高雅。仁、义、礼、信、孝等核心价值观，通过碑刻的力量传递到社会的各个阶层。书法、图画、宗教仪式、雕刻等，也借助碑刻的力量得以流传。古人深知物质文化与精神文化互为促进的道理，现代社会里，人们同样利用这种原理传播民族精神和民族文化。

石刻大多立于公共场所。而人们在公共场所无论是开展有组织的活动还是自发地聚集，往往都能产生集体效应，能使石刻所表达的思想感情在这一场所得到传播。

古代的各种公共空间，往往与交通、贸易、教育等要素结合在一起，用途广泛，形式多样，民众易于接受。

石刻文化因固化于石，不易被损毁，能长期保存。每一方石刻就是一个别具特色的文化传播阵地，无论影响力大小，都可以产生持久的辐射力。更重要的是，每方石刻由于所处位置的不同，内容各异，具有不可替代性，如同网络时代的 IP 地址，从而构建起一个庞大的文化网络。

石刻以其独特的存在方式显示中国传统文化，每一方石刻都有各自的寓意及其表现方式，诠释简单而意味深长的道理。它是名副其实的中国传统文化的

眼睛，清澈、深邃、充满魅力。

（四）碑刻还具有社会稳定器的作用

众所周知，中国的宗法制度非常兴盛，每个家庭，都有明确的祖、父、子、孙关系。为避免伦理关系混乱，各家族通常都立有辈分碑，这有效规范了家族的行为，凝聚了家族的力量，促进了社会的和谐。正是这种辈分碑的大量存在，家族之间的交往得到了有效的指引，中国的社会因此得以稳定发展。

中国周边不少国家与我们长期保持密切的联系，中国的文化对其产生了重要的影响，例如，在越南河内的孔庙里，就立有许多科举功名碑，这些功名碑，是中外文化交融的反映，也是中国石刻文化对周边国家产生影响的实证。除科举功名碑外，周边不少国家的庙宇、祠堂、学堂、著名风景区等，也有许多碑刻。其社会教化功能与我国的非常相似。有些国家的碑刻文化也带有自己的民族特色，例如，以佛教为主要信仰的国家，其许多石雕的文化寓意就体现佛教的思想。这种石雕传入中国后，使佛教文化在中国得到进一步发展，同时，也使中国的石刻文化内容更为丰富。这种文化交融对中国社会的稳定也起到积极的作用。

关于碑刻的作用，还需要从传播文化知识的优势这一视角加以认识。

放在中华传统文化体系中考察，必须承认，碑刻学是毫无争议的一门显学，其丰富的知识结构让人叹为观止。例如，石刻出现的场所涉及地理环境、社会环境，石刻的类型与功能，反映出不同的环境。又如，石刻的内容涉及社会的政治、经济、文化、军事、民俗等，无所不包，无所不有，其基本宗旨是实施教化，而教化的方式千差万别，充满中国智慧。再如，其制作方法自古及今形成了各种各样的流派与风格，每种流派与风格彼此又相互渗透、融合，形成更多的流派与风格。再如，碑刻学与金石学、文献学、考古学既有相互继承的关系，又有发展创新、相互促进的共同动力，在此过程中，逐渐构建起纷繁复杂的理论体系和知识体系。因此，从碑刻学这一角度审视中国传统文化，会发现有无穷尽的未知领域，需要我们不断去探索。

三、碑刻的现代利用策略

碑刻作为一种文化现象永远不会终结，相反，在现代社会里还要不断发扬光大。必须牢固树立这种观念，高度重视石刻资源的保护与利用。

现代社会的形势和任务与过去相比有很大的变化，但是民族文化的精髓却始终具有强大的生命力。因此，对于石刻文化，基本立场是继承与创新相结合。

当今的石刻仍广泛分布在民间，所以，保护与利用仍是以民间为主，政府为辅。只有明确不同主体的责任与策略，才能取得较好的成效。例如，家族、文化企业、文化管理部门等在石刻保护与利用方面，所肩负的责任和所采取的策略是有区别的。当前，国家正在实施乡村振兴战略，广泛分布于乡村的石刻资源，无论在保护还是利用方面都面临着新的机遇与挑战。要提高工作的有效性，就必须根据新的形势与任务，找准各自的工作重点，并据此采取相应的措施。无论什么层面石刻的保护与利用，都应重视以下问题：一是延续其教化功能；二是保存和弘扬历史文化；三是使之服务于经济和文化建设。

在新的形势下，必须探索“观石读史”学习与研究的新路径、新方法。

俗话说，“学海无涯”。不断提高“观石读史”的理论和知识水平，是深化认识的前提。为此，要时刻关注新的碑刻学理论，尤其是科学保护与利用的理论，这体现了新时代的特点，具有很强的科学性和发展性。同时，对碑刻不同类型的理论研究成果深化了很多认识，既需要把最新的思想观念与方法渗透其中，也需要及时关注，掌握最新的研究动态。近年来，大量的石刻资料整理成果纷纷面世，这些资料进一步丰富了中国的碑刻文化宝库，其中不少具有珍贵的历史价值和文献价值，必须及时了解。

石刻作为一种历史文化资源，要想在新形势下得到有效保护与利用，更需要与经济和文化建设事业结合起来。纵观当下，各地都在这方面加强探索，例如，山东曲阜、陕西西安、重庆大足、广西桂林等地，都以历史碑刻作为城市形象塑造的重要依据，有效带动了旅游业和文化产业的繁盛。值得注意的是，这些城市除将石刻资源的集中分布区开辟为博物馆或主题公园，供游人参观游览外，还充分借助移动互联网技术，在各种数据平台上发布历史文化信息，扩大石刻的影响力，促进当地的经济和文化建设。当前的不少乡村也充分利用石刻文化，努力促进乡村振兴，例如，第五批被列入中国传统村落名录的广西兴业县石南镇东山村，就充分利用先祖培育的优良家风，作为展示乡村魅力的重要资源。何以尚（1526—1597 年），字仁甫，生于广西兴业县石南镇东山村，明朝举人，历任江西建昌县儒学教谕、户部司务、户部主事、南京大理寺丞、鸿胪寺卿等职，官至太仆寺卿，赐进士出身。他为官清廉，刚正不阿，政声显赫。其优良家风不仅促使家族日益强大，而且对乡村文化的形成产生长远而深刻的影响。他在明朝初期制定的《何氏家训十二则》，从孝、悌、忠、信、礼、义、廉、耻、敬祖、敦族、为善、守成等 12 个方面，教育子孙忠孝、清廉、正义。何以尚中举后，与其父亲共同倡导确立的《乡约十条》，一直保存在“乡约亭”中。

乡约十条

一、村中子弟务宜礼教修明而后文人蔚起，人才辈出，簪缨继美，登科甲之荣。

二、村中子弟务宜读书积善，正心修身，弘扬文章报国，忠孝传家风。

三、村中子弟尝以孝顺为先，尊长爱幼。如礼毁骂长，小同责罚，甚则送官究治。

四、崇尚节俭以养廉，厚储资财以育才养贤。如滥用挥霍，贪污蒙骗，送官究治。

五、村中子弟有缺德败行，必须纠举，保持村风正气。

六、耕读正业勉力为之，妄作非为则当切戒，违者严加究治。

七、农田为本，保水防患，人皆有责，勤耕力作，毋失其时，夏秋稻熟，牛马禽畜，严禁于垌，违者罚赔不宥。

八、村中强悍之徒，欺贪侮弱，凌迫孤寡或隐诬善良，图报私仇者，合众鸣官究治。

九、村中子弟聚赌宿娼，选为恶劣者，必送官究治。

十、做贼济匪，奸歹盗窃，危及村民安甚者，必送官究治。

记载家训、乡约的碑刻及其建筑，成为中华优秀传统文化的传播载体。面对这些充满正能量的家族文化，人们不难找到何氏家族兴旺发达的原因，也不难理解东山村成为中国历史文化名村的缘由。相信只要每个村庄都善于发现和发掘蕴藏在乡村的石刻资源，同时，根据当前国家经济和文化建设的发展趋势开展新的探索，就可以将更多的乡村石刻，如村规民约碑、功德碑等转换为发展的动力。中国的新农村建设在党的兴农政策指引下，借助这些历史文化，必定能开辟出新的发展道路。

当前，要提高“观石读史”的学习和研究水平，增强石刻的社会和经济效益，还必须探索传播的技巧。作为在校大学生，至少有以下几种传播方式可以尝试：

一是利用微信进行传播。当我们在学习和生活中发现有价值的石刻文化资源后，就可以将其信息进行解读，之后，利用微信平台进行传播。既宣扬了优良的中华传统文化，也让自己的专业能力得到展示。要让石刻文化的历史信息、艺术价值和应用价值都得到有效传播，不仅需要掌握网络技术，还要掌握心理学、语言学、美学等知识。显然，这需要艰苦地探索。

二是借助石刻学习与研究网站进行传播。这类网站，可以自己创设，也可以与同学共同创设，还可以通过为学校的网络平台提供资源的方式，使自己学习、研究的成果传向社会。在此过程中，如何汇聚力量、形成特色、扩大影响，都需要结合实践加强借鉴、探索和创新。

三是利用专业教学实践环节进行传播。例如，旅游管理专业的同学，可以将一些优秀的碑刻写成讲解词，通过为游客导览的方式予以宣扬；文化产业管理专业的同学，可以根据各地文化产业发展的需要，将当地的一些石刻作为规划书的基本内容，全面深入介绍其历史价值和文化价值，引起政府和文化管理部门的重视，使其得到充分利用；艺术设计专业的同学，可以通过广告设计的方式，在公共场合传播石刻文化；外语专业的同学，可以将石刻文化翻译成外文，将其推送到一些国际文化交流平台；等等。专业教学实践的路径很多，只要用心、用力、用情，就一定能开辟出中国传统石刻文化传播的新路径，并使其具有更强大的生命力和影响力。

本讲小结

每一门课程都有自己的任务，作为通识课程的“观石读史”，其任务具有共同性。要科学认识石刻及石刻文化。

对中华传统文化的继承、创新、发展，是大学通识教育所应遵循的基本原则之一。石刻是什么？有何用处？如何发扬光大？各专业的同学都需要从理论和实践层面深刻认识这些重要问题。石刻就在我们的周围，探索之路就在我们的脚下。“路漫漫其修远兮，吾将上下而求索。”

复习思考：

1.为什么说石刻是中华传统文化的眼睛?

2.为什么说石刻的社会教化作用无处不在?

3.新形势下如何传承和创新石刻文化?

下编

『观石读史』实践探索案例

第七讲 石刻与宗谱

学习提要

编纂宗谱是中华民族的历史传统之一，这种历史传统也反映在石刻里。通过本讲学习，大家应了解什么是石刻宗谱？其功能和历史价值有哪些？如何对其进行解读？

“我从哪里来”是人生三问之一。为了更好地回答这一问题，人们开始将自己所在的血缘集团世系加以整理，并借助各种形式的载体记录下来，我国称之为“宗谱”[①]，西方人称之为“家族树”（Family Tree）。

在中华民族的历史上，宗谱影响人数之众、影响时间之长、影响面之广是其他类型的文献所无法比拟的。宗谱也因此同国史、地志一道被誉为中华民族的三大文献，成为中华民族宝贵的文化遗产。石刻宗谱作为中国宗谱文化和石刻文化的融合体，蕴藏着丰富的历史信息，等待着人们去探寻、去解读。

① 在我国，宗谱又被称为世谱、族谱、家乘、祖谱、谱牒、宗谱、会通谱、统宗谱、支谱、房谱等。

一、宗谱的形成与发展

（一）宗谱的形成

我国宗谱的诞生与我国传统的农业生产方式和古代宗族制度有关。我国传统农业的发展主要依赖天然降水，但在修建灌溉工程和农忙的时候也需要大量的劳动力。在这种条件下，农户们更倾向于分户生活、共同生产、协作进行祭祀祖先等活动。由此，宗族应运而生。

宗族通常表现为一个姓氏集中居住，形成特定的聚落，宗族成员有着共同的土地财产和宗庙，祭祀着同一祖宗，有的还有共同的墓地等。随着我国封建制度的发展，宗族与政权不断勾连，许多有权势的宗族基于婚姻选择、地位财产继承等方面的考量开始编纂宗谱。所谓宗谱，指的是记载一个宗族历史的文献，一般包括祖先名字、世系、事迹、官职、得姓源流、迁徙情况、祠堂坟墓、族规家训、人物传记、艺文著作等内容。

（二）宗谱的发展

一般认为，我国最早的宗谱出现在春秋时期，当时的史官们修纂了《世本》一书，记载上古帝王、诸侯和卿大夫的宗族世系传承，目的是区分宗族成员间血缘关系的亲疏远近，同时凭借血缘关系对族人进行管辖和处置。汉朝时，南北经济文化交流使宗谱文化流传到全国各地，社会上出现了《帝王年谱》《潜夫论·志氏姓》《风俗通·姓氏篇》等谱学著作。到了魏晋南北朝时期，门阀制度盛行，宗谱成了士族门阀选官、嫁娶的重要依据，为了维护门第，宗谱迅速发展起来，官府也组织编修谱牒。隋唐时期，民间修谱盛行，朝廷为此设立谱局，专门管理民间宗谱，并编纂了《氏族志》《姓氏录》等多部大型谱牒著作。到了宋代，宗谱的政治功能开始消退，不再与选官关联，朝廷也不再设立谱局。宗谱逐渐从官府和世家大族走向了普通百姓，私人修谱逐步盛行。明朝时，人们普遍重视修谱，甚至出现了专门替人修造家谱世系的“谱匠”。清朝时，官方积极鼓励修谱，这使得宗谱数量剧增，甚至达到了没有无谱之族的程度，纂修宗谱成为家族生活的头等大事，宗谱的规模也越修越大，出现了“会千万人于一家，统千百世于一人”的统谱，一部统谱往往汇集了十几个省上百个支派的世系，蔚为壮观。近代以来，国人修谱的热情虽有所减弱，但并未断绝，其中1950年纂修的《吴氏大统宗谱》，奉太伯为一世祖，列入者竟达503支，计40册，令人叹为观止。

据不完全统计，当前世界各大图书馆收藏的中国宗谱总数有三四万种之多，而且在我国，无论是汉族还是少数民族，都会编纂宗谱。更为难能可贵的是，我国的宗谱不仅数量、类型繁多，而且载体多样。除了常见的纸本宗谱，还有以商三勾兵[①]为代表的青铜宗谱，以木刻《石柱县向氏族谱叙考》[②]为代表的木刻宗谱，以及本讲的主题石刻宗谱，等等。

二、石刻宗谱的概念与功能

（一）石刻宗谱的概念

石刻宗谱，顾名思义，就是刻在石头上的宗谱，它以岩石为纸，以钢錾为笔而记，是宗谱的一种特殊类型。

现有资料显示，早在汉代，我国就出现了石刻宗谱。清咸丰二年（1852年），在浙江余姚客星山出土了一方石碑，碑额已断缺，但碑文基本完好。全碑通计217字，书体介于篆、隶之间，经鉴考为东汉建武年间（公元25—56年）的《汉三老讳字忌日碑》。此碑是三老“通”的孙子中名为“邯”的人所立，以记其祖父、父亲的名字及忌日。由于有着极高的历史和文字研究价值，《汉三老讳字忌日碑》被誉为“浙江第一石”。

① 商三勾兵是由三件戈组成的一组器物，器形相近。此组戈涉人名20人，且及太祖、祖、父、兄四辈。中华人民共和国成立前河北易县出土，罗振玉旧藏。王国维谓其“当为殷时北方侯国之器”，罗振玉评其“传世古兵无能逾此”。现收藏于辽宁省博物馆。

② 木刻《石柱县向氏族谱叙考》（1936年刻）纵3.1米，横5.35米。3300余字，楷书。“叙考”文字叙述了居住在重庆石柱县桥头乡向氏家族的源流、支脉等情况。元代战乱，向氏的一支因避乱入蜀；明洪武年间（1368—1398年），又一支“奉旨”入蜀（即明初的“湖广填四川”）。其后裔广居万州、丰都、忠州、石柱等地。现藏于中国三峡博物馆。

（二）石刻宗谱的功能

石刻宗谱在我国之所以出现得早并存续至今，主要是因为它们同其他类型的宗谱一样都具备下列两大社会功能：

1. 寻根留本、明辨世系

人口迁徙是人类社会发展的常态，但树高千丈、落叶归根，每个游子都怀有一颗“寻根”的心。宗谱为每个人提供了一条了解自己和家族历史的渠道，人们利用宗谱既可以了解自己的祖先是谁，也可以明确自己的世系。

世系指的是一姓世代相传承的系统，它是宗谱的主要内容之一，是家族血缘传继的直接表述。传统宗谱的世系一般是由共同的祖先及其男性子孙排列，从而构成一个完整的亲属群体，反映出家族成员的血缘关系及亲疏远近。

例如，位于广西桂林市灌阳县文市镇的西就村，原名文村，该村绝大多数的村民都姓文。在西就村旁的山岗上，有一块立于明万历四十八年（1620年），题为“文村坊始祖后裔碑”的石刻宗谱。上面记载着当地文氏从始迁祖到第十三代所有男丁的名字。这块石刻宗谱的旁边便是文氏始迁祖“文乙一”的墓。墓碑上面记载：文乙一是在宋朝时由江西吉安迁徙到此，繁衍生息，其后人文华在明朝永乐年间考中举人，出仕为官。此后，多位文氏族人在科举考试中脱颖而出，光宗耀祖。时至今日，当地文氏宗亲每年到祖坟前祭祀的时候，都会到这块石刻宗谱前面焚香、烧纸，燃放鞭炮。因为这块石刻宗谱不仅能够帮助他们“载清支派认源流”，而且能够提醒后辈不忘初心，铭记先辈开拓之艰辛。

随着时代的发展，宗族里面的女性成员现在都可以写入宗谱，体现出宗谱文化的不断进步。

2. 凝聚族群、增知育人

宗谱不仅记录家族的来源、生息、繁衍，而且包罗了家族的迁徙、婚姻、族规、家约、重要人物事迹等历史信息。这些内容能够潜移默化地陶冶族人立志治学，鼓舞族人和睦宗亲，为族争光、为国贡献。从这个意义上说，石刻宗谱还是教育宗族子弟的教材。

譬如，位于江西省安福县山庄乡秀水村的大智彭氏石刻宗谱，散布在大智村旁约 1000 米长的古道、田垄一带的花岗岩石上，可考释文字 6000 余字，记载的是明正统八年至弘治六年（1443—1493 年）官宦之家彭氏家族的历史，内容涵盖彭氏家族半个世纪的升迁、寿诞、丧事等重大事件、人员往来记录和有关诗文。彭氏家族在历史上有过“父子四进士”的荣耀，显赫一时。由于具有很高的历史价值，大智彭氏石刻宗谱在 2006 年被国务院公布为第六批全国重点文物保护单位。

三、石刻宗谱案例解读

石刻宗谱不仅是人们寻根问祖的依凭，而且是我国宝贵的文化遗产，具有重要的历史价值。不过，要想揭示出这些历史价值，还需要掌握一定的方法和技巧。为了更好地说明问题，本节以《岑氏宗亲世系》石刻宗谱为例，介绍如何解读石刻宗谱。

（一）《岑氏宗亲世系》石刻宗谱简介

《岑氏宗亲世系》石刻宗谱位于广西壮族自治区凌云县城南五指山山脚的摩崖石壁上。该石刻宗谱高 150 厘米，宽 200 厘米，楷书字体，内容共记载了 24 代岑氏家族的姓名、职衔、世袭、分封等情况，时间跨越了宋、元、明三代，从宋代的岑氏始祖岑仲淑一直记载到明末的泗城州土司岑继禄。

《岑氏宗亲世系》石刻宗谱是目前广西发现的唯一一处壮族摩崖石刻宗谱。遗憾的是，由于长期暴露在户外，风雨侵蚀，这块石刻已难见全貌，只有部分内容清晰可读，现节选摘录如下。

岑仲淑：派自余姚，善于医道，立武功于宋高宗，朝授麒麟武卫怀远将军，随狄襄公征侬智高，克柳州城，破邕州，志高奔广南，襄公还朝，仲淑公善后，驻镇邕州建元帅府，都督桂林象郡三江诸州兵马，以示志高，始通使马市于水西，大伙合兵扫荡西南夷，据有牂柯……

岑自亭：仲淑公卒，亭公□都督事时，有流官谗公罢职，以邕州要□□□朝廷，将欲束装还里，沿边土民遮留，事闻□□□□朝廷，敕封亭公金紫光禄大夫沿边安抚使来安路军民都总管……

岑翔：亭公卒，翔公敕封金紫光禄大夫麒麟武卫上将军沿边安抚使。

岑英：翔公卒，英袭父职，沿边安抚使来安路军民都总管。

岑雄：英公卒，雄公袭父职……

岑世兴：长房袭父职，金元加统兵万户府，仍挂怀远大将军。次房世坚前来归仁州□□使。三房世昌同知府事。五房世荫前来知武阳县事。

岑怒木罕：长房，分古勘是为古勘始祖，……改封东道宣慰使司宣慰使，封武德大将军。次房岑帖木儿，分理田州路为田州始祖。三房岑阿剌兰；袭父爵乔利是为思恩始祖。四房岑阿剌辛，分理东州路，是为镇安始祖。五房岑不花也先。[①]

学者们通过深入研究，一致认为这块石刻所记载的岑氏，就是历史上大名鼎鼎的岑氏土司。

土司，又称土官，是我国古代在西北和西南地区设置的由少数民族首领担任并世袭的官职。土司们有各自的势力范围，编纂制作《岑氏宗亲世系》石刻宗谱的岑氏土司曾是明末清初壮族诸土司中势力最大、地盘最广的。“明朝强盛时占有田州府、思恩府、镇安府、归顺府、泗城州、恩城州、上隆州、利州、武靖州等地，右江上、中游的广大地区是其统治范围。”[②] 至于《岑氏宗亲世系》石刻宗谱的制作者，学界目前有两种观点：日本学者谷口房男和我国学者白耀天认为《岑氏宗支世系》是岑兆祯在担任泗城土官知州年间（1621—1627 年）筹划、施工并完成的[③]。而王晖则认为此石刻是岑兆祯的父亲岑云汉

① “□”代表看不清的字；由于该石刻族谱文字较多，故有所省略。

② 张声震：《壮族通史》，民族出版社，1997，第 619 页。

③ 谷口房男、白耀天：《壮族土官族谱集成》，广西民族出版社，1998，第 164 页。

在担任泗城土官知州年间（1612—1620年）完成的[①]。

（二）《岑氏宗亲世系》石刻宗谱解读

根据《岑氏宗亲世系》石刻宗谱的记载：岑氏土司的始祖岑仲淑功绩显赫、地位高贵。纸质的《泗城岑氏宗谱》也有类似的记载：

> 岑仲淑：派自余姚，善于医道，立武功于宋高宗，朝授麒麟武卫怀远将军。随狄襄公征侬智高，克林州城，破邕州，志高奔广南。襄公还朝，仲淑公善后，驻镇邕州，建元帅府，督桂林、象郡三江诸州兵马以御志高，始通市马于水西、大火，合兵扫荡西南夷梗，有牂柯。布露上京，封粤国公。[②]

根据上述记载进行推算，从宋皇祐五年（1053年）岑仲淑授封粤国公到清雍正五年（1727年）岑映宸被清政府革去土知府职，改派流官，岑氏世袭土司统治时间长达674年。然而，学者们通过研究，几乎一致认为，《岑氏宗亲世系》石刻宗谱中关于始祖和世系的介绍并不可信。主要理由如下：

第一，宋高宗赵构生于1107年，卒于1187年，狄青生于1008年，死于1057年。从时间上看，岑仲淑不可能既立功于高宗朝，又随狄青征讨侬智高。

第二，朝廷征侬智高军中无岑仲淑其人。当时，宋仁宗先后派杨畋、曹修、余靖、孙沔等人镇压侬智高起义，均没有成功，不得已罢免了杨畋、曹修，另派狄青率兵南下，并统领孙沔、余靖二军。狄青、孙河、余靖就是所谓的“平蛮三将”。翌年，广南西路经略使余靖在今桂林市镇南峰题刻了《平蛮三将题名碑》，列述了当时随狄青镇压侬智高的“将官”32名，其中并无“岑仲淑”。在明末清初，广西壮族土司多宣称自己的先人来自中原，标榜他们随

① 王晖：《广西土官“汉裔”认同过程：以泗城岑氏为例》，《广西民族大学学报》，2009年第1期，第94-98页。

② 谷口房男、白耀天：《壮族土官族谱集成》，广西民族出版社，1998，第164页。

狄青征讨侬智高或讨伐“蛮瑶”作乱来到广西，但均为谬误。

第三，岑仲淑被封为粤国公，可在《宋史》中却没有找到关于他的任何记载，他所担任的一系列官衔，也无法在宋代的文献中找到。

第四，土司一职始于元代，基本用于封给西北、西南地区的少数民族部族头目。岑仲淑既为土司，来自浙江余姚的说法很难成立。

第五，自宋皇祐五年（1053年）侬智高兵败，至元大德十年（1306年）岑雄反叛有整整253年。在这253年中，岑仲淑及其子孙只有五代，每代之隔岂不是有50多年之久？这大大违反了人的生物传承规律。元朝岑世兴子系中也没有阿刺兰、阿刺辛这两个人。

第六，岑氏土司或为北宋“蛮将”岑庆宾之后。

第七，岑氏土司的始迁祖应为元代泗城土司岑怒木罕。岑氏土司世系显示，岑怒木罕的祖父岑雄，生四子：世兴、世坚、世权、世元；父亲岑世兴，生五子：岑怒木罕、岑阿刺辛、岑帖木儿、岑阿刺兰、岑不花也仙。元天顺元年（1328年），朝廷授岑怒木罕为泗城土司，成为泗城岑氏土司始祖。明代《（嘉靖）广西通志》对此亦有记载：“元有岑怒木罕者，尝为泗城州土官。”①

学者们认为岑氏土司在编撰《岑氏宗亲世系》石刻宗谱时，之所以把岑仲淑作为自己的始祖，主要出于以下三个方面的原因：

第一，是受宗谱编撰攀附之风的影响。所谓攀附，就是把历史上的名人作为自己的祖先，记在宗谱上然后伪造世系，加以衔接，目的是为自家姓氏增光添彩。岑氏土司在明朝时曾意图攀附汉代名将岑彭为其始祖。岑彭（？—35年），字君然，南阳棘阳人，东汉开国元勋，被封为“舞阴侯征南大将军”，列“云台二十八将”，因此，东汉以后的中原地区的岑氏族人纷纷奉岑彭为始祖，并在其故里修建岑公祠，供各地的岑氏族人到此寻根谒祖。岑氏土司效仿中原地区岑氏族人的做法。据《明史》记载，明弘治十八年（1505年）：“泗城土官族人岑九仙上奏：‘自始祖岑彭以来，世袭土官。至

① 详见白耀天、谷口房男、谈琪、王晖、李天雪、松本光太郎、邓金凤等人的研究成果。

豹子应罹钦之祸，子孙灭亡殆尽，其弟接，众推护印，累著劳勚，乞令袭职，俾掌辖蛮众。'”不过，岑九仙的做法并没有得到官方的认可，时任兵部尚书的刘大夏奏报明孝宗："豹乃叛臣余孽，子应复自取灭亡。今接者，人皆传称为梁接，非应亲枝，又不知岑九仙是何逋逃，冒为奏扰。臣大夏先在两广，见岑氏谱系云始祖木纳罕（即《岑氏宗亲世系》石刻宗谱中提到的岑怒木罕）于元顺帝至正年间与田州知府之祖伯颜一时受官。今岑九仙妄援汉岑彭世次，尘渎圣听，请治其罪。其岑接应袭职与否，前已行令镇巡等官勘报奏处，岑九仙虽曰蛮人，难以深究，亦当谪发以破其奸。上从之，命押回镇巡官处收查发落。”明代《（嘉靖）广西通志》也记载了这件事："土官知州岑姓，旧为溪洞蛮夷酋长。家叶自谓汉征南将军武阴侯岑彭之后，无考。”从这两则史料中可以看出，由于种种原因，岑氏土司简单地直接攀附岑彭的意图并未实现，于是他们进一步"优化"攀附的手法，"虚构"了一位功勋卓著的"岑仲淑"作为始祖。

在《岑氏宗亲世系》石刻宗谱编纂制作完成后，岑氏土司还为岑仲淑设立庙宇，加以传播。在如今的右江上、中游地区仍有许多岑大将军庙，当地人普遍认为岑大将军就是岑氏土司家族的祖先——岑仲淑。每年农历正月、二月过节就拿三牲去祭祀，每月初一、十五亦有人去祭祀。这些材料均说明，广西岑氏土司的先祖为"岑仲淑"的观念不但弥散到民间，而且历经长期仪式操演，已深入当地民心。

第二，是受到"改土归流"政策的影响。"改土归流"，指的是中原王朝废除在少数民族地区实行的土司制度，改由中央政府委派流官直接进行统治，实行和内地相同的地方行政制度。

"改土归流"不是一蹴而就的，中原王朝在这方面进行了长期的探索，其中采取的一个非常重要的办法就是土司承袭的严格化和制度化。明朝规定土司承袭需上交《亲供宗支图本》，以利吏部验封司立《土官底薄》备案核对。"土官承袭，务要验封司委官体勘，别无争袭之人，明白取具宗支图本，并官吏人等结状，呈部具奏，照例承袭。”[①] 清朝也规定土司“承袭之人，有宗派不清、顶冒、陵夺各弊，查出革职；具结之邻封土官照例议处”[②]。也就是说，土司必须提供宗谱作为承袭的依据，假如有土司绝嗣，后继无人，或宗族争袭，中央政府便派流官接任。岑氏土司煞费苦心地编撰制作《岑氏宗亲世系》石刻宗谱，就是为了应对中央政府的“改土归流”政策。

第三，是受到华夏文化的影响。明代以来，中原王朝积极在边疆地区兴办和发展教育。明弘治十年（1497 年）规定：“以后土官应袭子弟，悉令入学，渐染风化，以格顽冥。如不入学，不准承袭。”[③] 也就是说，土司的子弟都要到官办的学校上学，如果不这样做，就会被剥夺承袭的资格。这使得包括岑氏土司在内的众多广西土司对华夏文化耳濡目染，不仅效仿华夏习俗，而且对华夏文化钻研不已。在《岑氏宗亲世系》石刻旁，有一方介绍岑氏土司岑云汉生平事迹的摩崖石刻，其中记录了他的求学历程：“岑天章敏而好学，四岁读书，七岁能飞马，弓刀熟娴，随公先大夫走柳，因试武艺，场中喝彩称奇，九岁属文，十二进思恩府学，……习尚书，读诗、礼、易、春秋、史子百家、星相律例、地理天文，无不穷究。”流传至今的诗词碑文也显示，岑氏土司中能诗会赋者不少。从这个角度看，岑氏土司编纂制作《岑氏宗亲世系》石刻宗谱的另一个原因便是出于对华夏文化和文明的仰慕。

（三）解读石刻宗谱的注意事项

《岑氏宗亲世系》石刻宗谱的案例告诉我们，在解读石刻宗谱时要注意以下几个方面：

1. 要理性看待石刻宗谱中存在的攀附现象

宗谱编纂中攀附现象的产生有着复杂的心理和历史原因。在宋代以前，宗谱关系到社会地位、仕途发展和阶层跃升，所以虽然官方对其内容的真实性

---

① 申时行等修：《明会典・吏部・土官承袭》（万历朝重修本），中华书局，1989，第 31 页。

② （清）昆冈、李鸿章等：《钦定大清会典事例（卷 589）・土司袭职》，清光绪年间（影印本）。

③ （清）张廷玉等：《明史卷三一〇・湖广土司》，中华书局，1974，第 7997 页。

有着比较严格的审核。即便如此，攀附造假现象在宗谱编纂过程中仍屡禁不止。在经历了五代十国时期的连年战乱、社会动荡和频繁迁徙之后，传世的宗谱几乎丧失殆尽，许多宗族的世系断线失传。所以在宋代以后，官方对私人修谱不再进行统一管理，再加上我国姓氏起源分支众多，一些宗族在重新修谱时对始迁祖以前的事无法知晓，便越来越多地依托历史上的同姓名人或者帝王为祖先，不断地追溯，一些宗族甚至追溯到黄帝时期的人物，借此抬高自己的出身。很多学者都对这种攀附现象予以批判，如谭其骧先生说："谱牒之不可靠者，官阶也，爵秩也，帝皇作之祖，名人作之宗也。"[①] 胡适先生也说："中国的家谱有一个大毛病，就是'源远流长'的迷信。……可惜各姓各族都中了这种'源远流长'的迷信的毒，不肯承认自己的祖宗，都去认黄帝、尧、舜等等不相干的人作远祖。"[②] 虽然，宗谱编纂的攀附之风也对石刻宗谱产生影响，降低其可信度和权威性，但瑕不掩瑜，石刻宗谱的历史价值还是值得肯定的。

2. 应结合石刻宗谱产生的时代背景对其进行解读

宗谱本就是一个宗族的历史文献，特别是宋代以后，人们编纂宗谱主要是为了尊祖敬宗、睦族守族，所以在大多数情况下，宗谱都要在宗族内部保存、传阅。从这个角度上看，石刻宗谱的编纂制作者费时费力地将自己的宗谱公开刻在摩崖之上，其目的绝不单是长期留存宗谱、广而告之，更是为了顺应历史发展的潮流。唯有结合石刻宗谱产生的时代背景才能更好地挖掘和理解其中所蕴藏的历史信息。

例如，《岑氏宗亲世系》石刻宗谱的编纂制作便与土司制度的产生和发展变化有着割舍不断的关联。虽然土司制度在其产生的初期，在特定的历史条件下有利于国家统一和社会稳定，但在土司的管辖区域内，土地和人民都归其世袭所有，司法、财政、行政、兵事也都可以自治，只需要象征性地向朝廷缴纳微薄的赋税。随着时代的发展，特别是到了明清之际，土司拥兵争斗、私相结盟、叛服无常、横征暴敛，阻碍地方经济、社会和文化发展的弊病日渐凸显，

---

① 谭其骧：《长水集（上）》，人民出版社，1987，第 356 页。

② 胡适：《胡适文集（第二册）》，北京大学出版社，1998，第 142 页。

“改土归流”成为历史发展的必然。虽然岑氏土司采取了包括编纂制作石刻宗谱在内的一系列应对之策，但并不能改变历史发展的潮流。

3. 应结合相关的历史文献和研究成果对石刻宗谱进行解读

虽然石刻宗谱蕴藏着丰富的历史信息，但其也有自身的缺点，那就是容易被篡改和伪造，因此我们在解读石刻宗谱的过程中，有必要结合相关的历史文献和研究成果对其进行解读。这是因为，虽然一个宗族、一个族群的历史细节不会随着时间的流逝而被淡忘，但这并不能决定这个宗族和族群的集体记忆。这些宗族和族群集体记忆的产生跟“历史本身”并不具有同一性，它只是当时社会状况的一种反映，是对“历史”的一种剪裁和拼贴。

本讲小结

石刻宗谱，是一种经过实践检验的社会文化现象，在特定的社会历史背景下发挥了特定的重要作用。随着时代的发展，石刻宗谱所承担的社会功能在逐步减少，最重要的还是维持家族的凝聚力。

在书写和传播载体不断创新的今天，石刻宗谱已经成为珍贵的历史遗产和人文资料。但在具体的研究应用过程中，要将石刻宗谱与其他历史文献进行比对，在多重印证中形成令人信服的证据链。

复习思考：

1.石刻与宗谱之间存在怎样的关系？请举例说明。

2.石刻宗谱的功能有哪些？

3.如何看待石刻宗谱中的攀附问题？

第八讲

石刻所反映的传统乡村社会

学习提要

传统乡村中保存着大量的石刻，这些石刻以各种方式记录了乡村的发展历史。通过本讲学习，大家可了解什么是传统乡村社会，石刻在传统乡村社会中究竟有何作用，并掌握利用石刻资源研究传统乡村社会的基本方法。

我国石刻数量庞大，但只有很少一部分珍稀的、名人所题或书法水平较高的石刻能被博物馆精心收藏或在城区、景区内受到专业保护，大部分的石刻还是留存于传统乡村，它们或散落在田间地头，或沉寂在荒山古庙……这些保存在传统乡村里的石刻虽不起眼，但却是无可替代的民间文献，是一段段尘封的传统乡村社会历史，等待着有心人去解开它。

一、石刻与传统乡村社会

（一）传统乡村社会的概念

传统乡村社会，亦称“传统乡土社会”，泛指存在于传统乡村中的各种社会关系。

关于传统乡村中的各种社会关系，我国当代著名学者费孝通先生在其著作《乡土中国》一书中做过精辟的概括：

1. 乡土本色

费孝通认为：“从基层上看去，中国社会是乡土性的。”

2. 差序格局

差序格局指的是由亲属关系和地缘关系所决定的有差等的次序关系。

3. 礼治秩序

传统乡村社会是一个礼治社会，人们主要是基于宗法制家庭的感情进行道德判断和约束。“礼”这种规范的是传统，其理想手段是教化，它与差序格局相互配合，通过不断重叠、蛛网式的社会关系网络影响到其他人，进而在整个社会营造一种合适的统治秩序。

（二）传统乡村中石刻的价值

相比于城镇文化，乡村文化的分散性更强、层次更为简单，且多以非物态存在，再加上社会的发展和文化的变迁，现在的人们要想了解传统乡村社会，特别是其中的各种社会关系，就必须借助一定的载体。在这方面，保存在传统乡村中的石刻具有特别的价值。

1. 弥补古代官方文献的不足

古代官方文献主要指的是历史上经过官方编修的“正史”和“地方志”，它们主要关注的是历史上的重要人物和事件，极少涉及平民百姓。我们若想了解历史上普通乡村和民众的生产生活状态，只能在官方文献的基础上，借助保存在乡村里的石刻、契约文书等民间文献去实现。

保存在传统乡村里的石刻多为功德碑、记事碑和墓志铭，内容虽然大都比较简单，但主题非常丰富，有的为修庙而立，有的为打井而竖，还有的为造桥而置，不一而足。它们能够帮助我们将那些在古代官方文献中基本见不到的社会角色，包括妇女、儿童、农民、渔户、商贾、塾师、郎中、粮长、富户、仕宦、乡绅等给刻画出来。可以说，保存在传统乡村里的石刻不仅是一个村落、一个区域的政治、经济、文化、社会、生活的最原始的记载，而且与当地的宗教、信仰、民风等密切相关，既反映区域社会和民间生活，也反映国家或地方性制度。

例如，在桂林市永福县百寿镇东岸村有一处岩洞，传说岩前曾有口丹砂井，东汉时乡人廖扶在此修仙，寿至 158 岁，于是当地人便把这座岩洞所在的山称作寿星山。南宋绍定二年（1229 年），县令史渭专程来此考察，在岩内书刻了“寿”字。其阳刻大“寿”字笔画中又排布了 100 个阴刻的小“寿”字，小字集真、行、篆、隶、草等各种书体，又汇集了“二王”、怀素、颜真卿等名家书字，还有象形文字、印章图式、道教符箓和图画文字等，并在每一小字旁都注明了出处。由此，寿字又成为一个姿态万千的百寿图，极具观赏性。后来，当地百姓就把这个岩洞改名为百寿岩。百寿岩现存宋代至民国的摩崖石刻 19 件，包括宋代 1 件，元代 1 件，明代 10 件，清代 6 件，民国 1 件，其中的清光绪二十二年（1896 年）《廖振祥题诗》10 首，描述了当地风土人情与日常生活。民国二十八年（1939 年）刘介《百寿新县定名始末记》，详细描述了百寿名称的由来与变迁。上述百寿岩摩崖石刻让东岸村闻名遐迩，成为永福县乃至桂林市的一张文化名片。

2. 传统乡村文化原真性的证明

从古至今，勒石立碑都不是一件小事。在传统乡村中勒石立碑也需要经过公众认同，石刻所在的地点往往是村落的重要位置，如寺庙、祠堂、村口等，因此，它所记载的是村民们普遍承认的行为规范，可以反映特定时期的乡村文化。这些石刻能够经受更为漫长时间的风雨侵蚀，即便所在建筑坍塌损毁、碑面模糊不清，甚至开裂破损，只要它们没有脱离原来的场域，便可以证明传统乡村社会文化的客观存在与赓续传承。

例如，在广西罗城仫佬族自治县小长安镇的崖宜[①]村村口，保存有一块立于清道光三年（1823 年）的“泰山石敢当”石刻。这块石刻的内容虽然简单寻常，但表明崖宜村至少在清道光年间就已建成。近年来，崖宜村的村民逐渐搬迁至附近的新村，古村破旧衰败。2023 年，罗城县人民政府修缮崖宜古村，使它重获新生，成为集艺术、设计和服务于一体的高端民宿，带动了乡村文旅的发展和振兴。村口的那块石刻也成为崖宜古村历史最好的证明。

二、传统乡村石刻解读实例

保存在传统乡村里的石刻不仅是我们了解传统乡村社会的钥匙，而且能够成为讲好乡村故事、留住乡愁的重要载体。不过，要想揭示出其历史和时代价值，还需要掌握一定的方法和技巧。为了更好地说明问题，下面将以保存在广西桂林市灵川县毛村中的石刻为例，介绍传统乡村石刻的解读方法。

（一）毛村石刻简介

广西桂林市灵川县毛村是第二批中国传统村落[②]，历史文化底蕴深厚。该村地处桂林市漓江大圩河段北岸 3000 米处，共有民户 140 户 700 余人，村民基本为黄姓。

相传，毛村黄氏的始迁祖名为黄冬进。他的祖籍为福建，后迁至广东，在明末清初的时候因为躲避战事由广东迁徙到毛村。据毛村的几部《黄氏族谱》记载：其祖先“因民乱兵伐，逃至茅茼洲（南距毛村 500 余米的牛河之滨）。

① 崖宜在仫佬族语言里是“你好”“这里好”的意思。

② 中国传统村落，原名古村落，是指民国以前所建的村落。2012 年 9 月，经传统村落保护和发展专家委员会第一次会议决定，将习惯称谓“古村落”改为“传统村落”。

所生二子，长子居平乐府恭城县白洋江山背，土名黄瑶河；次子随父迁至茅茼洲，改地名茅村。捕鱼为业。子嗣森森，分作四房，自始而今”[①]。经过数百年的繁衍发展，毛村黄氏族人（包括本村和外地族裔）已达 5 万人（一说近 10 万人），并形成了以毛村为根系，以漓江为主干，以桂北、桂东南、桂中的诸多河流为支系的“树状”分布格局。

那么，毛村黄氏何以能够从原来的寥寥数人发展到今天的规模呢？关于这个问题，官方文献没有任何记载，毛村的居民由于年代久远也无法给出清晰的解释。所幸的是，在毛村中至今仍保存有一处始建于清康熙年间的圣母[②]宫，当地人把它作为全族的宗祠在使用，毛村各房也都建有祠堂，在这些建筑里面保存有近 50 块石刻，内容涉及管水、香田、渔税、渔具、义学、禁约、纠纷判决等诸多方面。通过解读这些石刻，再辅以其他资料，我们可以找到问题的答案。

（二）毛村石刻解读

黄冬进等人迁徙到桂林后，要想在新的环境中站稳脚跟、安居乐业，只有凭借自己的身手和技术，发扬吃苦耐劳的精神，才能协调各方，开创新的家园。

之前提到，毛村的村名并非源于居民姓氏，而是由于其村址原为一片荒芜的芭茅坪而得名，后来才易“茅”为“毛”。芭茅是一种草本植物，具有发达的根状茎，多生于低海拔的撂荒地与丘陵潮湿谷地和山坡或草地。从“茅村”到“毛村”，虽然只是一字之差，但却暗示着毛村先民初到时当地的生态和人口环境。幸好毛村所地处的桂江流域，河道纵横，渔产丰富，在人力单薄的情况下，毛村的先民刚迁徙来的时候是以捕鱼作为主要的生计方式。

---

① 相关族谱资料均由毛村居民黄宗林老先生提供，在此表示感谢。

② 圣母即妈祖。妈祖又称天妃、天后、天后元君、天上圣母、娘妈等，以中国东南沿海为中心的海神信仰，是历代船工、海员、旅客、商人和渔民共同信奉的神祇。在毛村圣母宫立有一块清光绪三年（1877 年）的《天后元君碑》，此为证。

相传，黄冬进在打鱼时曾搭救过皇帝，并因此得到皇帝的赏赐，准许其在漓江、荔江、茶江、马岭河“逢水打鱼，遇河泊船”。在毛村圣母宫中保存有一块立于清顺治六年（1649 年），题为“万古流芳”的碑刻。上面记载：“广西桂林府钦加同知县，……据东乡三户黄冬进、周道二、廖受七等禀称：缘蚁等自前朝始祖三人承当下河应办船行差务例在桂林、平乐、梧州三府地界，倘有滇铜贡使过境，陡遇风雨不测，船外沉水，或捞或觅；并督宪来粤，官兵轿马之船，均系三户所办，不敢推诿贻误。是以循例，呈恳按察司详诣，抚宪挑行渔民给票，逢河捕鱼养口，并无别营生理，上到兴安观音堰，下到梧州獭水地界。”

在同一地点还保存有一块立于清乾隆元年（1736 年）的《禁革渔税碑》，上面铭刻着清王朝免除桂林府渔户每年所需要缴纳鱼税的批示，其中就有“该府渔户黄冬进等旧设鱼税即应免征”的内容。

上述传说和石刻传递给我们这样的信息：黄氏刚迁徙到毛村时以捕鱼为生，逐步形成了一定的生产规模，并获得封建王朝统治者的授权与庇护。这为毛村的发展奠定了基石，黄氏人口逐渐增多，各房子弟不断向外扩展，他们在沿岸建村，操祖业捕鱼为生。

捕鱼生计不仅为毛村人提供了必要的生存资料，而且帮助其积累了大量在周围水域航行的经验。毛村人抓住这一有利条件，由“渔”转“运”，靠做“航行”生意发家致富。毛村人贩运的商品以竹、木为大宗，他们将竹、木捆扎成簰，利用水路运到大圩、桂林、梧州等地进行交易，并逐步形成规模。由于越来越多的毛村人从事水上航运，周围便有了“无黄不开船”之说。

虽然后来受铁路修建以及上游新型水电站和水库修建的影响，毛村失去了水上航运和捕捞打鱼的便利。但毛村并没有陷入生存困境。因为圣母宫中的多块石刻显示：毛村的先民在以捕鱼立足之后，很快就开始拓荒垦殖，兼事农耕。

（1）立于清嘉庆十五年（1810 年）的《遵判堂断税山税地碑记》记载了毛

村与邻近廖村争夺东山所有权的事件：东山是毛村人的祖坟所在地，“我等黄姓安墓，有碑无碑坟茔一千三百余冢”。可是，“嘉庆七、八、九、十等年，有廖洪业、朱依梓、廖玉麟等，屡次越界牧牛，强割强砍”，村老调解无果后，双方对簿公堂。当时的临桂县（今临桂区）正堂亲自到现场勘查，判定“依回龙村边古石基立界，界北归廖姓，南归我等管业”。

（2）立于清嘉庆二十一年（1816 年）的《灯田碑记》记载了村民黄益良等 5 人出资购买田地的事迹，“通共田五垢十六坪，价钱七十五两九百五十文”，作为圣母宫的“灯田”。

（3）立于清嘉庆二十四年（1819 年）的《万古流芳碑》记载了当时毛村民众为纪念屈原集资建造龙舟，然后“将本岁所余之金卖置田产，流传于后，以供祖庙正务应用”。“共买田四十一垢四十九坪”。

（4）立于清道光五年（1825 年）的《永禁碑记》记载，为了保护农田，毛村规定：“偷茅草、树木、禾苗等项，拿获各罚钱四百文。”

（5）立于清光绪三十一年（1905 年）的石碑，内容是毛村与周围六村“村老”共同订立的河流水资源分配和堰坝管理的合同。上面记载：“大宅江、毛村，居上流者，不得再在中流壅塞，开挖水口，使此水废弃，下河如有缺水之时，大宅江、毛村夜间按期堵水，将水灌田；陇上村等五村，居下流者，不得到上流开挖，亦不得强车霸漏，白日不得堵塞，准其流通，以免嫌隙。”

这些石刻表明，毛村黄氏族人在清初或更早的时候，就开始从事农业生产，到了清中、后期毛村已经拥有了一定数量的村民私有田产和宗族共有田地。毛村人之所以要在渔运生计的基础上，花大力气从事农耕生产，一方面，是因为农耕生产可以克服捕鱼生计季节性强、生产作业风险大、产品附加值不高的弱点；另一方面，是受到我国传统“农本”思想的影响。这一点，在圣母宫中保存有一块立于光绪年间的《黄氏义学永垂不朽》石刻可以佐证：“盖闻朝廷重选举之典，乡党敦仁让之风。而我村维持名教、培人材，乡学之设，典至巨也。爰集同人倡兴义学，捐资乐助，流泽亦甚远焉。导以《礼》《乐》

《诗》《书》，智愚咸知道义，教以孝悌忠信，贤否共具知能，将见义立仁昭，不昧亲长之道；风行俗美，足征朴厚之休。知爱知敬，惟和惟一，三物六行之修，此风犹未坠也。兹值列台共乐解囊，襄斯善举，同心同德，遂于是而观厥成焉。特为之勒诸贞珉，垂于不朽焉。是为序。”从这块石刻可以看出，村民们与土地的关系也决定了他们对土地的独特情感和情感联系。

不仅如此，从事农耕还能够使毛村黄氏更好地应对来自周围族群的竞争与挑战。对内，农耕生产的群体协作性更强，更有利于维护族群内部的团结与稳定；对外，作为一个移民而来的弱势群体，如果他们在文化方向上与周围的农耕族群走得太远，就难以与周邻的族群结成联动互补的关系，甚至遭到孤立和排斥。或许正因为如此，毛村黄氏才在渔运生计运行良好的情况下，主动从事农耕生产。毛村黄氏各房均建有独立的宗祠，并于祠前标明房号，分别为“大房宗祠”“二房宗祠”“三房宗祠”和“ 稊房宗祠”(“ 稊 ”是桂林方言用字，意思是“排行最小的”)。各房子弟围祠而居，并借助宗族的力量进行内部整合。

例如，黄氏大房分为两厅，立于清嘉庆十八年（1813 年）的《永垂千古》碑介绍了他们之间权力分配和义务分派情况：“我村保证之设，由来久矣。原为应渔户之役，载在册藉，其较然也。我村所以建立保证者，三年一换，四房轮充三年。”其中大房两厅“共拟一人以充其职，……每厅各办三十六千文，以供保证之用”。除了徭役、赋税、帮老等全族性事务，“各厅各办，不必统合”。

再如，在毛村稊房宗祠中，有一块立于 1996 年 4 月，题为“毛村稊房宗谱”的石刻宗谱。这块石刻宗谱包括以下三个部分的内容：第一部分，也是最为重要的一个部分是毛村黄氏旧版宗谱中所记载的稊房各甲的字辈。例如，“一甲：璧善师文武、礼义臣万光，金瑞聚福美，干作启乾坤”；“二甲：璧善师文武，义汉英云开，添祥献秀笔，景上禧鸿图”。这里提到的“甲”，与保甲制度有关。在中华人民共和国成立以前，统治阶级常通过这一制度来统治人民，也就是将若干户编作一甲，若干甲编作一保。各户之间互相担保，不得做违法乱纪的事情。毛村猊房过去被编为“四甲”，为加以区别，所以每一甲的字辈略有不同。这块石刻宗谱的第二部分是毛村黄氏新修宗谱中增列的字辈。中华人民共和国成立以后，保甲制度彻底取消，各房的字辈也不再与之关联。但旧版宗谱所列字辈也即将使用完。为此，毛村黄氏回到福建老家，获得了新的字辈：“勤能行奇业，立志振中华”，并篆刻下来，供全族使用。

事实证明，发展农业生产增强了毛村黄氏对付社会环境的能力。如今的毛村，村境平坦开阔，土地肥沃，已经成为桂林市“菜篮子”工程种植基地之一。

从毛村石刻的解读中，我们可以获得以下与传统乡村社会有关的信息：

（1）毛村黄氏族群之所以能够繁衍迁徙，逐步壮大，最重要的原因就是能够根据生存环境的变化，采用捕鱼立足，兼事运商，渔耕并举的生计方式。毛村黄氏的经验虽然是地方性的，但由此折射出活生生的国人生存智慧。这或许就是我国传统乡村社会传承、发展的精髓所在。

（2）毛村人对所处自然环境的开发并不是随意的，他们总是习惯按照自身农耕文化的特点去有选择地利用，这样做的目的不单是生存，更有调适族群内外关系的考量。与此同时，生活在不同区域的人并不偏执于农耕生计，他们会因地制宜地采用灵活生存策略，以提高对自然资源与社会资源的利用效率，从而不断地为自己的族群、为传统乡村社会的发展增添动力。

（3）传统乡村社会虽然有其独特的优势和价值，但也面临着许多挑战。如何保护和传承传统乡村社会的优秀文化，同时又适应社会的发展需求，是当前亟待解决的问题。

三、传统乡村石刻解读的方法和技巧

（一）掌握传统乡村石刻的空间分布特点

在现实中，传统乡村石刻的空间分布呈现出大分散、小聚集的特点。由于传统乡村数量多、分布广，所以保存在其中的石刻从整体上看显得非常分散。

但如果具体到某一个传统乡村，保存石刻的地点则相对集中，主要是在寺庙、祠堂、水源附近和村口。掌握了这一点，我们就能够比较迅速地在传统乡村中找到石刻。

（二）了解传统乡村的特点

作为保护和传承石刻的重要场所之一，传统乡村与中国的历史进程、地理环境、经济发展和文化传统密切相关。从历史和地理的角度看，传统乡村呈现出明显的区域性和地方性；从经济和文化的角度看，农业经济的发展直接影响着传统乡村社会的状况和变迁，使得传统乡村社会保留和发展了众多的文化传统。了解传统乡村的上述特点，能够帮助我们从看似平淡无奇的乡村石刻中，解读出传统乡村社会中人们的行为逻辑和传统乡村文化的运行轨迹，发现其中的历史价值。

（三）充分认识传统乡村石刻的时代价值

传统乡村石刻由于存在于传统乡村这一特定场域，除了具有述德、铭功、纪事、纂言四个方面的作用，还具备传承传统农耕文化、乡土民俗和手工艺传统等作用。我国正在全面推进乡村振兴，其中离不开乡村的文化振兴。但乡村的文化振兴不是无源之水，无本之木。在这个时候，保存在乡村里的石刻的时代价值就显现出来了。通过解读广泛保存在乡村里的石刻，我们可以更加深刻地认识我国的传统农耕文化，去建构传统乡村发生、发展的历程，揭示其中所蕴藏着的历史信息和文化力量。

本讲小结

石刻既是我国传统乡村历史不可缺少的一部分，也是我国石刻文化的重要组成部分。

保存在传统乡村中的石刻具有多重意义。它们是乡民生计、村落经济的记录，是传统乡村社会基层乡土秩序的投射和平民百姓日常生活的写照。

保存在传统乡村中的石刻具有多种作用。它们是传承农耕文化的有效载体，是建设文明乡风的传统源泉，是讲好乡村故事的重要资源。

要立足时代发展和农业农村现代化趋势，赋予保存在传统乡村中的石刻新的时代内涵和现代表现形式，使之扎根广袤乡村，不断发扬光大。

复习思考：

1.石刻与传统乡村社会之间存在怎样的关系？请举例说明。

2.在传统乡村社会的发展历程中，石刻体现出哪些功能？

3.如何利用石刻文化资源讲好乡村故事？

第九讲

石刻中的民族关系

学习提要

边疆地区聚居着许多少数民族。他们在与汉族共同开发、建设边疆的过程中，创造了辉煌的历史，被大量的石刻记录下来。这些石刻，有的反映了维护祖国统一的斗争，有的反映了保护当地的政治生态的智慧，有的反映了促进社会和谐的民众意志，等等。在深入了解时代背景的前提下，要从石刻的内容中读懂其蕴藏的深刻社会内涵，进而确定其文化价值。

一、石刻在民族关系研究中的价值

中国自古以来就是一个统一的多民族国家，少数民族人口虽然不多，但分布范围极广，主要以边疆地区为主。对南方边疆地区而言，少数民族分布的地区以山地居多。由于分布的幅员广，经济、文化发展很不平衡。许多少数民族只有自己的语言，而没有自己的文字，很多历史事实只有靠口头代代相传，留下了许多口述史料，诸如民间故事、歌谣、谚语等。另外，在中国传统的正史记载中，对少数民族的记载严重不足，且存在歪曲的情况。这对研究少数民族历史以及中华民族关系史，在资料上是个挑战。因此，一方面，必须坚持实事求是的原则，认真研读有关记载民族关系史的石刻；另一方面，则必须对这种石刻的历史信息进行科学的评析，把握好认识历史上民族关系的基点，真正做到以史为鉴，面向未来，共同建设各民族和谐大家园。

要研究中国少数民族历史，必须在拓展资料上下功夫，没有资料，研究根本无从谈起。当前，资料拓展的途径无外乎是借助考古发掘资料和田野调查。考古发掘资料获取的数量决定了考古进展。开展田野调查是进行民族调查的必要且可行的研究手段，一方面，是观察民族的生产与生活方式；另一方面，是通过采访搜集家谱、抄本、歌谣等文字、非文字资料。在文字资料中，除抄本等文字资料外，还有就是散布于各处的石刻资料。这些石刻资料在南方边疆地区分布数量不少，是田野调查的重要内容。

石刻资料对民族史、民族关系史研究具有重要的价值。它首先是民族研究的重要补充资料。部分石刻资料对于了解少数民族地区的历史具有极其重要的价值。它表现在：一是可以弥补正史记载的不足。留存下来的石刻信息十分丰富，可以较好地反映边疆民族地区的社会面貌。二是石刻本身的价值还体现在书法、艺术、思想等多个方面。

二、使用石刻研究南方民族关系的实例

（一）“三鱼共首”石刻所反映的民族关系

在广西桂林市龙胜各族自治县龙脊村的风雨桥上，有一块镌刻于清光绪年间的“三鱼共首”石刻。该石刻的中间刻有一个圆，圆内阳刻有三条鱼，它们一起向着圆心游动，共用一首；圆内还阴刻有两条鱼，与阳刻的三条鱼相互依偎，阳刻与阴刻的手法融合在一起；圆的四周专门用石刻线条描绘出鱼儿集中游动后，晕起阵阵水纹向四周散开，形象且生动。

现有的考古资料显示，“三鱼共首”的图像最早出现于东汉，由于其象征

着家族兴旺与团结和谐，后来逐渐成为中华民族共有共享的一个文化符号。龙胜的“三鱼共首”石刻也是源自于此。

对于龙胜“三鱼共首”石刻的来源，当地民间存在几种说法：一种说法是为了纪念龙脊廖家先祖廖广源、廖广德、廖广道三兄弟团结一心、艰苦创业的丰功伟绩，刻一个“三鱼共首图”以告示后人；另一种说法是为了纪念廖、侯、潘三姓家族联谊交往，结为一家；还有一种说法是象征龙脊十三寨地区长期共同生活的壮族、瑶族、汉族等民族之间的和谐团结。不管哪一种说法，都离不开团结和谐这个主题。现在，“三鱼共首”石刻已经成为龙脊村最有意蕴的一块石刻，成为龙胜各族自治县乃至桂林市民族团结的一个标志性图案。

（二）民族地区的环境碑——梅挚“五瘴说”碑

此碑位于广西桂林市龙隐岩，碑文内容如下：

> 仕有五瘴：急征暴敛，剥下奉上，此租赋之瘴也；深文以逞，良恶不白，此刑狱之瘴也；昏晨醉宴，弛废王事，此饮食之瘴也；侵牟民利，以实私储，此货财之瘴也；盛拣姬妾，以娱声色，此帏薄之瘴也。有一于此，民怨神怒，安者必病，病者必殒，虽在毂下亦不可免，何但远方而已！仕者或不自知，乃归咎于土瘴，不亦谬乎！

碑文作者梅挚（994—1059 年），字公仪，北宋成都府新繁县人，宋天圣五年（1027 年）进士，历官大理评事、殿中侍御史、天章阁待制、龙图阁学士、龙谏议大夫。

梅挚生活的北宋中期，是官僚机构日益膨胀，统治阶层腐败之风盛行的时期，但梅挚并没有同流合污，他憎恨封建官吏的贪赃枉法、横征暴敛、腐化堕落。宋景祐年间（1034—1038 年），梅挚到昭州（今桂林市平乐县）为官，他不仅勤政理政，为当地人谋发展，而且写下了著名的反腐败文章《五瘴说》。梅挚在这篇文章中借用岭南的瘴气来揭露当时社会上的种种丑陋腐败现象，将其喻之为租赋之瘴、刑狱之瘴、饮食之瘴、货财之瘴、帏薄之瘴，号称“五瘴”，表达了对当时社会上腐败之风的深恶痛绝。在梅挚看来，瘴气固然可怕，但官府的租赋、刑狱、饮食、货财、帏簿五种瘴气更为可怕。由于梅挚为地方革除弊政，为百姓办好事，昭州百姓专门建了一座梅公亭，并把其《五瘴说》刻在石壁上，以表达对梅挚的感谢与崇敬。

梅挚所写的《五瘴说》引起了后世众多正直官员的共鸣。南宋绍熙元年（1190年），广西漕运官朱晞颜在阅读《五瘴说》后，感慨不已，挥笔写下一段跋语，又请人将《五瘴说》刻在龙隐岩石壁上。

（三）民族地区的社会风俗碑——广西凌云县博物馆所藏一则墓碑

碑文内容：

正室乲□□□公之长女也，适余六载，未育而逝，宁无伤乎，感成二律以志之。

逝水年华去不回，空留香骨瘗山隈。伤心恨煞人千古，触目愁看土一堆。芳草绿时蝴蝶梦，夕阳红处杜鹃哀。茫茫未了今生愿，结发还期再世来。

已断姻缘未断恩，伤怀往事怕重论。月明环珮销声响，花落胭脂湿泪痕。早识黄金难买寿，谁言红粉易招魂？断肠最是清明节，芳草萋萋认墓门。

碑文作者蒙以猷，传为当地文人，生卒年不详。

这块石刻所在的凌云县位于广西东北部，生活在这里的各族居民，自古即有恋爱自由的传统。青年男女依歌择配，因此，各族居民从小开始就耳濡目染，学会了唱歌。自然，如果不会唱歌，就找不到自己的意中人。然而，明代以后，地方官府认为他（她）们的婚姻不合礼法，禁止对歌。慢慢地，广西民族地区也开始盛行“父母之命，媒妁之言”了。虽然他（她）们也还在唱歌，但情歌中多了不少不幸的成分。

百色凌云县博物馆所收藏的这块墓碑内容就反映了这一风俗的转变。碑文与其他墓碑文字明显不同。别的墓碑多记墓主事迹。但这块墓碑却刻写着一首如泣如诉的情诗，当地乡亲父老们都说这是墓主的情郎写的，堪称是用生命书写的情歌。

碑文内容翻译成白话文，大意为：

似水的年华，匆匆一去，永不再回；年轻的妻，不幸病故，留下几根香骨，我把它们埋葬在这山角里。人生最伤心之事，莫过于死别，成为千古；望着我妻长眠的这堆黄土，触目惊心，不禁悲从中来。从今往后，每年春天花芳草绿之时，想起和她共同生活的日子，就如一对蝴蝶在花丛中，双栖双飞。可惜好景不长，如今已变成空虚的梦幻。夕阳西下，斜照在这处荒坟上，杜鹃在声声哀鸣，好似哭唤死者的幽魂。遥想今生茫茫，昔日许下的山盟海誓，我是不能兑现了，还是等待来世，我俩再结为夫妻，与你百头偕老吧。

我俩的姻缘，虽然到此已是断绝了，但深厚的恩情永远也割舍不断；令人伤心的往事，最怕人重新提起。每当月明夜静之时，我就仿佛看到你走动的芳姿，仿佛听到你身上的玉佩、银饰相互碰撞发出轻轻的响声；落花时节，我又不禁想起你胭脂般的容颜，不知留下了多少泪痕？早知道世上最贵重的黄金，也买不到人的寿命，你早早断送青春，长眠在这地下，我日日夜夜思念却再也见不到你的倩影，谁说红粉佳人是容易招魂的呢？在令人断肠的清明时节里，我带了些香烛茶酒来祭奠你，走过萋萋的芳草地，来到你的墓前，感到阵阵的心酸。

据当地父老传说，死者名叫黄氏以，生前曾与城中名士蒙以猷互相爱慕，有过山盟海誓，互许终身，愿结为终生伴侣。但他们俩的自由恋爱不幸被封建礼教束缚，双方父母强烈反对，最终只能依父母之命，男的另娶，女的另嫁。由于不能与心爱的姑娘终成眷属，蒙以猷伤心不已，无奈之下，他选择了逃婚，离乡不归；氏以婚后则悲愤度日，6 年之后，氏以因病去世。后来，蒙以猷回到家乡，当他得知自己心爱的姑娘婚后日夜愁思，不幸香消玉殒的消息后，悲痛万分，于是趁其族人为氏以迁墓立碑的机会，代笔写下了这首如泣如诉的情诗。在诗中，作者以亲夫的口吻，表达了自己对姑娘无限的相思与悼念之情。如果处在依歌自由择配的年代，这对青年男女应该是幸福的一对。只可惜封建礼教的传入，改变了当地民族自由的恋爱生活，也改变了无数姑娘、小伙的命运。他们虽然还可以唱歌，通过歌声寻找自己的意中人，却不能再像以前那样一定能成为佳偶了。一个年仅 20 芳龄的墓主碑文，印证了一段有始无终的爱情，也反映出各族居民共同的文化传统。

三、民族关系石刻中的史料解读技巧

虽然包含着民族关系信息的石刻大都散布于田间荒野，容易为人所忽视，但却是我们从事相关领域研究不可或缺的历史资料。因此，我们在解读和应用相关石刻资料时要注意如下几个方面。

第一，要重视石刻资料的地方性。大部分的石刻资料所反映的是一个地方区域内发生的重大事件、人物的活动、地方的乡规民约等方面内容。这些地方性的内容在正史中是较少涉及的，因此，我们在解读应用时需要加强对地方文化的了解和认识。

以本讲介绍的龙胜“三鱼共首”石刻为例。据考证，历史上的龙胜各族自治县为“万山环峙，五水分流”的自然地貌，在元代以前这里人迹罕至。从元代开始，壮族、汉族、瑶族等多个民族陆续迁徙至此，在崇山峻岭间相互协作、代代相继地从事农业生产，使一个原本森林密布的山坡变为层层叠叠、直上山巅的梯田群落。龙脊梯田海拔最高为 1850 米，最低为 300 米，最大坡度达 50 度，梯田最高级数有上千级，犹如天梯直上云端。2018 年，龙脊梯田被联合国粮农组织评为全球重要农业文化遗产。“三鱼共首”石刻正是在龙脊如此深厚的农耕文化与和谐的民族文化环境下形成的，它是龙脊各族人民共同利用自然、改造自然的历史见证，并因此成了重要的地方文化符号。

第二，需要与地方文献相互印证。由于岁月流逝，风雨侵蚀，石质风化剥脱，石刻内容难免有模糊不清之处，这肯定会增加石刻的解读难度，甚至造成巨大的困难。这时就应该借助地方文献记载，或者其他征引文献，加以补充完整。

例如，本讲介绍的《五瘴说》石刻，主要说的是南方民族地区“瘴”的问题。关于瘴，有关记载极多，且极恐怖。《后汉书・马援传》载马援谓官属曰：“当吾在浪泊、西里间，虏未灭之时，下潦上雾，毒气重蒸，仰视飞鸢跕跕堕水中。”又言：“军吏经瘴疫死者十四五。”在医疗条件十分落后的情况下，人一旦染上这种疾病，往往是不治而亡的。《隋书・地理志》说：“自岭以南二十余郡，大率土地下湿，皆多瘴疠，人尤夭折。”据古文献记载，广西天气炎热，地气卑湿，结为瘴疠，危害不小。“下至平乐、梧州及左右江，瘴气弥盛……其瘴春日青草，夏日黄梅，秋日新禾，冬日黄茅。又有曰桂花、菊花者，四时不绝，而春冬尤甚。”[①] 唐人谚云：“青草黄茅瘴，不死成和尚。”[②] 在宋代，岭南仍然被视作“瘴海疠地”，其中以昭州（今广西平乐县）为甚，“士夫指以为大法场，言杀人之多也”。[③] 凡是获罪的朝官，罪行稍重者，往往贬到岭南，以此作为对他们的一种苛刻的“惩罚”。而那些被贬到岭南任职的官宦，大都怀着生离死别的心情，极不情愿。如范成大到广西任职时，称：“始余自紫薇垣出帅广右，姻亲故人张饮松江，皆以炎荒风土为戚。”[④] 即便是不得已到了岭南的赴职者，也大多是顾惜身家性命，深居简出，躲在深衙之中，很少有像梅挚一样置生死于度外，勤政理事，为民分忧的。梅挚也因此受到了当地百姓的爱戴和纪念。

关于瘴气的认识与传播，其根源其实是内地文人对南方民族地区自然环境的歪曲丑化，导致人们视南方为穷途劣地。这是影响南方经济发展的重要根源之一。

第三，需要从反向思维的角度去思考石刻背后存在的问题，发现石刻所隐藏的真相。

---

① 〔清〕闵叙：《粤述》不分卷，清康熙刻说铃本。
② 〔清〕闵叙：《粤述》不分卷，清康熙刻说铃本。
③ 〔宋〕周去非：《岭外代答》卷四，《风土门・瘴地》，中华书局，2006。
④ 〔宋〕范成大：《桂海虞衡志・序》，中华书局，2002。

本讲提到的广西凌云县博物馆所藏的那一块墓碑，如果我们在解读这块石刻资料的过程中，单从石刻字面内容去解读，便无法揭示这块石刻的社会内涵，也无法挖掘出这块石刻的文化价值。

广西地处祖国南疆，尽管资源丰富、风景秀丽，但在中原王朝统治阶级的内心世界里，广西留给他们的直观印象多数是灰暗的。主要表现为：气候炎热、难耐，易生百病；常有毒蛇猛兽侵害，人生活在其间，没有任何保障。总之，在内地统治者看来，南部边疆环境十分恶劣，不宜人居。宋代周去非《岭外代答》卷四《广右风气》称广西："五谷涩而不甘，六畜淡而无味，水泉腥而黯惨，蔬茹瘦而苦硬。人生其间，率皆半羸而不耐作苦。"他还绘声绘色地描述"昭州有恭城，江水并城而出，其色黯惨，江石皆黑"，并断言"大概水毒之地必深广"。他的这一论述为后世修史者广为征引，影响十分久远。

然而，令人感到奇怪的是，在这样"恶劣"环境中生活的人们，却常年以歌为伴，生产劳动时唱歌，建房时唱歌，节日聚会时唱歌，娶亲时唱歌，出嫁时唱歌，甚至人死了也要唱歌。这当中固然有表现生活困苦的"苦歌"，但表现生活欢快的"乐歌"也有不少。显然，世居于此的人们，并不如世人想象中的完全以"恶劣"的人居环境为苦。由于当地居民爱唱歌，也善于唱歌，因此，广西又有"歌海"之称。许多山歌经过人们口耳相传，流传至今，成为广西各族人民宝贵的精神财富，而在流传下来的众多歌谣中，又以追求爱情、歌唱幸福的情歌广为外界所关注。

自古以来，生活在广西的土著居民就有恋爱自由的传统，青年男女通过对歌找寻自己的意中人。正如一些史料所描述的，婚姻多以木担聘女，有扇歌、担歌以为酬唱，歌相合即为夫妇。当地的瑶族也有"踏摇"之俗，对此，史料这样记载："瑶人每岁十月旦，举峒祭都贝大王。于其庙前，会男女之无夫家者。男女各群，联袂而舞，谓之踏摇。男女意相得，则男咿嘤奋跃，入女群中负所爱而归，于是夫妇定矣。各自配合，不由父母，其无配者，姑俟来年。"①

① 〔宋〕周去非：《岭外代答》卷十，《蛮俗·踏摇》，中华书局，2006。

“踏摇”，又叫“踏歌”，是瑶族“会阆”期间最主要的活动之一。由于居住较为分散，广西瑶族常在农闲时节举办会期聚会唱歌。史称“自穑事毕至明春之花期，皆会阆之期也。余节亦间举，唯元宵与中秋夕为盛”[①]。其实瑶族各支系举办的日期、名称是不一致的。盘瑶多于农历八月初举行，东山瑶则于农历三月三、六月六、七月半举行，称为“歌堂”。但不管何时举行，叫什么名称，活动内容、活动形式各地均基本一致。“踏歌”时，瑶族全村男女老少一律身穿盛装，敲锣打鼓，边走边唱山歌，涌向祖先最初居住之处。活动伊始由老人讲述族史，然后开展酒宴歌舞活动。青年男女，结队对唱情歌，情投意合者，互赠礼品，双方即成为恋人。清人《粤西偶记》载：“瑶人风俗，最尚踏歌。浓妆绮服，越阡度陌，男女杂遝深林丛竹间，一唱百和，云为之不流，名曰会阆。……有民歌，有瑶歌，俱七言，颇相类，其不同者，民歌有韵，瑶歌不用韵，民歌体绝句，瑶歌或三句至十余句。民歌意多双关，瑶歌专重比兴，其布格命意，有出于民歌之外者，虽文人捉笔，不能过也。”又言：“壮人生于深山穷谷，异言殊服，其歌字皆土音，韵则天籁，译而通其意，殆亦工于为词者。”向来对少数民族心存偏见的清代文人，也情不自禁地大加赞叹，称“踏歌”为天籁，足见“踏歌”之美妙与动人心魄。

广西少数民族地区的青年男女通过对唱山歌，自由寻找自己意中人的习俗虽然不被封建统治者所认可，但对唱山歌的传统还是传承了下来。他们当时的生活或许是艰苦的，但绝不缺少情趣，山歌伴随着他们的生老病死。只有明确了这一点，才能理解保存在广西凌云县博物馆里的那一块墓碑所蕴含的山歌文化传统，以及当时的人们对婚姻自由的向往。

本讲小结

历史上的民族关系很复杂，对于反映民族关系的碑刻，要善于从正、反两

---

① 〔清〕史梦兰：《尔尔书屋诗草》卷七，清光绪元年止园刻本。

个方面进行正确解读。既要了解民族关系的表现形式，更要了解其背后深刻的社会根源。应清楚地认识到，石刻文化资源需要保护，无论其记载的内容如何，都要客观评析。因此，要以正确的历史观为指导，读懂其蕴藏的历史信息，并引导社会加强反思，珍惜当下的社会和谐，共同建设美好的民族大家庭。

复习思考：

1.石刻资料为什么在民族史研究中占有重要地位？

2.龙胜“三鱼共首”石刻与一般的石刻资料有什么不同？

3.解读民族关系石刻资料有什么方法与技巧？

第十讲

商业会馆石刻的历史价值

学习提要

商业会馆是明清时期商业的核心，主要分布在古代水路和陆路运输较繁忙的地带。记载其建筑修建过程的碑刻和石刻蕴藏着丰富的历史信息，需要分类进行深入解读，了解商人的智慧及其促进社会发展的力量所在。同时，还要了解当前城镇现代化进程中，保护商业会馆碑刻资料的重要性和紧迫性。

会馆是中国明清时期开始出现在都市中由同乡或同业组成的一种团体组织，大致可分为三类：第一，为同乡的官员、缙绅和应考生提供居停聚会之处的会馆，又被称为试馆；第二，由外地迁来的客民建立的同乡移民会馆；第三，以工商业者、行帮为主体的商业性会馆。这一时期，随着商品经济的兴盛，市场联系逐渐密切起来，长距离的贸易量不断扩展，贸易组织相继出现。据统计，清代及民国时期，广西有大小260多个会馆，其类型大都属第三种，即商业性会馆。它们主要集中在商业相对发达的西江流域和桂江流域。商人以开拓市场为己任，是经济移民的先锋，在边疆经济开发中往往起着前导的作用。商业会馆大都由商人们集资修建。其功能主要有：举办各种公益事业，为同乡服务。调解同乡内各处纠纷，维护本帮团结，促进社区稳定，仲裁包括家庭纠纷、劳资纠纷等。维护本帮商业利益，制订业规，统一商价，互通商业信息，抑制竞争等。为使这些功能得到有效发挥，商人们还在会馆周围建立了许多附属设施，例如，街道、戏台、庙宇、码头、魁星楼等。

许多商业会馆都留下了石刻资料，主要包括修建及重建记事碑、捐助碑、约定（禁约）碑、田地和山林买卖碑、“义冢”碑等。这些碑刻资料的历史价值长期以来被人们所忽略。随着城市现代化进程的加快，商业会馆相继被改建甚至拆除，碑刻资料消失的速度越来越快。因此，必须高度重视对商业会馆及其碑刻资料的保护和利用。

一、商业会馆碑刻资料属少有的记载商业历史活动的民间文献

众所周知，中国历史上长期以来实行“重农抑商”政策，商人的社会地位低下，商业的发展十分艰难。同时，记录历史的权力基本掌握在官府手中。史官根据封建统治的需要，极力宣扬国家的政治和文化教育政策、制度以及相关的活动。经济方面的内容，通常也只是围绕国家政令的推行情况记载于册。地方志的记载也大致如此。如清朝谢启昆的《广西通志》，以“新颖的体制和博洽的内容而著称，自问世至今，备受赞誉”。全志共280卷，分典、表、略、表、传五大类。其中，经济方面的内容主要集中在“经政略”28卷，涉及田赋、盐法、榷税、土贡、口粮、马政、邮政、船政、陡河经费等。“金石略”15卷，主要“收录自晋至元广西各地，主要是桂林的摩崖石刻，题名、题诗、题词、题记、寺庙碑记、佛经碑文、舍利函记、修桥路记、墓志铭、神道碑等”，极少涉及商业活动。各县的方志情况也基本如此。据统计，目前清朝及民国时期编纂的广西方志中，约有40种记载会馆建立的时间及其经过，但

完整的碑刻资料至今未发现。

中华人民共和国成立后出版的碑刻集，有少数会馆碑刻的原文，例如，《广西少数民族碑刻集》中的“下雷土州粤商修建粤东会馆碑”[①]，《宜州市碑刻集》中的“庆远粤东会馆碑记”[②]，《广西商业会馆系统碑刻资料集》中的“重修湖南会馆碑记”[③]等。这些资料虽然较为详细地记载了有关会馆的情况，但是由于数量很少，远远不能反映广西商业的全貌。

其他省区的情况与广西的大致相同，有关商业会馆的资料普遍缺乏。

商人集资修建会馆属民间行为，故会馆遗留的碑刻资料应列入民间历史文献。由于这些资料只存放于会馆，除本地人外，能与之接触者往往是途经此地的游客或地方政府文化管理部门的有关人员。加之刻在石碑上，无法进入社会主流媒体，因此很难被人们所认识及利用。

民间文献的形成过程由于受政治势力的干扰相对较小，同时，由于其提供者来自经济移民，所以能较完整、真实地反映民间社会经济的状况。虽然略欠文学性和科学性，叙事风格也各不相同，但恰恰是这种原始性的资料，有利于人们从不同的角度认识商人及其会馆。

中国历史上的商业长期被官府抑制，缺乏应有的商业活动的记载，因此，会馆遗留下来的碑刻资料无疑就显得十分珍贵了。商业与市场密切相关，而市场又直接关系民生。民生的历史真实状况需要以真实的历史资料作为依据才能揭示。在官方文献占据主导地位的情况下，商业会馆遗留的碑刻资料数量显然是十分有限的，但其民间历史文献的属性，却具有弥补史料结构缺陷的重大意义。“会馆是商人的驿站和外交使馆”，是“促进商品经济繁荣的民间力量”。利用商业会馆的碑刻资料，可以追踪商人活动的历史足迹，探寻中国商业发展的脉络，认识促进社会经济变迁和民族关系改变的历史因素。深

---

① 广西民族研究所：《广西少数民族地区石刻碑文集》，广西人民出版社，1982，第 102-103 页。

② 李楚荣主编：《宜州碑刻集》，广西美术出版社，2000，第 220-221 页。

③ 唐凌、熊昌锟选编：《广西商业会馆系统碑刻资料集》，广西师范大学出版社，2014，第 149 页。

入挖掘整理会馆的碑刻资料，就可以加快其利用的进程，为商业史的深入研究奠定坚实的基础。

二、商业会馆碑刻资料蕴含着十分丰富并具有突出特色的历史信息

商业会馆由来自不同地区的商人所建，他们的经济实力、民族构成、宗教信仰、经营方式等都有所差异，但因会馆的功能基本相同，所以其建筑及附属设施大都一样，只是层次有所区别罢了。会馆碑刻资料大致有以下五类，每一类都蕴含有十分丰富并具有突出特色的历史信息。

（一）记事碑

记事碑的内容包括会馆及其附属设施修建、重建的经过以及相关的因素等。从这些资料中，人们可以了解商业会馆建立的原因、所依靠的力量、所倡导的社会风气以及所取得的建设成就等。同时，通过会馆建筑修建、重建的历程，还可以了解社会环境变迁的原因。例如，广西平乐商业会馆内同治年间的《重修会馆并戏台碑记》[①]就蕴含着十分丰富的历史信息。该碑记由“赐进士及第三品顶戴广西尽先补用道前翰林院侍讲掌京畿道监察御史番禺许其光撰文”。碑记明确告诉人们：“会馆之设，创自明第。”清顺治丁酉年（1657 年）修建时，当地“萧孝廉曾彦者，为之清地界”。会馆的修建过程从清顺治丁酉年（1657 年）至康熙丁丑年（1697 年），“越四十年，建设始成”。粤商历来重视经济实力的展现，通常都把会馆修建得富丽堂皇，以增强政府和民众对其的信任。在修建过程中，不仅主要工匠来自广东，而且许多材料也从广东运来，所以历时数十年才建成。康乾盛世，民富国强。因此，平乐粤东会馆在乾隆年间又得到了进一步扩展。清嘉庆丙寅年（1806 年），广东官员萧凤来到平

① 该碑现立于广西平乐县粤东会馆内。高约 1.2 米，宽约 0.8 米，楷书。2007 年 8 月课程组成员调查时拍摄。

乐，在他的带领下，众人对粤东会馆再次进行修整。道光之后，广西天地会起义不断，社会甚为动荡。咸丰年间（1851—1861 年）爆发太平天国起义，平乐是当时的主要战场之一，粤东会馆在战火的摧残下变成了废墟。同治年间（1862—1875 年），为了恢复和繁荣市场，振兴商业，粤商克服困难，多方筹集资金，组织力量再次修建会馆。这次修筑基本奠定了目前我们所见到的粤东会馆的基础。可见，平乐县粤东会馆《重修会馆并戏台碑记》以确凿的历史事实证明，早在明末清初，广东商人就在桂北地区开展商业活动。其修建的会馆历经沧桑，体现了商人坚强的意志和雄厚的经济实力，也折射出复杂多变的近代区域社会变迁因素。

又如，清光绪三十四年（1908 年）广西百色粤东会馆“乐助公款碑记”[①]，记载了商人对当时官吏以扩大办学为名占用会馆的强烈不满之情：

> 吾粤人经商所到之地必建一会馆。会馆者何？积府州县乡埠商民之全力而成者也。
>
> 积府州县乡埠商民之全力□注意经营于一会馆其所取义者何？则为我圣天子新政实行□□于地方自治之义也。如商界有事必集馆而解决之，则一地方之议会焉。议定交值年宣布其有谋私利而害公益者，必发公启以□出之，则一地方之裁判焉。□□祭祀宴会必集馆□资以聊洽之，则一地方之租税□。行李往来，有警不惜，按货抽捐，自务保商营□，则一地方□□制□□，此非惟无损于地方且大有造于地方今也。百色则不然。□官侦知商民自立之保商营存款一万八千余两，则挟制府威令以修学堂为名一□而尽括之犹未餍所欲，□□开半日夜学堂为名，索会馆为学区，不得肆□□□以集馆为聚众，以公启为刊，以不书愿为抗官，以举行宴会为□事。嗟乎！朝廷方下自治之诏书□官反行专制之霸力攘夺不已，又□而冤诬之商家□会□□□几遭不测之祸，此吾同人义会之设之所由来也。方狱

① 该碑现立于广西百色市粤东会馆内。高约 1.4 米，宽约 0.8 米，楷书。

之起，外埠函电□□本埠，不□□上诉。不数日□□金钱无算。幸大府明察僅乃无事□□。祸首者谁？则南□□□□□化雷少梧也。□官为□则伏羌田公骏丰也。备书以志不怠。

这碑记虽然有不少字迹看不清楚，但基本内容大致可辨。碑文显示，清光绪三十四年（1908年），百色地方官得知商民有存款一万八千余两，便以办学为名将其强夺，不仅如此，还要强迫将会馆的房产变为学区。这激起了当地商民的极大愤慨。他们质问地方官府：朝廷方下自治之诏书，官府却行专制霸力攘夺不已，还诬陷商家，公理何在？后经据理力争，挫败了官府的阴谋，而且还将背后的主使者公之于众。这一碑文，反映了商人维护自己利益的诉求。既然刻于碑上，说明他们敢于面对社会公众。通过这块记事碑，我们至少可以从经济移民的视角，了解当时经济、文化、政治领域的真实状况，也了解他们处理复杂的官民关系和族群关系的途径与方法。

（二）捐助碑

商业会馆大都由商人集资建筑。为鼓励更多的人参与修建、重建工作，商人在会馆及其附属设施建成后，都会把捐助者的姓名及其捐款、捐物数量刻在石碑上。其目的是弘扬善举，铭记恩情，引导社会重视商业，促进民间经济的发展。

这类碑刻记载的内容大都比较单一，即只有捐助者及捐助数量。同时，由于捐助者中大都为普通民众，捐量较为有限，人们往往认为无多大用处，因此，在官方文献资料中几乎看不见其踪影。另外，这类碑刻由于占地面积大，每当会馆修建、改建需要更大空间时，其被毁的现象就会比较严重。而事实上，这些碑刻在历史研究中的作用是非常重要的，甚至是无可替代的。例如，现在广西苍梧县戎圩粤东会馆、平乐县粤东会馆、百色市粤东会馆、贺州市粤东会馆、钟山县英家镇粤东会馆、龙州县粤东会馆、桂林市湖南会馆、龙胜县瓢里乡湖南会馆、灵川县熊村湖南会馆等，都仍存有各历史时期留下的捐助碑。这些资料的用途至少体现在以下几个方面。

一是提供经济移民活动的情况。将不同时期捐助碑上的姓氏数量进行对照，不难发现随着边疆经济开发的深入和移民运动的发展，越来越多的人来到广西从事商业活动，或依赖商业开展其他生计。因此，捐助修建商业会馆的人也越来越多。通过统计不同时期商业会馆捐助碑上的姓氏数量，就可以找到移民运动推进的有力证明。同时，结合地方志资料和族谱资料，通过分析原住民和客家人姓氏结构变化的情况，还可从侧面揭示族群关系。

二是提供当地不同历史时期经济发展水平的参考。捐助碑上有非常具体的捐款、捐物数量，对这些数据进行系统的整理，就可以了解捐款、捐物的最大量、最小量以及平均量。例如，从目前保存在平乐县粤东会馆内的记事碑和捐款碑可知，此次参与重修的商号中，主要是百货行，也有收购行和批发行，还有水面行和船行等，其中255家为粤商，343家为本地商。重修的经费大都由这些商号捐献。此外，为会馆捐款的还有大量的普通民众，其数量多则数两，少则几钱。特别指出的是，大约有50位政府官员也参与捐款的行列中，他们每人的捐款大都在10两以上，最多的捐了80两①。依据这些捐款、捐物量，就能对当地经济发展水平作出评估。若把不同地区商业会馆的捐助者和捐助量进行比较，还有助于认识各地民族构成的差异性和经济发展水平的差异性。

三是提供当地经济行业的变化数据。一般情况下，一个地区的社会经济越发达，则分工就越精细。为修建会馆的捐助者，除士绅和普通民众外，还有商号及各种经济组织，例如，以“某号”“某店”“某记”“某行”“某协会”等名义的捐助者就是如此。比较分析不同时期经济行业的数量及其影响，就可以了解区域社会经济变迁的历程。

四是提供当地社会对商业及会馆认同程度的证明。捐助碑的内容显示，在修建会馆的过程中，社会各界除捐钱之外，还捐田地、山场、木料、石料等，甚至劳力也作为捐助的对象。研究各种不同形式的捐助行为，就能了解会馆修

① 依据平乐县城粤东会馆同治年间《重修会馆并戏台碑记》数据统计。

建中所动员的社会力量，进而了解人们对商业的认可程度及其表现方式。这样就能从社会心理层面，剖析近代商业发展的进程，认识经济移民的活动能力、活动重点及特点。

（三）禁约碑

商业会馆既是重要的交易场所，也是当时实业界人士聚会联谊感情的场所，还是商业文化传播的场所。正因如此，官府或民间团体往往利用这一场所表达意志，确定行为规范，于是，也就在此竖立一些约定碑。例如，广西平乐粤东会馆在清咸丰三年（1853 年）竖立的《奉宪永禁赌博碑》就是其中的代表[①]。该碑体现了政府对民间活动的管理和公共空间的控制，保留了地方官署管理民间经济活动的真实记录，客观地反映了地方官府对待民间经济活动的态度与行为。通过这类碑刻，人们不仅能了解官府禁约的具体内容，而且还可以认识官府控制社会的多种方式，对当时的社会环境作出准确判断。同时，这些碑也从一个方面折射出政府与民间力量的关系，表明商业会馆在社会稳定中发挥着特殊的作用。

政府之所以在商人聚集的场所竖立禁约碑，就是因为清楚地意识到政府的规定需要社会精英的广泛认同才会得到实施。而商人之所以同意政府在会馆内设立禁约，也是因为他们清楚地意识到商业活动的开展离不开政府的扶持。所以，通过商业会馆内的这些碑刻，人们就能正确认识历史运动过程中各种力量的结构及其作用，进而认识经济移民生存与发展所需要的政治环境。

（四）田地、山场契约碑

商业活动以交易为主。清朝时期，商品经济不断繁荣，资本构成日益多元化，各种资源纷纷转化为资本。在这种情况下，交易的物品或因素越来越多。田地、山场是重要的资源之一，商人在修建会馆及其附属设施的过程中，田

---

① 该碑立于平乐县城粤东会馆天井墙壁，高约 1 米，宽约 0.8 米，楷书。

地、山场的买卖成为较为普遍的现象。由于田地的买卖涉及面往往较大，关系也比较复杂，加上交易的过程往往具有一定的延续性，因此，在会馆里立碑为证就成为当事人的必然选择。例如，广西平乐县同安镇华山村粤东会馆内碑刻就有如下一段记载：

> 开辟华山埠者，李、胡、易、梁、谭等姓之先人也。李、胡、易、梁来自广东鹤山县坡山村。炳文宦游迎□时两次至其地，乡间父老尤津津言之，谓华山为小坡山，云初各姓于明末时居此地，原系与下城村陶姓长批建一会馆，以叙乡情。及民国庚申年正月，陶姓合族托卖此处山场地址，会馆重价承受之，拨税过户已经数载。山场界至，勒有碑石。诚恐将来待远年湮红契遗失，因勒于石，藏诸会馆，以垂不朽，并为之叙其事，昭示来之。凡客居此地者，当知沾会馆之光。[①]

这就告诉人们：该会馆最初由华山村与下城村的陶姓共同建立，“以叙乡情”。民国庚申年（1920年），陶姓因修整祖祠缺乏资金，以400元的价格卖掉了此处山场。之后，会馆便由华山村民独自修建、管理。广东移民进入西南边疆地区并非易事，华山村民依靠自己的力量开辟华山商品市场，力求使“凡客居此地者，当知沾会馆之光”。这显示了他们的自强与自信。可见，这种契约碑不仅提供了土地买卖的具体细节，而且还提供了土地买卖背后移民与会馆之间的关系。这种资料，在官方的文献上是很少有记载的。其提供的历史细节，对增强历史研究的生动性无疑会产生积极而重要的作用。

再如，广西贺州市黄田镇路花村三界庙内的地契碑也记录了土地交易的具体过程。贺州市是广西最早开发矿业的地方，其中“锡矿开采始于汉”，矿业对地方经济的影响很大。民间一直流传“先有半路（路花），后有八步”之

---

① 见民国庚申年（1920年）《华山村粤东会馆碑约》。该碑现立于平乐县同安镇华山村粤东会馆内，高约1.3米，宽约1米，楷书。共2块。

说。事实上，后来商人在当地建立会馆，都与矿业经济的发展有关。会馆周围设有戏台、三界庙等。三界庙建于何年不详，清雍正时已颇有规模。清乾隆三十五年（1770 年），在路花一带开矿的矿工集资对其进一步修建。三界庙正堂左侧墙壁上，镶嵌着一些地契碑。其中，“香田碑”记载：“贺县半路有庙焉曰三界圣爷庙……雍正间予五人先后来居此，土淘沙烧锡，凡朔望时节必到　庙礼　神礼……适有后□各处田塘出卖即将银陆续置立藉其所得以为香灯修茳之……今兹之举予五人同心协力亦□见　神人和悦而相与以有成也……”碑中还具体列出清乾隆三十一年（1766 年）至三十五年（1770 年）四次所购买田地之位置、价格等[①]。所谓三界庙，就是非独一信仰的祭祀场所。在这里，不同信仰的人都可以找到各自所需要的精神寄托。这种庙大都出现在移民相对集中的地方。由于移民的构成比较复杂，故宗教信仰具有多元化特征。任何信仰都如同文化种子，它能否植入社会土壤，并迅速地成长起来，很大程度上取决于它的适应性。商人到贺州开矿，建立会馆及三界庙，目的是为不同信仰的人提供精神寄托的场所。同时，购买田地作为庙产，也是矿商转移投资风险的一种途径。矿商之所以在三界庙里竖立香田碑记，目的就是要让所有到这里祭祀的人都知道这一交易过程及其结果。这是经济移民强化自我保护、体现自我价值的重要手段。

会馆内部通常都设有祭拜的神坛神像，如妈祖、关公、三界神等，供人们祭拜。若信仰宗教的民众多，则在其周围另设庙宇，贺州市黄田镇路花村的三界庙就属专设的庙宇。在面对神灵的地方竖立地契碑，除表明对神灵的贡献外，更重要的是要表明这种土地交易是神圣的，不可更改。从这个意义上说，会馆及其周围庙宇内的地契碑，为我们提供了认识商人利用神灵力量维持自己利益与社会稳定的有力证据，展现了外来移民经济活动与宗教活动相互作用的不可多见的历史场景。

---

① 《置立香灯田左右厢房碑记》。该碑现立于贺州市黄田镇路花村三界庙祭坛左侧墙上，高约 1.1 米，宽约 0.7 米，楷书。

（五）“义冢”碑

商业与人们的生产和生活密切相关。商人需要与各种各样的人打交道。其中包括大量的外地移民。这些移民有的直接从事商品运输、储藏的业务，有的在会馆周围垦荒或从事小手工业为生。由于人生地疏，难以获得社会力量的支持，加上本身缺乏资金、技术及生产能力，他们中的大部分人生活非常困难，经常处于饥寒交迫、疾病缠身的状况，有的最后客死他乡。面对这种状况，商人往往会出资将其安葬，以体现善举。因不知其姓名，故在坟地立“义冢”碑。例如，广西平南县大乌镇粤东会馆附近就有这样的外来移民坟地及“义冢”碑[①]。大乌是近代桂东南地区的商业重镇之一，从明末清初开始，一批又一批的外地移民来到此地，其中以来自广东者为多。因此，大乌粤东会馆的“义冢”也以广东人居多。商人之所以愿意为客死外乡的贫困者处理后事并树“义冢”碑纪念，一是因乡谊之情所致。在中国，自给自足的自然经济长期占据主导地位。这种生产方式使人与人之间的交往局限在狭义的范围内。无论什么人要想成就事业，都必须获得乡人的认可。广东商人对于客死在大乌的同乡处理后事并树“义冢”碑纪念，虽然付出了一定的代价，却赢得了乡谊。这种乡谊对其商业网络的建构会起到强固的作用。二是承担社会责任所必需。商业以顺利实现交易为目的，而交易在很大程度上取决于诚信。商人对于客死外乡的贫困者处理后事并树“义冢”碑，这种善举会增强其诚信度，因为善与诚是互为因果的。

诚信是商人必须具备的最基本也是最重要的品性，否则就无法在社会立足。会馆周围的“义冢”越多，越能证明商人所承担的社会责任，因而也就越能增强其社会地位。调查资料显示，重要的商业会馆附近，或多或少都有“义冢”。“义冢”所在的山地，常以会馆修建者的来源地为标识，如粤东会馆附近的“义冢”山，被称为“广东山”；湖南会馆附近的“义冢”山，被称为“湖南山”，福建会馆附近的“义冢”山，被称为“福建山”；等等，有些山地尽管

---

① 该碑现立于广西平南县大安镇东北约 2000 米的谷模塘村“广东山”西面，高约 0.5 米，宽约 0.35 米。

未以“义冢”命名，实际上也具有同样的社会功能，例如，清光绪十年（1884年）旅居广西灵川县灵田的湖南籍人士所立的购买阴地碑云：

> 今我楚客，其住营于广西者多矣，而贫者亦累矣。死生存亡，非人所定，旦夕生丧，则生为楚南之人，死为异域之鬼，无其山，无其地，寸土谁与，骸骨将何安置也？癸未冬同邦商议，踊跃捐资，不日举成，得买阴地于灵田墟之窝尿坪，并施半月之斋，清明之祀，以供孤儿。庶□□□□□□□□亡灵，其尸、其魂皆有所托，自感恩于九泉也。[①]

就资料本身而言，“义冢”碑的文字极少，因为“义冢”所埋葬的多为极度贫困者或无名者，碑刻上通常不会有关于他们生活和工作经历的记载。但是，仅“义冢”二字，就足以揭示出商人成功的秘密。确实，通过考察会馆周围有无“义冢”碑以及“义冢”数量的多少，会使人们从一个新的视角，了解经济移民群体在边疆开发过程中相互支撑的原因及其促进商业发展的不同表现方式与结果。

三、商业会馆的保存状态决定着碑刻资料的数量与质量，考量着政府和民众的智慧

商业会馆保存碑刻资料没有固定的方式，一般按照修建时间的先后，将有关的碑刻资料竖立在会馆建筑的内墙、天井或会馆外的凉亭及长廊里。凸显修建缘由、过程以及捐助者。戏台修建的碑刻，通常都与会馆修建、重建碑排列在一起。修建碑大多有具体的时间和具体的内容，能较准确地进行识别，利用比较便利。而捐助碑随着捐助人数的不断增加而不断补列，位置排序因此不很规整。究竟为何时所捐？需要依据钱制、物品名称、捐助者的称谓以及与前后

① 曾桥旺：《灵川历代碑文集》，中央文献出版社，2010，第410页。

捐助碑组配的格局等认真加以区分。庙宇若为独立修建，记事碑和捐助碑通常都会置于门前两侧的围墙上，也有置于庙内祭坛前两侧墙壁上的。祭坛若设于会馆内（即不单独修建庙宇），则有关的碑刻就与会馆内的其他碑刻并列在一起。禁约碑和田地、山林买卖契约碑，一般置于会馆天井或前厅墙壁上，也有的置于会馆外的凉亭或长廊里。由于具有法律的约束性和管理的公示性，这些碑刻需要随时面向大众，又必须长久地保存下去，所以位置大都比较醒目，保护措施大都比较完备。“义冢”碑全都立于墓地，没有例外。经数十年乃至数百年的风吹雨打，现存的“义冢”碑字迹大都模糊不清，同时，因置放的地方不确定，寻找起来十分困难。而置于会馆建筑内的碑刻，由于免受风吹雨打，基本保持完好，字迹大都清晰可辨。

商业会馆的一些资料还保存在附属设施里，其中位于码头与会馆之间的魁星楼，是展现地方杰出人物事迹的主要场所。商人若为地方社会经济和文化发展作出过贡献，魁星楼都会在显要位置颂扬其业绩。许多地方的魁星楼往往采用集资修建的方式，商人或与之密切关系的人是主要的捐款、捐物者，“永世留芳”碑详细记载了具体的修建经过及其作用。会馆附近的码头、道路、桥梁等建筑主要用于商业贸易，所以大都由商人集资修建。有关的记事碑、捐助碑同样保留了重要的历史信息。

可见，会馆碑刻资料构成是一个比较复杂的系统，无论位于何处，组配方式怎样，其基本导向都以记事、扬善、聚力、约定为主。这些资料以特有的语言向人们叙说着商业发展的历程及其奥秘，长久地渗透着商业会馆的社会影响力。

目前的文献与实地调查结果显示，清代及民国时期，广西260多个商业会馆中，广东商业会馆约占50%，湖南商业会馆约占17%，江西商业会馆约占14%，福建商业会馆约占5%，其他浙江、云南、贵州、四川、广西等省区的商业会馆合计约占14%①。如前所述，粤商十分重视经济实力的展现，其修建

① 依据清朝、民国和中华人民共和国成立后广西壮族自治区、府、州、市、县志资料及课程组实地调查资料统计。

的会馆及其附属设施大都富丽堂皇。加上理念先进，经营开放，十分善于聚集社会力量为己所用，凡是为会馆及其附属设施修建出钱、出物、出力者，都会留下记载。更重要的是，由于粤东会馆及其附属设施修建得非常精美，是一个城镇的标志性建筑，因此，在城镇现代化进程中不仅没有遭到破坏，而且得到政府和民众的共同保护。可以这样说，广西目前有影响力并成为现代城市老建筑代表的商业会馆，大部分都为广东商人所修建。历史和现实因素的结合，决定了粤东会馆的碑刻资料数量是最多的，质量也是最高的。湘商修建的会馆一般以实用为原则，既能用于聚会议事、联谊，也能为路过的同乡提供住宿及帮其存放货物。虽不华丽，却十分宽敞。湘商的地域观念较强，主要贸易活动都依靠同乡。会馆的修建也是如此。因此，修建者和捐助者以湖南籍为多，本地商人或民众若参与修建，通常也必须与他们有着各种各样的乡缘关系。清代和民国时期修建的湖南会馆，由于建筑质量不高，在城镇现代化进程中不断遭受破坏，目前留下来并有现代利用价值的像贺州市黄田镇的湖南商业会馆已屈指可数，至于像龙胜县瓢里乡的湖南会馆得以留存。一方面，随着公路运输业的兴盛，原来依靠水路运输的瓢里圩镇逐渐偏离了经济中心，城镇现代化的浪潮没有对其造成冲击；另一方面，是因为会馆十分宽敞，为路过乡人提供住宿和存放货物的功能丧失后，文化活动场所的功能却得到了凸显，所以保存基本完好。总的来看，目前有规模的湖南商业会馆留存数量不多，有关的碑刻资料自然也就比较有限。江西商业会馆的建筑介于广东商业会馆与湖南商业会馆之间，即华丽程度不及广东商业会馆却比湖南商业会馆强。照理说，其会馆碑刻资料的保存状况也应介于两者之间。但是由于江西商人在地缘优势方面不如广东和湖南商人，加上以长途贸易为主，所以不重视利用本地资源修建会馆。江西会馆修建时尽管体现了江西商人的经济实力，却未能代表一个时代的建筑水平。随着城镇现代化的发展，其建筑价值不断地弱化，被毁坏的现象日益严重。还有一个更重要的原因，那就是赣商（包括其后人）未能像粤商和湘商一样利用地缘优势在广西长期坚守，一旦退出广西市场后，他们很快就会把会馆转卖掉，这些会馆被购买者改造后，其用途往往也会发生变化，原有的碑刻资料被认为无用而不断被清除。这就是目前人们在江西会馆里难以看到碑刻资料的缘故。至于福建商业会馆及其他省的商业会馆，因经营重点不在广西，其经济实力远不及粤商、湘商和赣商，修建的会馆数量十分有限①。除个别能保存下来并留有一些碑刻资料外，其余的已在城镇现代化进程中逐渐消失。

会馆及其碑刻资料承载着厚重的历史，需要刻意保护。但在城镇现代化进程不断加快的社会环境下，保护这些资料越来越困难。因此，必须用发展的理念，采取务实的措施，借助各种力量对其进行保护，才能使其价值在现代社会中得到应有的体现。目前成功的经验证明有以下四种模式可以采用。

一是利用政府的政治力量进行保护。如百色粤东会馆是当年红七军发动百色起义的指挥部。这次起义在中国革命历史上所具有的重要地位，决定了从中央到地方各级政府都非常重视有关遗址的保护。现在该会馆与百色起义纪念馆共同组成爱国主义教育基地。再如，贺州英家粤东会馆是中共广西省工委发动武装起义的策源地之一。近年来，地方各级党委和政府十分重视“红色古镇”的打造，拨付专款对英家粤东会馆进行修缮，接着建起了“英家起义陈列馆”，派专人管理，并通过地方政府网站进行推介，收到了积极的效果。

二是利用旅游经济的力量保护。通行的做法就是把会馆作为现代旅游的要素加以开发利用，例如，三江县侗族民族风情旅游路线中，就把丹州古城福建会馆作为其中的一个旅游点。吸引游客不断到此参观，民众知道了其价值所在，保护的自觉性就会增强。位于阳朔县城西街的江西会馆，被开辟为具有欧洲风格的餐厅，人们在品尝美食和欣赏西街国际文化景象的同时，也能通过会馆建筑及其记事碑，以及民众流传的故事等，了解商人及当地市场经济发展的历史。

三是利用传统文化的力量保护。例如，平乐县榕津古镇的民众长期受粤商崇拜妈祖神（亦称“天后”）的影响，逐渐形成了举办妈祖文化节的习俗。每年妈祖诞辰日，都要开展游神、文艺表演、各种民间技艺比赛等活动，热闹非

---

① 目前广西保存较好的福建会馆仅在三江县丹洲古城可见。

凡。火红的庙会不仅能振奋当地民众的精神，而且能促进经济的繁荣。会馆碑刻资料必须依附会馆而存在，而会馆的存在又取决于其在现代社会中的地位和作用。所以，要把资料的保存与会馆的有效利用结合起来，才能达到目的。

四是利用现代音像制作及加工技术，将商业会馆及其碑刻资料完整地拍摄下来，然后进行技术处理，制成电子文档进行保护。此外，也可以组织力量，将收集的有关商业会馆的文献资料、碑刻资料和图片资料进行整理，出版商业会馆资料集，并利用现代传媒手段，使之进入社会文化主流阵地，让更多的人了解其价值。这样，通过全社会的关注与保护，就能使承载着商业文明史的会馆及其相关资料得以不断延续下去。

保护历史文化的程度是社会文明程度的重要指标之一，考量着政府和民众的智慧。只要正确认识到商业会馆及其碑刻资料的历史价值，保护和开发的前景是完全可以期待的。

本讲小结

在重农抑商盛行的古代社会，会馆数量相对较少。因此，能保存下来的会馆就显得较为珍贵。

在解读其蕴藏的碑刻和石刻资料过程中，要认识到：

（1）重农抑商是中国封建统治者长期实行的政策。真实的商业活动的情况大量保存在商业会馆建筑中。会馆建筑集中在古代陆路交通和水陆交通要道上，从这个意义上说，交通要道上蕴藏着丰富的商业石刻资料。这为我们“观石读史”指明了路径。

（2）商业活动的核心是交易。认识古代的交易，不仅需要通过会馆留下的石刻资料了解交易的过程，还要了解交易所需要的社会环境和制度、规则、思想观念等。会馆石刻资料类型很多，只有围绕交易这一核心，才能理解不同类别资料彼此之间的关系，认识其各自的价值所在。

（3）各地商人由于受不同的地域文化影响，所建会馆无论在建筑风格还是经商方式等方面均存在一定差异。这种差异体现在会馆的各种石刻文献中。在学习时，要加强比较，从中发现异同，并思考其中的原因。

复习思考：

1.我国的商业会馆主要出现在哪个时期？

2.商业会馆石刻资料包括哪些类型？其价值的判断标准如何确定？

3.商业会馆里有哪些属于非文本的石刻资料？

4.商业会馆石刻资料在哪些地方分布最多？为什么？

第十一讲

石刻文献与区域社会变迁

学习提要

石刻文献具有材料丰富性、内容广泛性、文献相对真实性等特点，所涵盖的时段漫长、空间辽阔，同时，它们也具有强烈的区域性特点，石刻文献无疑是探讨区域社会历史变迁的重要史料。石刻文献至少有两种不同的思路：一是分析石刻文献所载内容；二是以石刻文献作为历史研究对象。本讲通过解析多个区域石刻案例，展示石刻文献与区域社会变迁的研究方法。

古往今来，众多学者对历代石刻碑铭进行了深入的研究，已经累积了丰富的研究资料与学术成果，奠定了“金石学”研究传统。金石学主要是考证铭刻文字，通过铭刻文字记录的内容进行研究。无疑，国内外各地现存、历史流传下来的大量石刻碑铭实物与拓片是历史研究的重要文献资料，它们“既反映区域社会和民间生活，也反映国家或地方性制度”①。

① 张小也、郑振满、赵世瑜、科大卫访谈录：《碑刻——正在消逝的历史档案》，《光明日报》，2002年1月24日第4版。

1925年，王国维先生提出了“二重证据法”，即将“地下之新材料”与“纸上之材料”进行补正。历史学家陈寅恪在《王静安先生遗书序》进一步阐述其“二重证据法”，它包括：

一曰取地下之实物与纸上之遗文互相释证；
二曰取异族之故书与吾国之旧籍互相补正；
三曰取外来之观念，以固有之材料互相参证。①

陈寅恪认为：

一时代之学术，必有其新材料与新问题。取用此材料，以研求问题，则为此时代学术之新潮流。治学之士，得预于此潮流者，谓之预流（借用佛教初果之名）。其未得预者，谓之未入流。②

20世纪上半叶，国人发现的四大新史料分别是殷墟甲骨文字、敦煌塞上及西域各处之汉晋木简、敦煌千佛洞之六朝及唐人写本书卷、内阁大库之元明以来书籍档册。后来饶宗颐先生认为宜增入“碑志”为第五种新材料，“碑志之文，多与史传相表里，阐幽表微，补阙正误”③。

经过几代学者的不懈努力，随着研究视野与领域的拓展，不断挖掘出了相当丰富的历史资料，包括族谱、契约、宗教科仪书、经卷、账簿、戏曲、唱本、书信、档案和口述传说等。同时，还发展出一套较为系统的民间历史文献研究方法。

因此，石刻文献自然成为探讨区域社会历史变迁的重要史料，分析研究石刻文献，考察区域社会中所蕴含的制度、事件、人物、文化、结构、自然、民

① 陈寅恪：《金明馆丛稿二编》，生活・读书・新知三联书店，2001，第247-248页。
② 陈寅恪：《陈垣敦煌劫余录序》，《金明馆丛稿二编》，生活・读书・新知三联书店，2001，第266页。
③ 饶宗颐：《唐宋墓志：远东学院藏拓片图录》“引言”，香港中文大学出版社，1981，第3页。

族等内容。目前，学界出版了不少区域性石刻研究成果，综合已有的石刻文献与区域社会变迁研究，大致形成了以下两种不同的思路。

一是通过分析石刻文献所载内容了解相关历史。石刻文献可补充固有的历史文献资料，深入分析某一区域不同时期的石刻文献，则可探讨区域社会历史变迁。

二是通过探究石刻文献本身的信息来探讨区域社会变迁。石刻文献不仅仅是史料来源，而且石刻本身也是历史研究对象。换言之，我们应将石刻文献作为历史研究对象，注重从石刻文献的生产、制作与流传过程，解读其文化象征意义与社会历史内涵，以及其所折射出的区域社会变迁。

石刻文献与区域社会研究强调要走向历史现场。将石刻文献放回到它所在的历史场景，结合田野调查，深刻理解石刻文献所揭示的历史信息，石刻文献是如何被创造出来的、如何被运用的，以及在区域社会中衍生出的各种历史意义，进一步深入探讨区域社会历史内在的运行机制。

本讲从三个方面结合一些案例来分析石刻文献与区域社会变迁：其一是通过细致解读一方石刻，结合相关史籍进行考订与研究，揭示区域社会历史图景。其二是通过解读一个区域多块不同时间的石刻资料，综合多个侧面还原区域社会长时段的历史变迁。其三是通过石刻的涂改来揭示区域社会的变迁。

一、石刻文献与区域社会变迁

石刻有突出的证史功能。利用石刻文献去印证、补正、参证固有史料，不同文献彼此印证、相互发明，以增强研究的可信度。通过分析石刻文献内容来探讨区域社会变迁，包括区域社会经济、社会结构、政治、文化、宗教等内容。

（一）东汉末年《绥民校尉熊君碑》所见荆州南部区域社会历史

《绥民校尉熊君碑》全文首次收录于《隶释》一书中，此碑撰于东汉建安二十一年（216 年），原碑当在东汉零陵郡营浦县境内，即今湖南永州道县西北乐福堂乡圳头村将军弄石羊山，原碑今已不见。兹抄录碑文如下：

君讳□□，字子□，其先盖帝颛项高阳氏之苗裔。周有天下，成王建国，熊绎封楚，庆祚□□□於□□，亦世载德卅余代。君高祖父筹，自汝南吴房□□□□子，灵王玄孙。大汉龙兴，□举乡□，拜议郎，南巡郡国，封龙平□□□祖父旻，举□□□大司马、郊隧□□；曾祖父范，督邮、守长，州辟元□□□□□□君□□□□应上计掾；祖父师，□□上计掾；君父乔，字汉举，更督邮、主簿、五官掾，□三奏辟，颐志皓首，不肯应就。君立迹唯仁，与□□□□□□□□□□祖父□□治欧羊《尚书》，六日七分。少仕州郡，临朝謇鄂，孔甫之操，以忠孝称。更诸曹□□、贼曹、主记史、督邮、主簿、五官功曹、州□□□□□□□□举孝廉、上计掾。兴平元年八月二十八日壬寅，诏书除补桂阳曲红长，既敦文武，为政果达，临化宣惠，所去遗绩。视事六载，荆□□□□□□□□奔□掩迫之（周）[害]，罹灾致寇，□郡溃乱。镇南将军、荆州牧侯山阳刘君讳表，字景升，以君禀纯履正，出自帝宇，缅荣轻举，厉志疾邪，牧侯□美□为民所安，命还拜绥民校尉、领曲红长。复莅五年，政隆上古，流移归怀，繦负而至，吏民作诵曰：彼熊父兮，解我患（周）[害]，安我流移。遭母忧□□去官。阳九应会，王室威□，君功显宿著，海内谘美。拜骑都尉，受命立（灌）[观]阳县，督长六载，无为而治，稽则先民□□附，罔无怨旷声。君春秋七十有一，以廿一年三月二七日丙寅卒官。吏民怀慕，官属五从黄郭□□奚汤□扶送灵□，哀如彫伤，顾见农夫泣泪，路隅皆怀凄怆，哀我惠君。君同产弟望季公，质性忼慨，史鱼之直，（吏）[更]功曹列掾、督邮、都梁长，早终。君长子爯，孝存姿操，敦良耽志，好学博览，雅艺□□曹列□三奏辟召于州。终昔周文公作颂，宋成考父，公子奚斯，追羡遗绩，纪述前勋。于是刊碑，以示后绲。其词曰：

赫赫熊君，迁基□宇。汉兴伐项，巡行南土。显封受爵，遂尔延祖。

累叶休隆，君胤其绪。克明盛德，字牧城社。所在有绩，龟银之祚。河雒挺录，为国毗辅。懿懿其操，穆穆其姿。光光其行，桓桓其威。清虚澹泊，后嗣式序。冠秩之应，实赖厥后。昊天忽然，枕荣终祐。丧我良则，国失良辅。其存也荣，其亡也哀。铭勒金石，没而不朽。

灵也有知，祐福子孙，支干相生，告而无咎。《诗》云：“嘉乐君子，显显令德，延于无极”。

追叙君兮怀纯精，名称于州里兮。枢机发动执忠贞兮，溷乱而不惑，不（柱）[枉]身事汙。

君兮捐土爵而进退，崇礼约行兮。举动而不跌，遭浊而自靖兮，泥而不滓秽。鸣呼君兮，匪石是为，州郡礼遇兮名贯于四表，德称并宣先兮贤比于前列。邵皋之叹岐兮束修稷，由文武兮兴后叶，子孙殖兮世享禄，龙潜体于枯木兮就生存，是以刊石兮。为君立碑，揽瑛雄之迹兮以□来喆嗣长基而广宇兮，后世无废违。

故长沙荼陵长文春，字季秋，质操贞良，慈仁汜爱，治天官、日度、风角、列宿，明知圣术，在官修德，民歌遗风。春秋七十，以道殒迁，宗胤不纪，故为宣昭。

故桂阳阴山、豫章□长、重安侯相杜晖，字慈明，体质弘亮，敦仁好道，治《易梁丘》、《春秋公羊氏》，综览百家，无所不甄。典历三城，居官清惠，遗爱在民。春秋六十终，族后□术，故因显德，以示来胤。

建安廿一年十[二]月丙寅朔，一日丙寅，大岁丙申，碑师春陵程福造。[①]

从这块千余字的碑文中，可以读取到哪些历史信息呢？应包括如下四点：

其一是熊君是哪里人？

其二是熊氏家族如何发展的？

其三是熊君本人的仕途是如何变化的？

① 〔宋〕洪适：《隶释》卷十一，中华书局，2012，第130-132页。

其四是此碑反映了什么样的区域社会变迁？

关于第一个问题，我们可以从以下三个方面来进行判断：一是熊君葬地在东汉零陵郡营浦县境内。二是熊君家族任职的地域主要在桂阳郡与零陵郡（其同胞弟望季公曾任零陵郡都梁长）。三是碑师程福的籍贯为零陵郡泠道县舂陵乡。综合以上三点，我们推断熊君的籍贯当为零陵郡。

第二个问题是熊氏家族的历史。熊氏自称乃颛顼帝高阳氏之苗裔、楚王熊氏后代，自西汉初开始，其先祖“南巡郡国”，至东汉时期，熊君先祖曾历任地方督邮、守长、上计掾等官职，熊氏家族在零陵郡内已具有相当实力与影响，习儒学、应辟召、举孝廉，充当州郡属吏，担任地方守长。

而熊君本人先后历任桂阳郡曲江长、零陵郡灌阳长，其胞弟望季公也曾为督邮及零陵郡都梁长，他们兄弟二人所任地域不出零陵、桂阳二郡。可以推断，至东汉末年，零陵熊君家族虽不算相当显赫，但也当属于在地方上具有一定实力的士大夫豪族阶层。

第三个问题是熊君的仕途履历，结合汉末史实，概述如下：

东汉兴平元年（194 年）八月，熊君被朝廷任命为桂阳郡曲江长，“视事六载”至东汉建安四年（199 年）。这一年，荆州南部（今湖南境内）发生变乱，荆州刺史刘表在平定变乱后才真正实现对荆南地方的控制。刘表应在建安五年（200 年）重新任命熊君为绥民校尉、桂阳郡曲红（曲江）长。建安十年（205 年），熊君因母忧去官。建安十三年（208 年），刘表病逝后，刘备又于建安十五年（210 年）重新起用零陵豪族熊君为骑都尉、灌阳长。建安二十年（215 年），刘备、孙权划湘江而治，此后零陵郡或已纳入孙权的势力范围，建安二十一年（216 年），熊君卒。从上可见，熊君个人的命运沉浮与东汉末年的区域政治格局有着密切关系。

最后一个问题，通过这方碑刻可以看到区域社会什么内容呢？这需要结合两汉以来南岭山区的开发进程与汉末的政治格局进行分析。

两汉时期，桂阳、零陵二郡地处中原与岭南的过渡地带，具有重要的交通地位，本地丰富的土地资源与矿产资源吸引了不少移民，此两郡的编户齐民数量日趋增多。而在东汉中后期，桂阳、零陵二郡的“蛮”众势力日渐增多，出现了“长沙蛮”“零陵蛮”“桂阳贼”等人群。至东汉末年，诸雄争霸，荆州长沙、零陵、桂阳三郡成了各方的角力场，不少流移人口也因战乱而不断涌入南岭山区。

刘表、刘备为重建地方秩序，都任用了一些地方豪族担任地方官员，也增强了地方长官的军事权力。刘表拜熊君为“绥民校尉”并领曲江长，刘备拜其为“骑都尉、灌阳长”，就试图倚靠地方豪族熊氏创置新县、安抚流移民众，招纳或搜刮化外之民，使之成为编户齐民，以加大在南岭地区的控制力度。史学家严耕望先生指出：“汉末以降，兵戈扰攘，县令长之兵权日益加重，无待赘论。故自三国以降，县令长有加将军、校尉者。”[①] 东汉末年，地方豪族实现军事权力的合法化，并通过团结宗族或部曲不断侵夺乡里的控制权力，成为方隅豪族，这或可视为日后南朝时期地方势力崛起的先声，进而还可回应陈寅恪先生关于中古时期南方土著势力兴起的论述：

> 侯景之乱，不仅于南朝政治上为巨变，并在江东社会上，亦为一划时期之大事。其故即在所谓岩穴村屯之豪长乃乘此役兴起，造成南朝民族及社会阶级之变动。盖此等豪酋皆非汉末魏晋宋齐梁以来之三吴士族，而是江左土人，即魏伯起所谓巴蜀溪俚诸族。[②]

鲁西奇先生进一步推论道：

> 此类豪酋之崛起，实有漫长过程，而其所以崛起之背景，乃因缘于自汉末以来王朝国家对乡里社会之控制相对薄弱，而此类村坞屯壁之豪在漫长过程中，逐步积累势力，培育乡里基础，至齐梁之世，乃得因缘际会，

---

① 严耕望：《中国地方行政制度史・魏晋南北朝地方行政制度》，上海古籍出版社，2007，第 328 页。

② 陈寅恪：《魏书司马睿传江东民族条释证及其推论》，《金明馆丛稿初编》，生活・读书・新知三联书店，2001，第 113 页。

乘时而起。换言之，南朝后期方隅豪酋之崛起，乃是长期以来他们持续控制乡里社会的结果。[①]

综上，我们以解读《绥民校尉熊君碑》为例，从四个方面进行了细致的剖析，可见此碑蕴含了东汉末年荆州南部及南岭区域社会历史的信息，是中古南方区域研究重要的石刻资料。只有进行深入细致的解读，我们才能读取石刻上所蕴藏的丰富的区域社会历史信息[②]。

（二）石刻所见清代至民国时期灵渠沿线区域社会历史变迁

通过细致解读一块碑文，结合相关史籍研究考订、分析区域历史的某一断面；也可以通过细致解读多块碑文，综合多个侧面研究区域社会历史变迁。

桂江流域石刻就为我们分析清代至民国时期灵渠沿线区域社会历史变迁提供了帮助。

桂江发源于广西桂林市兴安县猫儿山麓，南流经兴安、灵川、桂林、阳朔、平乐、昭平等市县，至梧州市区与浔江交汇。桂林，作为第一批中国历史文化名城，不仅拥有秀丽的山水风光、闻名遐迩的漓江，而且历史文化底蕴非常深厚，桂林石刻也被列入了全国重点文物保护单位。

自秦朝开凿灵渠以来，灵渠连接着珠江水系与长江水系。湘江—灵渠—桂江一线，是华中与岭南地区之间唯一的水上交通路线，在唐宋以后具有重要的水上交通战略地位。如今，灵渠沿线还保存了不少石刻资料。

清代至民国时期，随着山区开发、省际大宗货物运输及军事战争的需要，官府不仅多次修凿维护灵渠与桂柳运河，桂江流域内各干支流也兼具水上运输、水利灌溉的功能。因此，桂江流域内外的农民、渔民、盐商、木商与行

---

① 鲁西奇：《汉隋间汉水上游地区的乡里控制》，载鲁氏所著《人群·聚落·地域社会：中古南方史地初探》，厦门大学出版社，2012，第 307 页。

② 参阅江田祥、何超：《〈汉绥民校尉熊君碑〉所见汉末政局与荆南社会变动》，《西华师范大学学报（哲学社会科学版）》2014 年第 4 期；林昌丈：《汉晋铭刻与荆南家族》，《中华文史论丛》2016 年第 2 期。

商、船户与船帮等各色人群，围绕着河道、堰坝、鱼梁与水上交通产生不少纠纷诉讼，在官府裁决下订立各种规章，留下了不少可供探讨灵渠沿线区域社会变迁的石刻资料。

灵渠一线处于桂江流域水上交通的核心位置，灵渠沿线至少存有 6 通相关碑刻：清道光元年（1821 年）《禁止木簰出入陡河告示牌》、清道光五年（1825 年）《塘市行船抽号布告碑记》、清同治十年（1871 年）《严禁放鸟入堰塘捉鱼批示碑》、民国二年（1913 年）《规定陡河行船办法布告碑》、民国十六年（1927 年）《严禁木排入陡河布告碑》、民国十六年（1927 年）《禁止妨害灵渠航运布告碑记》，涉及盐商与木商、农民与渔民、农民与行商及船户与船行之间的诉讼。

自清康熙年间至道光元年（1662—1821 年），广西官府维修灵渠、疏浚河道共有 11 次之多，灵渠已成为广西南来北往的“官河”“官路”，不得任意阻遏霸占。灵渠一线现存最早的有关水上交通纠纷的碑刻，是道光元年（1821 年）的《禁止木簰出入陡河告示牌》，兹抄录碑文如下：

> 道光元年四月，禀奉两广总督部堂阮、广西巡抚部院赵、兼署按察使司继、两广盐运使司查、署理盐法道翟、署桂林正堂郎、兴安县正堂余，严禁木簰永远不许出入陡河。
>
> 钦命广西等处承宣布政使司布政使兼署按察使司印务随带加一级、纪录十二次、军功记录二次继，钦命分巡右江兵备道、管辖思恩、百色等处地方、署理桂平梧郁盐法道加三级又加一级、纪录五次翟，为严禁木簰入陡阻运以便商旅事。
>
> 照得兴安县陡河，上通省城，下达全州，为粤省咽喉要路，官商船只，络绎不绝。临全埠行盐办饷，国课攸关，更赖此一线河身为销运之地，岂容阻塞，致滞行旅，而误课程。本年四月，据埠商李念德具禀，木簰不遵故道行走，拦入陡河，梗塞河路，致将盐船碰翻，并被棍徒乘机将盐搬抢等情，恳请示禁前来。当查木簰行走，既有一定章程，自不便任其

紊乱、肇衅滋事，随饬县查覆。去后，兹据兴安县禀称：查得兴安西乡所出木植，其附近全州西延一带，向系由山路运至兴安县五排，再由五排山路运至西延河下，扎簰至楚销售；所有兴安六峒、华江一带山树，均系放至大溶江大河，扎簰运省发卖，向无陡河行走之事。近年以来，因往省售卖，不敷工本，运至楚省，可获微利。除陡河之外，别无河道可通。此木簰现由陡河行走之情形也。核与埠商所禀相符。本司道查陡河河身本窄，蓄水无多，如一叶扁舟，行走已为不易。况成簰木料，岂易遄行，乃遂一二人牟利之私，阻千万人经由之路。既经查明兴安等处所出木植，系由西延、大溶江一带放运，向不入陡行走，旧章久定，何得妄更。该木商等贪图微利，溯上流，不循故道，致使盐船挽运不前，占客征帆望洋兴叹，诚属阻隔官路，肆意妄行。自应严行示禁，以资利济，而使行旅。除详明两院宪并行桂林府转饬兴安县勒拘抢盐人犯，务获究追详办外，合行出示严禁。为此示，仰商民人等知悉：嗣后凡贩运木植，须循照旧定章程，由西延、大溶江一带行走，俾各相安无事，不得改由陡河逆运，致阻河道，有碍盐船以及往来舟楫。其在省售卖木料，只许在省售卖，不许扎簰入陡。倘再抗违，故将木簰霸占官河，以致争竞滋生事端，定即严拿究办，决不宽贷。

本司道言出法随，慎勿身试，致殆后悔。各宜禀遵毋违。特示。

道光元年五月十八日。①

此告示碑由广西布政使继昌、右江兵备道署理盐法道翟锦观颁发，“详明两院宪并行桂林府转饬兴安县”，故列有多位官员，上至两广总督阮元、广西巡抚赵慎畛，下至桂林知府郎锦骐、兴安知县余清标。此告示内容不仅要勒拘清道光元年（1821 年）四月灵渠上抢盐人犯，也严禁木排进入灵渠。

“埠商李念德”为清乾嘉道年间（1736—1850 年）定居广西桂林府的李宜

---

① 唐兆民：《灵渠文献粹编》，中华书局，1982，第 243-245 页。

民及其子嗣承充盐埠时所用的商名，其经营的“临全埠”所辖盐埠分布于广西桂江流域及湘江上游，沿桂江水运航线皆可到达[①]。灵渠是埠商李念德通往湘江上游桂林府全州、灌阳等地之水路咽喉。

漓江上游山深林密，多产竹林，又有河流，交通便利，不仅成为本地人的重要经济来源，也有不少外地商人来此采买。据实地考察得知，兴安县华江乡同仁村有衡州会馆一处，说明外地木商多来自湖南。竹木运输全赖水运，也形成了较为固定的外销路线：“兴安西乡所出木植，其附近全州西延一带，向系由山路运至兴安县五排，再由五排山路运至西延河下，扎簰至楚销售；所有兴安六峒、华江一带山树，均系放至大溶江大河，扎簰运省发卖，向无陡河行走之事。”一条向北沿资水进入湖南，一条向南沿漓江上游的华江、六洞河、黄柏河等进入漓江抵达桂林。至少在清嘉庆年间（1796—1820 年），木商将木排运往广西省城售卖不敷工本，而运至湖南尚可获微利，于是木商起意改由灵渠行走。但这一水上运输路线的改变导致抢盐事件发生，经埠商李念德上控，广西布政司、盐法道官员会衔发布告示，严禁木商扎排进入灵渠：“嗣后凡贩运木植，须循照旧定章程，由西延、大溶江一带行走，俾各相安无事，不得改由陡河逆运，致阻河道，有碍盐船以及往来舟楫。其在省售卖木料，只许在省售卖，不许扎簰入陡。”

盐商与木商在灵渠一线水上运输的矛盾，既受制于河流自然环境，也因沿线村落建造的大量水利堰坝设施，导致灵渠水上运输大受影响。

一方面，从河流自然条件上来看，灵渠河面狭窄，水量并不充足，“陡河河本身本窄，蓄水无多，如一叶扁舟，行走已为不易”。据文献记载，灵渠陡门设于唐宝历年间（825—827 年），通过陡门调节水位，后又设立陡军进行管理；南陡河道狭窄，在枯水季节，水位不高，船只行走不易。据 1960 年 7 月广西师范学院（现广西师范大学）地理系师生调查，灵渠南陡河水深在 1 米左右，深的地方可达 2 米，个别地方很浅，人能挑担过河；沿岸有许多木堰、土

---

① 段雪玉：《李念德：清代两广地区盐商翘楚》，《中国社会科学报》，2017 年 11 月 10 日，http://sky.cssn.cn/djch/djch_djchhg/zhggdxlbd_kf_95614/201711/t20171110_3739432.shtml。

石墩及灌木丛，妨碍船只通行，须进行清理河道工作，才可以通航中小型木船与木筏[①]。

另一方面，灵渠河面上林立的水利堰坝也影响着水上运输。清乾隆十一年（1746年），据兴安知县杨仲兴《陡河图说》一文记载，灵渠北陡有28处堰坝，南陡有堰坝25处：自长塘堰至圆塘堰、滑石滩堰坝、邓家三堰坝、牛角湾堰坝、黄埠堰、鸡公湾坝、金山坝、黑石坝、社公坝、走沙滩坝、石门嘞坝、黄茅坝、娘娘庙五坝、一甲三坝、冷水坝、罗家堰坝止[②]；至20世纪70年代，南陡河上还有30多处堰坝，本地人唐兆民先生称"旺水季，船过堰门，一般不用关堰积水，枯水期过堰，也要像塞陡一样关闭枢门，等到水位提高之后，才能移船而行。如遇天久不雨，旱象已成，农民例须封堰蓄水灌田，这时商船过堰就得受到限制，视旱情的轻重，规定三、五、七天开堰一次，让船通过"[③]，船只通过灵渠时间漫长，必将严重影响商业利益。

清代，以桂林东江浮桥为界，浮桥以北往兴安、全州、湖南、江西方向的船只叫上河船，浮桥以南往平乐、梧州、南宁、广东等地的称下河船[④]。自桂林北去的上河船如何顺利运载货物、有序经过灵渠，尚需进一步研究。据新编《灵渠志》记载，灵渠自西而东进入湘江沿线有五个码头：溶江盐埠大码头、严关画眉塘码头、三里陡码头、县城渡头江码头、唐家司码头。溶江盐埠大码头是以运输食盐为主的码头，从梧州来的大船一般在这里卸盐换船，故称"盐埠"；自盐埠大码头进入灵渠南陡，至严关画眉塘码头上岸歇脚休息，又至三里陡码头卸盐等货物，发往兴安县城、全州及湖南等地；唐家司码头（今兴安镇塘市村）在兴安县城北约7000米处，这里曾设立巡检司，自湖南、全州来的大帆船须在此停泊卸货，因此成为重要的中转站[⑤]，有不少船户在此地从事官

① 广西师院地理系桂林专区河流调查队桂江分队：《桂林专区桂江流域水文调查报告》第一册"灵河"，1960，第63页。

② 道光《兴安县志》卷三《舆地三》，道光十四年刻本，第22页b面。

③ 唐兆民：《灵渠文献粹编》，中华书局，1982，第300页。

④ 参阅宋维桢：《辛亥革命前后桂林商业的概况》，《桂林文史资料》第10辑（内部印行），1982，第140-141页。

⑤ 兴安县地方志编纂委员会：《灵渠志》，广西人民出版社，2009，第86-87页。

府、民间货物的转运事务。今塘市村湘江边有一块残缺的《永远遵碑》，记载了兴安、塘市二埠船户抽用、号钱的规章，兹抄录全文如下：

永远遵碑。（碑额）

署兴安县……顺等赴……义等如果舞……传集讯明，饬……道光三年议立……千文，遇有装铜差……示仰舡埠及舡户……封一号照依条内载……货物须投行挂号以□□□□□□□□□□□□□□□□□□而舡户人等毋□。倘有不遵，许各指名具□□□□□□□□□□□□□□□□□遵，毋违，特示。

一议兴安、塘市两处，长□□□□□□□□□□□□□□□□□河，过境卸除，两处舡埠不取用、号。

一议兴安搬堤、写载货物，□□□□□□□□□两抽用三分，亦为帮差费，无号。

一议小驳舡赴塘市写载长□□□□□□□每两抽用五分，以为帮差之费，有用无号。

一议小驳舡短水装货、搭客至□□□□途止，有号无用，每只号钱六十文。

一议兴安短水装货、搭客至粤□□□□水，中途有号无用，每只号钱四十文。

一议兴安、塘市两处小驳舡只□□次，每次舡一只，议定全州、桂林止卸。

告示。

街保刘裕丰、□□敷、颜裕美、曾大顺、刘柏顺、陶宏魁。

武举夏廷柏、何福□、唐朝瑞、肖世清、张永隆、谢宏恩、王家耀。

教官夏时鼎、文振□、除亨义、汤栖贤、曾太顺、许名泰、秦加松。

监生何登崔、曾德林、张仕铭、左源裕、刘祥芝、蒋见龙、谭绳启。

监生宋文珖、彭三盛、秦逢宪、刘义泰、陈玉若、凌耀宗。

大清道光五年岁次乙酉六月二十九日驳舡户刘仲顺众姓人等公立。[①]

此碑文残损较为严重，从现存碑文可推知，道光三年（1823 年），船行与兴安、塘市二埠驳船船户曾订立行船规章，后驳船船户刘仲顺等人因事上诉县衙，兴安知县（当为李天信）又于道光五年（1825 年）再次订立规章，刘仲顺等人将其刊立于塘市。兴安、塘市二处船埠各有不少小驳船船户，他们应当由船行进行管理，船行根据运载货物类型及渡客、距离来收取船户佣钱或号钱，如议定每次自兴安、塘市两处至全州、桂林小驳船各一只，对兴安船埠承担搬堤、卸载货物的船户每一两抽三分，对赴塘市的小驳船船户每两抽五分，对兴安与塘市二埠短途装货、搭客的船户各收取四十文、六十文号钱。他们订立的规章维持着灵渠水上运输事务，而其订立过程的背后隐含着船户、船行之间的纠纷与协商。

关于灵渠南、北陡河道船只通航情况，据 1934 年去广西旅行的田曙岚记载，灵渠可行载重万斤之民船[②]，据 1938 年 3 月由扬子江水利委员会派人调查后写成的《湘桂水道查勘报告》称，灵渠“航运虽通，仅能行七八千斤之民船，而上行尤为艰窘，上水时日行不过数里至一二十里。灵渠自与大溶江合流后，河面骤宽，约为二百公尺，流五十二里至灵川，又七十五里至桂林，以滩浅甚多，仍为小民船之航运。全县（按：今全州县）富农产品，大都运销桂林，水程三百余里，需时二十余日，每担运费约需国币一元”[③]，由此可知，自桂林上行经灵渠南陡至兴安县、全州的水上交通较为艰难，在灵渠河道行走的民船，日行不过数里至一二十里（1 里 =500 米），导致船户、客商空耗时日、利益受损。

因此，上河船只是否订立行船惯例，如果有的话，行船惯例又是否发生过变化，民国三年（1914 年）漓江道署的《规定陡河行船办法布告碑》给我们提

① 现存兴安县兴安镇塘市村与江背村相对的湘江边，2018 年 6 月调查所得。

② 田曙岚:《广西旅行记》，辽宁教育出版社，2013，第 293 页。

③ 《湘桂水道查勘报告》，载《水道查勘报告汇编》第 1 集，经济部刊物第 2 种第 3 类（1939 年 1 月），第 8 页。

供了这些信息，兹抄录碑文如下：

广西漓江道署布告第拾□。

案据七省客商有信、寿丰、广裕、怡隆、元兴、有成吉、萧德生、源太祥、广德安、福泰林、□□□□□□□裕兴高，船户萧友山、文秀山、邓春甫、张子荣、黄五六、李忠、林卿长、姚益生、蒋又清、唐□□□□□□，桂林上河船只，载运客货，往来全、兴，经过地点，其关紧要者，莫如圞塘地方□□□□入之门户，往来船只，分次第开行，先到者先开，后到者不许僭越，相沿至今，习为惯例。

前船□□□搁，不肯退让，后来之船，莫能开行。经旬累月，在船户坐耗伙食，徒滋亏累；在商家货物停滞，税□□期，益受影响。若不设法变通，双方俱有不利。当经召集七省各行商暨船帮全体，公同讨论议定，□后船只出入陡河，经过圞塘暨大溶江、唐家市等处以上船，如前船设有浅搁之处，以两日为限，如不能开行，即将船只退下，让后来之船上驶，次第开行。如有不遵，禀官究治，似此办法，实属平允。双方同意，大众表决。诚恐日后有不知之船户，变更成议，仍蹈故辙，致有损失。为此，据情恳祈俯准立案，并颁示勒石遵守等情。

并准桂林商务总会转据该商号、船户等，投同前请道核办，查该商号、船户等，所拟船只出入，经过圞塘暨大溶江、唐家市等处，前船设有浅搁，以两日为限，如果不能开行，即将原船退下，让后来船只次第开驶，于商业、交通均称便利，尚属可行。除令兴安县查照外，合行布告来往船户一体遵照，毋得违反，致干查究。此布。

中华民国三年六月十日，道尹金开祥。①

上述碑文称，民国三年（1914 年）以前上河船只的惯例是“往来船只，分次第开行，先到者先开，后到者不许僭越”，但如果前有船只搁浅，又不肯退

① 唐兆民：《灵渠文献粹编》，中华书局，1982，第 253-254 页。

让，而后来船只又不能开行，势必导致船户坐耗伙食、徒滋亏累，商家货物停滞、利益大损。所以民国三年（1914 年），七省各行商及全体船帮共同讨论议定，“口后船只出入陡河，经过圞塘暨大溶江、唐家市等处以上船，如前船设有浅搁之处，以两日为限，如不能开行，即将船只退下，让后来之船上驶，次第开行”，如果前行搁浅的船只两日之后不能开行，就须退下。此公议由桂林商务总会转据该地商号、船户等，一同前往漓江道核办，并由漓江道道尹金开祥发布告示。这一新的行船布告，促使桂林水上交通更为畅通、商业更为发达。

然而，民国元年（1912 年），商会、商人对旧有行船惯例的改变可能会激发商人继续挑战陈规的勇气。民国十六年（1927 年），木商李文藻等人“犯禁放筏入陡”，使得时任广西民政厅厅长的粟威颁布《严禁木排入陡河布告碑》，重申清代禁令：

为严禁木排入陡，以利交通，而便行旅事。据兴安县长马维骐呈称，案查木筏入陡，久干例禁。县属牛路陡地方，曾刊永禁碑记，系前清道光元年本省司道会衔出示。百余年来，商贾往还，无敢渝 [逾] 越。盖以一线河身，有陡三十六处，每年动支库储，从事修葺，始能阻水放舟。一旦弛禁，船、木并行，不但梗塞河路，易肇衅端；且堰坝林立，设有触损，漂及田舍，公帑亦因之同受损失，此则历代所以永禁木筏入陡之大概情形也。

此次木商李文藻等犯禁放筏入陡，非不知禁令所在，徒以事久年湮，民间相习或忘。且谓国本已移，此种碑示，疑已视同具文，效力未必溯及，故敢轻于尝试。现在既将该商处罚，勒令退出，诚恐商民未悉，或遂相率效尤，似不能不重申禁令，以杜奸商牟利。理合具文，连同口揭碑记呈请察核俯赐，根据碑文，重新颁发布告，勒石河干，从严永禁，以便行旅，而息争端等情，计呈墨揭《永禁木筏入陡碑记》壹纸前来，合行布告，仰商民人等一体知悉，嗣后凡贩运木植，永远禁止扎筏逆运入陡。倘敢故违，定行严拿罚究，决不宽贷。其各凛遵毋违。切切。此布。

中华民国十六年十月日。

厅长粟威。[1]

该碑文指出“历代所以永禁木筏入陡之大概情形”，是因为如果船、木并行，会堵塞水路交通，容易引起争端；也会毁坏河中林立的堰坝，两岸农田遭殃，国家赋税也因之受损，碑文还指出木商李文藻等人以为“事久年湮，民间相习或忘”“国本已移，此种碑示，疑已视同具文，效力未必溯及”。民国时期，广西政府为杜绝“奸商牟利”，或相率效尤，而便于商民行旅，因此，在南渠口水街村旁、马头山麓牛陡北岸各刊立告示碑，“重新颁发布告，勒石河干，从严永禁，以便行旅，而息争端”。

以上灵渠石刻资料保存了很多不见于正史、地方志等的区域历史信息，记载了灵渠沿线区域社会的很多历史细节，如清代至民国时期，桂林至兴安、全州及湖南一线水上交通情形，灵渠航行纠纷、船只组织与航运规则等内容。清道光元年（1821 年）与民国十六年（1927 年），广西官府两次禁止木排进入灵渠，一方面，是受限于灵渠狭窄的河面；另一方面，也是为了维护本地盐课与商业利益，减少商业争端纠纷。

二、石刻的涂改与区域社会变迁

石刻作为历史文献的一种载体，其本意在于保存历史记忆，使之“永垂不朽”。然而，与石刻息息相关的区域社会，却是变动不居的，二者难免会发生矛盾。为了克服石刻与现实的矛盾，于是有了涂改石刻或增删石刻等办法，以适应当下的社会情境。

现今全国各地都留存了不少被涂改的石刻案例。这些被涂改或增删的石刻资料，也是探讨区域社会变迁的重要资料。

如广西桂林市区龙隐岩的康有为《观元祐党人碑题记》。清光绪二十年

① 唐兆民:《灵渠文献粹编》，中华书局，1982，第 255-256 页。

（1894 年），康有为应邀赴桂林讲学，特意来龙隐岩观看《元祐党籍》碑，他抚今追昔，在碑下留刻了题记，题记借古讽今，含蓄地宣泄了被顽固派围攻的郁结之气。然而，在光绪二十四年（1898 年）戊戌变法失败之后，康有为被迫出走海外避难，这方题记立即被桂林守旧势力视作“逆迹”而被凿毁，仅仅保留了司马光、朱熹等少量儒家贤良的名字，整篇题记最终只幸存一行文字。这方题记见证了石刻因现实政治的变动而被涂凿的历史痕迹。

现存于桂林市恭城瑶族自治县西岭镇周王庙的两方石刻，可探讨石刻涂改与区域社会变迁的内在联系。这座周王庙坐落在西岭镇政府南面，庙内保存着多方石刻，其中有两方碑刻是民间会社的会碑，记述了这些创会者的名字、宗旨、会规、田产与经营方式。这两方碑刻留下多处涂改的印记，对我们了解这一区域社会细节颇有启发意义。周王庙供奉的神灵是北宋初昭州恭城县乡贤周渭，据《宋史·周渭传》记载，他曾为恭城百姓奏请减免赋税，“奏去刘鋹时税算之繁者，重定田赋，兴学校”①，因此“乡人德之，为立祠”②。自宋代以降，昭州（元明清时期改为平乐府）恭城县陆续建有多处周王庙，周渭信仰也逐渐在昭州境内扩散。

西岭街的周王庙始建于清嘉庆十三年（1808 年），至光绪二十年（1894 年）时，乡民捐资续修此庙，新造石狮一对。建庙以来，此庙“每于子、卯、午、酉之年”，每三年举行一届元宵醮会，“敬演梨园”，而这是需要有稳定的经费来源的。那么这些经费如何筹集呢？答案是民众自己凑资筹款。

根据碑文记载，清光绪元年（1875 年），恭城下西乡有 42 人起意成立一个民间会社，取名为“诚延堂”。这些会友经过共同集资“置创田业”，目的是为周王庙的醮会提供演出经费。光绪十年（1884 年），诚延堂的会友们专门为此刻立碑记，不仅列出所有会友名字和田业土名。然而，我们却发现《诚延堂碑》中有 13 个名字和一处田产地名被凿去了。同样在光绪二十年（1894 年），当地民众另立的《保安会碑》中，也有两个人名被凿掉的痕迹。为什么它们会

① 脱脱：《宋史》卷 304《周渭传》，中华书局，1977，第 10055 页。
② 光绪《恭城县志》卷 1《坛宇》，台湾成文出版社，1968，第 61 页。

被凿掉呢？是人为故意的还是自然剥落的呢？

通过仔细研读碑文内容，我们找到了一些线索。光绪十年（1884 年）的《诚延堂碑》记载，会众在成立诚延堂之初，就已经预见到未来会有人抽资退会，或是将会名顶卖给他人。为了防止此类事情的发生，他们专门立下了一个会规："日后子孙，不帮不顶。倘有将会顶与他人，他人若来食会，以及演戏出红标等事，仍写起会时之名号，新顶会者即为先起会人之子孙。"

这个规定指出，如果有人将会名卖给他人的话，新顶会者不仅不能替换成自己的名字，而且还将成为被顶会名之人的子孙。而诚延堂难免有会友抽资退出，这一不合民间情理的规定，势必会遭到新入会者的强烈反对，若无新人顶会，就无法长期维持诚延堂会的正常运转。因此，会友在退会或他人顶会后，他们的名字就可能会被凿去。这也是《诚延堂碑》有 13 个名字和一处田产地名被凿去的原因。

所以，在光绪二十年（1894 年）的《保安会碑》上，会众们做了一些变通。他们明确规定："此会不愿在会者，自请石匠涂名，原本领回，亦不得私顶外人。倘有人顶会者，无名也。"就是说，凡是后来想退会者，可领回自己的本钱，但必须"自请石匠涂名"，而将来有人"顶会者"，他们在会中是不能留下自己名字的。如今我们看到《保安会碑》上有两个人被涂凿的痕迹，当是会友退会后自请石匠涂名的结果。

综括言之，诚延堂与保安会作为恭城西岭街周王庙的民间香会，是当地民间信仰与仪式活动中的志愿社团，其目的都是为周王庙三年一届的元宵醮会筹募戏金。这两个会社在成立之初都专门制定了会规，刻立了碑记，以期维护会友的权益与堂会的稳定发展。然而，由于不断有会友"退会"或"顶会"，导致会友构成与产业规模的变化，这就必须对原有的碑文进行涂改，以适应堂会的现实状态[①]。

通过解读两个被涂改的石刻案例，我们了解到，研究这些被涂改的石刻碑

① 参阅江田祥：《碑刻的制作与篡改——广西恭城县的例证》，载郑振满主编《碑铭研究》，社会科学文献出版社，2014，第 118-134 页。

文可继续追寻区域社会的演变趋势，揭示区域社会变迁的历史脉络。

本讲小结

近几十年来，全国各地及周边多个国家已整理出版了不少区域石刻资料，它们无疑是区域社会历史研究的重要文献。通过深入解读石刻文献，结合正史政书、地方志、文集笔记等其他历史文献，将有助于我们分析国家制度在各个区域的运作实践，了解区域社会的诸多历史细节，掌握区域社会的历史变迁轨迹，从而丰富我们对中国历史变迁的整体认识。

关于区域石刻文献的解读方法，我们可以通过细致解读每一方石刻文献，或长时段分主题进行深入解读，并采用一些研究方法或技术分析手段，回到历史现场，进行实地调查、访问口述，读懂石刻中所蕴含的各种地方性知识，如地名、人物、商号、俚语、俗字等，从而让石刻背后的区域社会历史鲜活起来。

石刻文献不仅为历史研究提供了极为丰富的文献资料，更为历史研究提出了一些新的研究视角，如从传统金石学研究转为以石刻为研究对象，关注石刻本身的研究，探讨石刻的生产过程及其在区域社会中的意义。石刻的生产、制作既受到石材的来源、材质、采石难度等客观因素影响，还受到刻工工艺水平的影响，也涉及石刻的内容、形式与幅度等诸多因素。石刻的生产与制作，还需要支付各种费用，需有一定的经济基础。在区域社会的特定场域中，立碑也通常被赋予了象征意义，重要的碑刻一般都安置在地方社会的公共空间。由于石刻的性质与内容之差异，区域社会内参与人群和竖立空间等均有不同，被赋予的象征意义也不可一概而论。

同时也需注意到，现实中的区域社会是在不断变化的，石刻作为记录区域社会历史的物质载体，可反映某一历史断面的区域社会，一旦石刻生产制作后，就难免与变动中的现实社会发生一些冲突。为了克服这一矛盾，区域社会遂有重立或涂改石刻等现象，以适应当时的社会情境。这些被涂改的碑刻，也反映了区域社会实际运作状态与深刻变化。

学习思考：

1.简述“二重证据法”如何运用于石刻文献。

2.通过本章所引用石刻资料，简述清代至民国时期灵渠水上航运规则的变化。

3.请举例说明，石刻文献的涂改与区域社会变迁的关系。

第十二讲

抗战石刻中蕴藏的民族精神

学习提要

十四年的抗日战争留下了大量遗址，其中包括各种碑刻。这些碑刻，有的为政府所立，有的为民众所立；有的表明中国人民抗战的决心，有的揭露日军的侵华罪行，有的颂扬为国捐躯的将士，有的记载抗战的重大事件。对于这些碑刻，要放在全国抗日战争和世界反法西斯战争的背景下进行审视，在全面抗战理念的指导下，正确认识其历史价值和文献价值，并据此对中国的抗战地位作出科学评价。

九一八事变后，日寇大举入侵，国土沦丧，抗日救亡成为中华民族的首要任务。为挽救民族危机，社会各阶层人士采取种种措施抵御外侮，捍卫民族尊严，无论在军事、政治还是在文化战线上，均展开了艰苦卓绝的斗争，用鲜血和生命谱写了可歌可泣的壮美篇章。在此过程中，留下了许多历史遗址，成为中华民族的永恒记忆。

据中共中央党史办公室对全国革命遗址所进行的普查，登记革命遗址近 5 万处，相关联的其他遗址 5000 余处，由中共党史出版社出版的《全国革命遗址普查成果丛书》共 3 卷、约 150 册，涉及许多纪念碑、纪念亭等抗战石刻[①]。这些珍贵的碑刻资料成为我们认识抗日战争伟大进程的重要依据，是诠释抗战精神的重要载体，也是我们开展爱国主义教育的重要阵地。

一、展现中国共产党人中流砥柱作用的石刻

立碑记事以传后世，历来是中国的文化传统。近 80 年过去，抗日战争的硝烟已经消散，但历史的记忆不可磨灭。代表人民根本利益的中国共产党，始终秉持民族大义，肩负历史重任与使命，高举全民族抗战旗帜，以钢铁般的意志和模范行动，战斗在抗日战争最前列，在全民族抗战中发挥了中流砥柱的作用。碑刻以其独特的方式，记录了中国共产党人的抗日事迹。

（一）记载北上抗日先遣队的碑刻

第五次反“围剿”战争失败后，中央苏区的处境日益困难。为配合中央红军主力安全转移，并牵制敌人力量，红七军团奉命组成中国工农红军北上抗日先遣队，由寻淮洲将军担任军团长兼总指挥，向闽、浙、赣、皖等地挺进开辟新革命根据地，宣传抗日主张并打击敌人势力。在黄山谭家桥战斗中，他指挥部队同数倍之敌展开激战，不幸腹部中弹受伤。在弥留之际，口中还在反复地念着：“北上抗日！北上抗日！”牺牲时年仅 22 岁。之后士兵们按照寻淮洲生前命令，脱下他的军装留给活着的战友。据敌人回忆，当时只看到一个高大的身躯轰然倒地，然后有很多红军战士将其抬回，料定此人为共产党的高级军官，为证实牺牲者身份，敌人不仅扒开了他的坟墓，还残忍地砍下寻淮洲的首级，将其曝尸荒野。

1938 年 5 月，新四军司令员陈毅率部开辟敌后抗日根据地，特地到寻淮洲

---

① 中共中央党史研究室科研管理部：《全国重要革命遗址通览》，中共党史出版社，2013 。

墓前祭奠。他激动地说："青山有幸埋忠骨！寻淮洲同志是红军青年将校，以游击战斗著称，毕生为革命利益、民族利益英勇奋斗，光荣牺牲，我们要完成其遗志，以东线胜利驱逐日军回答先烈，庶几无愧！"此外，他还为寻淮洲将军撰写墓志铭——《寻淮洲同志略历》：

> 寻淮洲同志，湖南浏阳人，农家子，参加民十五年到民十七年中国大革命。由农民自卫军追随毛泽东同志转入红军第四军，任战斗员、排、连、营长之职，屡功晋升至红七军军团长。民二十三年冬，随方志敏同志率抗日先遣队转战皖南，谭家桥之役负伤，至茂林镇伤重不救身死。寻同志为红军青年将校，以游击战斗著称，毕生为革命利益、民族利益牺牲到底，实为抗日战士之楷模。民二十七年夏，新四军出发东线杀敌道经茂林，为修治墓道立碑以示不忘，且为完成其遗志而奋斗。抗日斗争已成全国人民之神圣事业，国共两党由过去之对立变为亲密合作，一致对外。前线战局日益开展，全部胜利可期，中华民族独立解放之基础已奠，谨以此告慰寻同志。新四军全体指战员更进一步以东线胜利驱逐日寇回答先烈，庶几无愧。[①]

谭家桥战斗失利后，抗日先遣队在国民党军的重兵围剿下，转战于皖、浙、赣边区，损失惨重。浙江衢州市开化县徐家村战场遗址中的碑刻大体记载了当时的情况，可惜碑刻已经模糊不清。1935年1月，粟裕等率部突围，方志敏将军却在高竹山不幸被俘。在狱中，他坚贞不屈，写下《可爱的中国》《我从事革命斗争的略述》等文后英勇就义！除寻淮洲与方志敏将军外，刘畴西、胡天桃将军也是北上抗日先遣队中的英雄人物。刘畴西将军虽然在指挥上犯了错误，但面对蒋介石、顾祝同等人的劝降，丝毫不为所动，从容就义！衣衫褴褛的胡天桃师长与国民党将领王耀武一席关于民族国家前途命运的对话，所表现出

---

① 蔡盛：《映像泾县》，合肥工业大学出版社，2018，第37页。

来的民族大义与视死如归的精神，使王耀武及其他国民党要员受到极大震动。

温州山门镇是浙南革命根据地中心区域之一，也是北上抗日先遣队的主要活动区域，在艰苦卓绝的革命斗争年代，这里曾留下刘英、粟裕等革命先驱的战斗足迹。军团长寻淮洲负伤牺牲后，指挥作战的任务交到参谋长粟裕手中，粟裕充分发挥其过人的军事指挥才能和周密的运筹能力，为部队减少损失、保留了革命骨干作出重大贡献。

粟裕戎马一生，经历过无数次的生死考验，后成为开国大将。在将军心目中，战友情谊最深厚，其心思就是："我要和你在一起，和无数革命先烈在一起！"在生命的最后时刻，他留下嘱托，将自己的骨灰撒在谭家桥、山门等曾经战斗过的地方，与战友长眠。

（二）百团大战及其纪念碑

百团大战是抗日战争中八路军在华北地区发动的一次规模最大、持续时间最长的战略性进攻战役，由朱德总司令、彭德怀副总司令亲自指挥，以破坏华北日军占领的交通线、矿山为目的。据战争初期战报统计，第一阶段共达 105 个团，因此定名为百团大战。百团大战从 1940 年 8 月 20 日开始，至 1941 年 1 月 24 日结束，历时 5 个月零 4 天，我方敌后军民共进行大小战斗 1800 多次，击毙日军 2 万多人、伪军 5000 多人，俘虏日军 280 多人、伪军 1.8 万多人，破坏铁路 900 多里、公路 3000 多里，破坏桥梁、车站 258 处，缴获了大批武器和军用物资。从歼灭日军数字看，八路军独自发起的百团大战并不亚于国军发动的对日冬季攻势，如果加入歼灭伪军的数量，八路军的战果还高于国军全军在冬季攻势中的歼敌数量。

在这场战役中，中国共产党领导的华北敌后抗日军民齐心协力，同日本侵略者浴血奋战，充分表现了中华民族不屈不挠的战斗精神。百团大战严重破坏了日军在华北地区的主要交通线，收复了部分被日军占领的区域，粉碎了日军的囚笼政策，给了侵华日军以强有力的打击，迫使"扫荡"之敌仓皇败退。百团大战对坚持抗战、遏制国民党妥协投降暗流、争取时局好转起了积极作用，进一步鼓舞和增强了全国人民夺取抗战胜利的决心，用事实驳斥了国民党顽固派对共产党八路军游而不击的诬蔑，提高了中国共产党和八路军的声威。百团大战在中国抗日战争史上写下了光辉的一页。

百团大战纪念碑矗立在阳泉市区南 6000 米处，海拔 1160 米的狮脑山主峰上。这是百团大战第一阶段的主战场之一。纪念碑坐北朝南，由主碑、3 座副碑、1 座大型圆雕、2 座题字碑、4 个烽火台和长 227 米的蜿蜒起伏的长城组成，于 1987 年 6 月 30 日建成。 高 40 米的主碑，形如一把锋利的刺刀。主碑的三个面上，分别镌刻着彭真、徐向前、薄一波的题词。

碑正面是“百团大战纪念碑”七个大字，背面镌刻着“百团大战”。另一碑的正面和背面分别镌刻着《百团大战纪念碑记》和《狮脑山战斗纪略》。 整个纪念碑建筑群，结构严谨，美观新颖，气势雄伟，威严壮观，反映了闻名中外的“百团大战”的宏伟气魄。

百团大战纪念碑的非文本语言非常生动，3 座副碑，形如军旗，象征着参战的八路军一二九师、一二〇师和晋察冀军区部队三支大军。3 座副碑之间相距 105 米，寓意着参加战役的 105 个团。3 座副碑上镶着 6 块巨大的锻铜浮雕，生动地反映了百团大战中军民“出击”“破路”“攻坚”“支前”“转移”“胜利”的情景。由三角形平台往下，从第一座题字碑到主碑之间形成了三个阶段，寓意着百团大战经历的三个阶段。再往下沿东西两侧设有 4 个烽火台，由长 227 米的蜿蜒起伏的“长城”连接，寓意着中国共产党领导的人民军队，是中华民族坚不可摧的钢铁长城。认真观赏，深感其意味深长。

（三）十字岭突围战与晋冀鲁豫抗战殉国烈士公墓

十字岭位于左权县麻田镇东部约 20 千米处，海拔 1000 多米，山峦起伏，松柏苍翠，气势雄伟，因山岭纵横状如“十”字，故名十字岭。该岭是山西、河北两省交界。1942 年 5 月 25 日，八路军总部及后勤机关 2000 余人，被日军 3 万多人合围于十字岭，危急关头，彭德怀、左权、罗瑞卿等决定分兵突围，左权将军指挥最后一批人员突出重围时，被一块弹片击中头部壮烈牺牲，年仅

37 岁。左权将军是人民的英雄，他将生存机会留给广大战士与人民群众，在最危急关头选择殿后，掩护大家，用自己的生命践行中国共产党人的使命与担当。

太行党政军民在清漳河畔为左权将军和同他一起牺牲的将士举行了公葬。辽县人民为纪念这位英雄，将县名改为左权县。在涉县石门村北精心修造了晋冀鲁豫抗战殉国烈士公墓，占地面积 2 万多平方米。左权将军陵墓北依太行，面临清漳，建在相连的三个台地的最上层。第一层台地的中间有一荷花池，第二层台地的中间建有左权将军纪念塔，左权将军墓在第三层。陵墓用青石筑成，呈长方形。墓碑上刻有“左权将军墓”五个大字。左权将军纪念塔的正面刻有朱德总司令悼念左权将军的题词：

名将以身殉国家，愿拼热血卫吾华。
太行浩气传千古，由得清漳吐血花。

彭德怀副总司令亲自撰写和手书的《左权同志碑志》，镌刻在左权将军纪念塔的左侧。从碑文字体看，彭德怀副总司令的书写非常工整，一笔一画，字字用心用力，足见对左权将军之敬重！

陵园还有原左权县县长巩丕曹率众为将军竖立的碑刻，碑文颂扬左权将军的功绩，“太行山麓，清漳河滨，将军英灵，气贯长虹。策划抗战，勋业彪炳，为国尽忠，实足同风”。文中还详细介绍了左权将军的生平，及将辽县改为左权县的原因，并表示“数十万八路军健儿北下平津东出榆关，将为左将军复仇”[①]。

（四）抱犊崮抗日根据地纪念碑

树立及践行“全民抗战”理念是中国共产党率领民众取得抗日战争胜利的重要原因之一。抗战时期，中国共产党依靠人民群众，建立革命根据地，与日

① 张俊峰：《山西抗战碑刻资料选编》，《社会史研究（第十辑）》，2021，第 200-201 页。

寇展开持久战。山东的抱犊崮就是中国共产党最早建立的革命根据地之一。所谓崮，指的是四周陡峭、上平之石山。山东 72 崮，崮崮都与抗日有关，抱犊崮是华中至太行山以至延安的唯一红色通道，是让敌人闻风丧胆的铁道游击队的大后方和指挥部。它是插在日本侵略者脊梁上的一把钢刀，是华北连接华中根据地的枢纽，是胶东通往中央的秘密通道，又有“山东小延安”之称。1939 年，敌人扫荡鲁南地区后，该地处于复杂混乱的局势之中，八路军将士们不畏艰险、奋勇前进，一一五师在罗荣桓、陈光的率领下挺进抱犊崮山区，开辟了八路军主力部队在山东境内的第一个革命根据地，成为一一五师在山东抗战的关键性区域，加快了全民族抗战胜利的步伐，为抗日战争夺取最终的胜利奠定基础。

抱犊崮抗日根据地纪念碑以铭记历史、缅怀先烈、珍视和平、警示未来为设计主旨。“要种族不灭，惟抗战到底！”碑刻中的文字是一一五师对日寇的战斗号角，也是一一五师抗战到底的决心。是什么原因让八路军战士的信念如此坚定？石刻给出了答案：好粮送给八路军，吃饱才能打敌人！淳朴而又无私的人民群众将自己最好的粮食捐献给战士们，战士们竭尽所能护卫一方人民，生动展现出军民鱼水般交融的情感。所以毛泽东主席曾说：“军民团结如一人，试看天下谁能敌！”高达 19.39 米的纪念碑是抱犊崮革命根据地建筑遗址中醒目的标志性建筑，隐喻着八路军一一五师于 1939 年挺进抱犊崮山区。碑体外形由两把近距离钢炮相交而成，在视觉错乱下时而像“八”字，时而像“人”字，这一巧妙的设计将八路军与鲁南人民联结在一起，带有一一五师扎根于抱犊崮山区并与当地人民群众共进退的美好希冀。纪念碑前侧刻有“八路军抱犊崮抗日纪念碑”，后侧嵌有“人民英雄永垂不朽”，顶部饰有五颗红色的星星，远看仿佛是一颗五角红星，寓意着八路军和鲁南人民的革命友谊光辉将永远普照在人民心中，同时，也在不经意地提醒和平年代的我们勿忘英雄。

（五）中国共产党第一批抗日英雄纪念碑

在艰苦的抗日战争年代，物资匮乏、资源紧缺始终困扰着中国共产党人。

因此，很少能见到抗日先烈纪念地，为数不多的几座八路军抗日烈士碑就显得尤为重要。

田野调查中发现几处革命烈士纪念碑，从中可探究中国共产党人的抗战轨迹。

有太岳区“小延安”之称的闫寨，是抗日战争时期太岳区党政军领导机关驻地，也是敌后抗战中心区之一。陈赓将军在此带领部队成功围困日军两年半之久，打出了中国共产党人的气势与军威，成功创造了对占领我腹心区域之敌进行斗争的范例。闫寨的“山西青年抗敌决死纵队抗战四年阵亡将士纪念碑”为纪念沁源围困战中牺牲的将士而建，从碑刻记载的时间看，自 1941 年 12 月起，八路军就有了英烈纪念碑，这是目前发现的中国共产党最早建立的抗日烈士纪念碑之一。在山西晋中市左权县的左权革命烈士陵园内，立有一批八路军将士纪念碑，其中左权将军纪念碑上刻有“民国三十一年九月十八日，芹泉镇西黄漳村学校”。这说明中国共产党开始修建烈士祠。此外，抗日战争时期中国共产党在翼城、浮山、沁水之间开展游击战，并以青城为中心设置青城县（1945 年取消），因此，翼城内也存有一定数量的烈士纪念碑，其中翼城关帝庙的“青城县军政民死难烈士纪念碑”落款为 1945 年 11 月。除此之外，在翼城革命烈士陵园内也有两方石刻，其中一方上书：“翼城抗战十二年来革命烈士纪念碑，中华民国三十八年八月。”另一方上书：“翼城二分区抗日烈士，中华民国三十八年八月。”1946 年 3 月，晋冀鲁豫边区参议会第一届第二次会议，决定在长治修建烈士陵园以纪念在抗日战争中牺牲的太行太岳英雄儿女。陵园于 1950 年 4 月动工，1952 年 10 月落成，包括烈士纪念塔、烈士公墓、纪念堂、陈列馆等设施，是中华人民共和国成立后最早建成的一座较大规模的烈士陵园，也是最早建立的一处纪念抗日革命烈士的建筑。

二、国民党英烈纪念碑

全面抗战爆发后，中国共产党从民族利益的立场出发，摒弃前嫌，与国民党及社会各界组成抗日民族统一战线，共同抗击日本侵略者。鉴于历史的经验教训，第二次国共合作有特殊形势，抗日战争在发展初期形成了两个相对独立又相互依存的战场，即国民党指挥的正面战场和共产党领导的敌后战场，正面战场与敌后战场的相互配合及双方坚持持久战的方针，成为抗战胜利的关键。抗日战争发动后，国民党将士们长期被压制的爱国热情被激发出来，在抗日民族统一战线旗帜的指引下，他们与共产党人一同英勇作战，不怕流血牺牲，表现出中华儿女同仇敌忾、保家卫国的民族情怀。

（一）战时阵亡将士纪念碑

阵亡将士纪念碑主要为纪念抗战阵亡将士而修建。从时间上看，战争期间和战事结束伊始修建的较多，这与当时就地掩埋、入土为安的民族传统有关。1938 年 11 月召开的南岳军事会议上，将领们提出阵亡官兵多曝尸疆场，且存在部分将士尸体惨遭敌人蹂躏的现象。当时国民政府认为这愧对抗日官兵，便提出改进办法。一是以后战场上所有牺牲将士遗骸必须抬回掩埋；二是各师团设立掩埋队，这就基本确定了牺牲将士有所归宿。因此，战场遗址中存留下不少抗战阵亡将士纪念碑，包括墓碑、记事碑、题挽碑等。

抗战遗址能够较好地保存下来并至今仍能继续发挥作用，离不开爱国人士及当地百姓的自觉保护。1933 年，海外华侨捐资在广州修建了十九路军淞沪抗战阵亡将士陵园，这是全国民间最早自发修建的阵亡将士纪念碑。此后，李根源先生以及广东民众分别在苏州与广东修建了烈士墓。一方石刻纪念的是“一・二八事变”后，第五军与十九路军牺牲的 78 名英雄，另一方纪念的是“八一三事变”中阵亡的 1200 余名将士。

广西子弟兵在抗日战争中发挥了重要的作用。按人口比例算，广西是全国出兵抗日最多的省份，同时，广西又是惨遭日本侵略军两次入侵破坏的重灾区和沦陷区，因此，在淞沪战场、徐州战场、武汉会战、枣宜会战、桂林会战以及大别山游击战等战役中，都有八桂勇士浴血抗日的身影。广西子弟兵的英勇斗争，留下了大量的抗战遗产，包括遗址和文物，部分事迹通过石刻记录下来。其中以昆仑关战役遗址最为典型。始建于 1944 年的昆仑关战役纪念园，内有阵亡将士墓园、纪念塔、南北两牌坊、碑亭等遗迹，其上还篆刻了蒋介石、李宗仁、何应钦、白崇禧等 15 名国民党政要人物的题词和题联手迹，这些设施在当地百姓的自觉保护下，基本完好地保存了下来。这些石刻不仅记载了昆仑关战役的经过及其意义，还表达了对为国英勇献身将士的缅怀与崇敬。

发生于 1939 年 9 月至 1942 年初的长沙会战，是抗日战争时期在国民党正面战场展开的重大战役。长沙会战三战三捷，尤其是第三次长沙会战，沉重打击了日本帝国主义的嚣张气焰，有力保障了湖南地区乃至西南大后方的安全，坚定了中国人民抗战的决心，提高了中国的国际地位和影响力。长沙会战是以万千将士的牺牲为代价换来的惨胜，阵亡英雄纪念碑分布于岳阳、长沙、株洲等地。

常德会战被称为“东方的斯大林格勒保卫战”，是抗日战争时期继上海、南京、台儿庄战役之后的又一次重大会战，也是正面战场上少有的以中国军队胜利告终的战役。在这场战役中，中国军队也遭受了重大的损失，特别是陆军七十四军五十七师，8529 名官兵最终仅幸存 300 余人。常德会战阵亡将士公墓位于常德市中心，为纪念在战争中英勇牺牲的七十四军将士而建。当时，地方政府和部队打扫战场，整理并掩埋阵亡将士遗骸，除将 8 名将校官用木棺埋葬外，其余官兵分别埋葬于大西门、小西门及西围墙内的炸弹坑里。国民党纪念英烈的碑刻多以军队命名，从碑文书写者的身份级别来看，师团级的军事首长，乃至战区长官都会为牺牲烈士撰文或题词，如常德会战纪念馆内的公墓里立有四方形的纪念碑，碑的四面均刻有当年军政要员的题词。张恨水先生的小说《虎贲万岁》以常德会战为背景创作，他在自序中提及，以前自己写的书向来暴露多于颂扬，这本书却是个例外。他希望能通过此书将阵亡将士的抗战精神永远流传。

湘西会战是抗日战争时期正面战场的最后一战，会战的胜利标志着抗日正面战场进入了全面反攻阶段。为纪念在战场上牺牲的将士们，湖南省修建了隆回抗日阵亡将士墓、洞口县七十四军湘西会战阵亡将士纪念塔等设施。

为抗日牺牲的普通士兵，民众也会铭记他们的功绩。田野调查发现，有块名为刘子梅的墓碑，他未能看到最后的胜利，但是，通过墓碑，后人能确认他的抗战烈士身份，让他踏上回乡之路，并有幸找到了亲人。万千阵亡的将士成为无名英雄，忠骨永留雪峰山，人们也永远不会忘记他们所作出的贡献。正是：资流浪浪，雪峰苍苍，大地河岳，永志国殇，俎豆千秋，礼祀馨香，丹心碧血，日月同光！

在与日寇搏击过程中，还有一批受伤将士被送至野战医院后不治身亡。悼念这些将士的纪念碑主要分布在战时野战医院遗址，以及战场附近的田间地头或民房周围等。

在浙江衢州常山县天马街道油榨弄16号危房中，有8方阵亡将士纪念碑。这些碑刻长期被湮没在废墟中。后经研究人员及当地民众多方寻找，在一菜园角落里找到了它们。由于缺乏妥善管理的缘故，碑刻多已损坏，大体拼凑出6方比较完整的石刻，还有1方因碎片太多而无法修复。石刻碑额上的残字有“抗日伤亡”，正文中又写着“四川”“福建”“山东”“安徽”等字样，应为来自这些省份的抗日阵亡将士。民众寄托哀思之后，重新将碑刻归位。

近年调查发现，河南省三门峡陕州区张茅乡存有一批负伤牺牲将士的墓碑，石碑上清楚地记录了英烈的姓名、部队番号以及去世时间。后又在河南找到了烈士李家钰殉难处以及“伤兵坟”墓碑所在处。附近的民众希望将来能在原地重建英雄们的纪念碑，让世人记住这些英雄，同时，帮助这些战士的后代寻找亲人的魂归之处。

村民自发祭奠、修建英雄墓的事件十分常见。昆仑关战役期间，广西宾阳饭铺村里住着很多伤兵，许多人因伤重而亡。当地百姓不仅自发收殓、祭奠，后来还重新修缮了烈士墓，用于祭拜牺牲于桂南会战的将士们。

随着调查研究的深入，发现百姓自发修建、重建的部分墓碑中存在信息缺失和错误等现象，如在江西萍乡调查时发现整个山头都是阵亡将士坟及战争留下的痕迹，当地百姓为缅怀英雄自发重建墓碑，凭吊英烈。仔细查阅墓志铭后，发现碑上刻有“广西南漫人”卢受漠“上等兵”等信息。众所周知，广西并没有南漫这个地名，碑刻中出现了信息错误，估计是战场情况复杂，民众仅根据有限的信息记录刻碑，来不及详细考证。这些错误无疑会对祭奠者和后人产生误导。其实，当时许多抗战阵亡者同上等兵卢受漠一样因信息缺失、错误，再也找不到回家的路。指出这一点是为了说明，面对抗战英烈的墓碑，需要详加考证，除墓碑信息外，还要结合部队番号、士兵来源等信息予以旁证，这样才能提高抗战碑刻解读的准确性，同时，提高“观石读史”的能力。

（二）忠烈祠

抗战忠烈祠始于纪念九一八事变后殉国的将士。1933 年 9 月，国民政府颁布法令《烈士附祠办法》，进行大规模的全国普查，令各级政府调查参战将士的相关事迹，明确列出辖区内忠烈祠的修建进度及供奉烈士的相关情况。1936 年 5 月，军事委员会又制定《历次阵亡残废受伤革命军人特别优恤办法全案》，在所附《各县设立忠烈祠办法》中正式使用“忠烈祠”一词。1940 年，国民政府再次下令，“要求各地注意记叙忠烈事迹，并建祠立坊……岁祠之”。并出台《抗敌殉难忠烈官民祠祀及建立纪念坊碑办法大纲》《忠烈祠设立及保管办法》，明令各地建忠烈祠。随后，各地相继修建了不少忠烈祠。祠内主要有阵亡将士墓、灵位、题挽等，目前全国保存量不多。从调查的 19 个省份来看，大体发现了 11 个地方有忠烈祠，含花山尖 1 处新修、南京灵谷寺 1 处合祀，其中腾冲国殇园、衡山忠烈祠、商城忠烈祠规制最高。

广西部队不仅派兵出省参与抗战，战后还在河南、安徽等地修建了三座忠烈祠，目前这些忠烈祠都得以修复。其中以商城八十四军忠烈祠规模最大，收录英烈最多，这是目前仅次于腾冲国殇园与衡山忠烈祠的烈士纪念场所。原有建筑由祠宇和墓葬两部分组成，陵园中央建一牌坊，额镌“精忠报国”四字，牌坊后为纪念堂，堂门上方挂有李宗仁亲题的“忠烈祠”匾额，堂内正中竖“陆军第八十四军抗日阵亡将士之神位”碑，内壁嵌有军长莫树杰撰写的《陆军八十四军忠烈祠碑记》，以及刻有该军为国捐躯将士的姓名、简历等信息。纪念堂东西两旁和北侧，依地势垒砌五级台阶式墓道，安葬装有烈士遗骨的陶缸，墓前各立一碑，刻有烈士姓名、简历。除提供纪念场所外，忠烈祠内刻有的英名录还可以帮助英雄找寻亲人，通过英名录，广西陆川籍的一个普通战士被他的家人找到。作为两岸文化交流和互动的窗口，潜山一七六师忠烈祠深受海峡两岸人民重视，两岸领导人周铁农与吴伯雄分别为纪念碑题词；花山尖忠烈祠是当地老百姓改建破庙而形成的纪念场所，用于凭吊武汉会战期间广西籍参与抗战的子弟兵。

衡山忠烈祠是“第一次南岳军事会议”召开后，较早筹备修建的忠烈祠之一，由牌坊、“七七”纪念塔、纪念堂、纪念亭和享堂等建筑构成。此外，忠烈祠四周的山头上，还有郑作民、孙明瑾将军等个人墓葬和集体公墓，其中最大的一座坟冢里，埋葬有在湘北抗日牺牲的 2728 具将士遗骸。值得注意的是，在湖南长沙岳麓山下的赫石坡湖南师范大学校园内也有一座忠烈祠，用于纪念在淞沪会战中牺牲的国民革命军第四路军将士。

图 12-1　腾冲国殇墓园

图 12-2　中国远征军抗日将士纪念碑

建于腾冲的国殇墓园主要为了纪念滇西抗战中牺牲的远征军及盟军将士。1944 年腾冲光复后，时任云贵监察使李根源先生提及：“此乃阵亡将士以热血之代价为吾人创造而成。则吾人除为父母之孝子而外，亦当为克复腾冲之阵亡将士而服丧。”在他的倡议下，烈士陵园的修建工作逐渐提上了日程，除政府拨发专款外，海外华侨亦慷慨解囊，工程于 1944 年冬动工，于 1945 年 7 月 7 日落成。建成的墓园包括烈士墓、纪念塔、忠烈祠以及 3346 座将士墓冢，是目前国内规模最大、保存最完整的正面战场阵亡将士纪念陵园。

1942 年修建的“府谷哈镇忠烈祠”位于陕西省府谷县哈拉寨河对岸的西湾村山脚下，用于纪念江桥抗战、绥远抗战和驻守哈镇期间与日寇作战牺牲的将士。忠烈祠前园地建有拜碑亭一座，内有一方四棱石碑，傅作义将军等曾在石碑中题刻。起初汕头忠烈祠是当地百姓用于收殓、祭奠烈士的临时停尸点，抗战胜利后，闽、粤、赣边区召开会议决定在“汕头中山公园建立忠烈祠，祭祀在边区阵亡将士与死难同胞，予以永久纪念！”2014 年，汕头忠烈祠在爱国人士的支持下得以修复，并于同年开辟为“潮汕抗日战争纪念馆”。

还有一些忠烈祠损毁，但有部分文物残存，例如，调查中发现河南张茅一中学里有碑廊，陈列当地的石碑，其中一碑上刻有“忠烈祠”三字，十分清晰，初步推测这应该是抗战胜利之后修建的。对于此类抗战遗址，相关部门应该主动保护并修缮，使其成为爱国主义教育的素材。

三、抗战纪念日及其相关碑刻

抗战烈士的祭奠活动往往与抗战纪念日结合在一起。九一八事变、“一·二八事变”后，当时国民政府都曾主持召开纪念活动，但始终未将其定为正式纪念日，1938年7月7日，国民政府将这一天定为“抗日建国纪念日”。以后，每年的这天，全国各地都会举行祭祀活动以悼念阵亡将士与死难同胞，部分地区还会开展集会、献金、素食、公祭、宣传、游行等活动，因此，在全国范围内涌现出修建纪念碑的热潮。纪念碑中不仅书写了中国军民的英勇事迹，还展示出中华民族奋战到底的决心，以及实现战时动员等目的。

在纪念抗日英烈的同时，也对汉奸进行鞭挞，汪精卫成为首批被清算的卖国贼。人们在汪精卫故居造了两个铜像，分别是汪精卫及其妻子陈璧君，两

图 12-3　汪精卫夫妇跪像

个铜像束手跪在抗日战争烈士的墓前，接受世人的谴责。

罪恶滔天的日本侵略者也遭到国人的讨伐，在长沙的赫石坡七十三军阵亡将士墓前，有一方特别的石刻——跪着的冈村宁次。这个侵华日军主要战犯，曾任“中国派遣军”总司令一职，指挥日寇对八路军各抗日根据地进行了残酷扫荡，在华北地区实行“三光政策”，对平民展开惨绝人寰的屠杀行动。后人将其跪拜形象立于烈士墓前，既揭示其罪行，也表达国人对其的憎恶与惩罚。

中国共产党非常重视为国家独立、民族富强而牺牲的英雄，将全国代表大会开幕式的第一个活动定为缅怀英烈。并投入大量人力、物力和财力，重建或者择新址修建抗日英烈纪念碑。

山西忻州原平续范亭广场上立有姜玉贞将军纪念碑。1937 年 9 月 29 日，姜玉贞奉命死守原平，奋战 7 天之后又奉命死守 3 天。他说：“有我姜玉贞在就有原平在，我姜玉贞誓与原平共存亡！”日军携飞机大炮突入原平地区，他率残部与敌人展开巷战，不幸壮烈牺牲，时年 43 岁。残忍的日本侵略者竟割下他的头颅，送到日本展览，以示战功。当时国民政府授予姜玉贞一九六旅荣誉称号，并追授其为陆军中将。1979 年 6 月，山东省人民政府追认姜玉贞为革命烈士，家乡人民为其建造纪念碑，传承抗战精神。

在党和政府的支持下，烈士纪念塔等抗日建筑得以修复并扩建，逐渐演变为爱国主义教育基地，对培养民族情感产生了深远影响。陕北榆林府谷哈镇是抗战时期陕西地区唯一被日军攻入的地方，但仅仅占领了一个上午就被夺回，激烈的战斗让许多将士永远留在了这片土地上。人们为纪念阵亡将士修建了纪念塔，塔顶为半球，塔身正面嵌一巨石，上面刻着“抗日阵亡将士纪念塔”九个大字，塔下是阵亡将士墓。原塔修建于 1942 年，现塔为 2004 年重建。

“国民党陆军第九十三军挺进纵队抗日阵亡官兵公墓”位于广西全州县，始建于 1945 年。公墓前立碑，碑文详细记载历次战事、官兵籍贯等信息，国民政府统治时期曾扩建原墓并增录阵亡官兵数量，李宗仁、黄旭初等人曾在碑内题词及悼亡诗。后公墓受损严重。豫湘桂大溃败中，九十三军因军长陈牧农弃守全州而臭名远扬，但军中也有不少勇士，他们在保卫全州的过程中付出了巨大努力和牺牲。为铭记历史、保护文物，并纪念中国人民抗战胜利 70 周年，当地政府与民众在原址重建纪念碑。

周元将军，广西宁明人，徐州会战后期，日寇向皖北要塞蒙城逼近，企图在徐州地区合围中国军队，周元奉命急驰于蒙城，率部以阻遏北上之敌，并掩护中国军队主力撤退，激战中不幸罹难，守军除 21 名士兵突围外，皆壮烈牺牲。日军撤走后，蒙城人民满怀悲痛，将周元将军及其部属遗骸收集合墓而葬于周庄祠东侧，并铭“周副师长殉难记”碑立墓前，改蒙城城关镇为周元镇，设周元路以纪之。桂系著名将领李宗仁曾经题牌匾“攸跻攸宁”赠予他。周元将军殉国 50 周年之际，蒙城县重建“周元将军暨守蒙将士抗日殉国纪念碑”。在桂林市棉纺厂、宁明洞廓村，都有周元将军的纪念碑。此外，周元将军的故乡明江县明江镇乡亲曾建忠烈祠以安放周元将军之灵位，祠前立青石巨碑，以昭彰烈士英灵。为弘扬周元将军忠贞报国的精神，并激励后人，宁明县人民政府决定新建周元将军抗日殉国纪念塔于将军故里。

2014 年 8 月新建的“鹿吐石铺抗日大捷浮雕群”壁画位于安徽省霍山县落儿岭镇古桥畈村。壁画高 7 米，面积 600 平方米，人物众多，气势磅礴，再现民国二十七年（1938 年）桂军一三八师及省保安团一举歼灭日军 1370 余人的壮观场面。“鹿吐石铺战役”成为安徽境内歼灭日军最多的一次战役，不仅保住了霍山，还打击了日本侵略者的嚣张气焰，更重要的是，粉碎了日军企图由霍山进入湖北抵达武汉的阴谋，在抗战史册上留下了光辉一页。为宣传历史壮举、悼念阵亡将士，并教育年轻一代，当地人士发起了修建“鹿吐石铺大捷抗日阵亡将士”纪念碑的倡议，得到当地政府与民众的大力支持，抗战英烈浮雕群及“鹿吐石铺大捷纪念碑”得以落成。广西子弟兵不仅善于作战，而且勇于作战，湖北武穴双泉寺纪念碑、四顾坪山桂军阵亡碑中真实记录了广西部队顽强抵抗日军、保卫疆土的史实，如今重建的纪念碑让这段历史再次进入公众视野，宣传爱国主义教育的同时又有利于培养民族情感。

四、抗战标语石刻

抗战标语类石刻内容丰富，有揭露日军罪行的，有鼓舞抗战斗志的，有宣传抗日民族统一战线的，有传播民族主义和革命思想的，等等。这些标语石刻充分发挥文化“软实力”的作用，为抗日战争的胜利作出了重要贡献。

广西凌云立有两方抗日石碑，皆为普通人篆刻。第一方石刻抒发了抗战背景下，饱览美景之余，对祖国大好河山发出的感慨。第二方“气吞扶桑，为国家民族努力奋斗”则由广西省立田西师范学校师生篆刻，目的在于宣传抗战建国方针，动员广大群众积极参与抗战。

口号、标语具有较强的宣传、动员效果，尤其在抗战时期，军队将领提出的口号常常成为整个队伍的指引与动力。“勿忘国耻，共赴国难”石刻现存于龙州中山公园，这是九一八事变爆发后，陈济桓将军移防龙州，对驻军提出的要求。桂林保卫战中陈济桓将军英勇抗击日寇，最后自杀殉国，实现了他与国共赴难的理想与追求。“抗战必胜 建国必成”与此方石刻相邻，是秦镇任第四集团军军事教导总队队长时立下的坚定信念。此外，“振旅岩疆”刻于泗峡坳阻击战，不仅表明蔡廷锴将军鼓励军队奋发抗敌、保卫国家的志向，更是一部中华民族保卫国土、浴血奋战的历史见证。阳朔县遇龙河上的抗战胜利碑则是普通民众奋勇抗击日寇的例证。“好男儿当报国仇！”由八十四军军长覃连芳提出，这是桂系出兵抗日的誓词，也是英雄保家卫国的决心。“笑狮山，吼散倭氛，睡狮已醒，日寇必将灰飞湮灭！”是桂七军抗日的信心和决心，也是对日寇发出的警告。在凌压西将军的故乡，村民们不仅仿建石刻“吼散倭氛”，还篆刻阵亡将士英名录、修葺将军故居，用于纪念牺牲于战场的英烈。

五、日本侵略者罪证碑

在忻州“原平”碑林广场内立有两块日文碑。一块是遗址标识碑，是日寇占领忻口后所立记功之碑，正面题有“忻口战迹”，背面为“昭和十三年一月北川部队建之”。（日本昭和十三年对应公元 1938 年）另一块则是在攻占忻口过程中，为 2.5 万名中国阵亡将士修建的慰灵塔，表面上以示追悼，实际上是吹嘘自己的战功。

抗战期间，大量狂热好战的日军被中国军民打死，有的就地埋葬。如江西庐山秀峰景区内就曾发现饭冢国五郎的坟墓。武汉会战期间，为配合日本帝国主义宣传，饭冢国五郎在庐山接受采访时，因钢盔反光被我军发现并一枪击毙，如今他的墓碑被老百姓浇上了水泥，永不见天日。

酒井直次作为“三光政策”的执行者，以及纵容日寇奸淫掠夺的刽子手，在浙赣会战中被国军掩埋的地雷炸伤，后不治身亡。尽管当时已经被炸掉一只脚，但这个残忍的侵略者还是悍然下达命令，进攻南昌。如今兰溪市中心立有石刻，记载了他罪恶的一生。

1945 年爆发的湘西会战，日军遭到严重打击，战场上留有不少日寇的坟墓，20 世纪 80 年代还有不少日本人前来祭奠，但今天已经没有了踪迹。

此外，李根源先生本着高度的国际人道主义精神安葬了被远征军消灭的部分日寇。腾冲光复后，出逃的几个日本兵在崇山峻岭中逃窜，遭到中国军民不断追击，最后仅剩吉野孝公一人，《腾越玉碎记》一书记录了有关情况。战后吉野孝公被遣返，回到福冈家中后他设立了一个灵堂，用于祭奠在腾冲战死的同袍。每年 9 月 14 日，附近遗属都会前来祭拜，唯有梅野清的妻子拒绝参与，因为她一直坚信梅野清还活着，直到 2004 年意外发现的一方石刻才得以证实——逃出腾冲城之后，梅野清就被中国军民打死了。

抗战时期，日军在中国犯下了滔天罪行，直至今日，日本军国主义者仍百般抵赖，拒不认罪。但是，他们在中国土地上留下的罪证，却不会随着时光的流逝而消失。通过这些罪证，世人就能看清日本侵略者的丑恶嘴脸。

六、抗战碑刻的作用和意义

抗战碑刻是一种重要的历史文化资源，其作用与意义至少体现在以下几个方面。

（一）褒扬将士功绩

经过十四年艰苦卓绝的抗日战争，中国取得了最后的胜利。这个胜利来之不易，是用 3000 多万仁人志士和无数民众的鲜血换来的。在战争中牺牲的烈士不该被遗忘，值得被后人铭记、缅怀。

不少抗战英烈碑刻的信息较珍贵。因为这些碑刻上除英烈姓名外，还有部队番号、籍贯、出生年月等信息。将这些信息同中国第二历史档案馆制作的抗日阵亡将士卡片《抗战阵亡将士资料汇编》，以及《抗战阵亡将士资料续编》等互相补充、印证，就可增强证史信度。

抗战石刻作为反映抗日战争这一特定历史事件的重要实物证据，不仅保留了抗战记忆，还能唤起人们对抗战历史的认识和对英烈的崇敬。走进敌后战场，人们就会被记录中国共产党领导的八路军发动群众英勇抗敌的各种斗争碑刻所震撼，深刻认识全民抗战的伟大力量。走进腾冲国殇墓园，人们都会被漫山遍野的英烈墓深深震撼。只有面对如此震撼的历史场景，人们对抗战的悲壮才能有深刻的理解。

广西子弟兵分散于全国战场，殉国后，凭吊、纪念他们的石刻也分布在各地。在枣宜会战中，钟毅将军身负重伤，为不受敌军俘虏，毅然举枪饮弹，壮烈殉国，时年 40 岁。后人在衡山忠烈祠、商城忠烈祠、桂林尧山等地立有纪念碑刻，用于祭奠。除此之外，在将士牺牲地设立学校、更改校名也是常见的纪念方式。当时国民政府曾在河南南阳唐河县湖阳镇设有“钟毅中学”，还在他殉国的丁湾村以及家乡设有“钟毅小学”和“天任中学”（钟毅，号天任）。走进将军当年自杀的现场，看着斑驳的纪念碑，仿佛看到陷入重围的中国军队在厮杀，看到将军高喊“中华民族奋起呀！抗日必胜！建国必成！”的场景。

“沙场为国死，何须马革裹尸还。”军人战死疆场，表现出英勇的气概。但是，亲人们对他们的怀念之情却难以割舍。有些碑刻，为英烈家人的寻找提供了重要帮助。例如，陆川籍阵亡士兵温杰文的亲人，就是在研究人员的帮助下，找到了他的归宿。研究人员从社交网络上得知有人要帮 80 多岁的外公找自己的父亲，能提供的信息只有“广西籍抗日将士、湖北殉难”而已，研究人员回顾了广西部队在湖北抗日的分布点，认为在“商城桂军八十四军忠烈祠”中应该有线索，查询之后，果然发现温杰文的英名列在已整理好的忠烈祠姓名录上。当年重阳节，温杰文的后人前往商城凭吊，这是迟到的悼念，使英烈获得了最大的慰藉。

（二）开展悼念活动的重要凭借

随着国家软实力的不断增强，党和国家对革命英烈的关注度不断提升，“9・30”烈士纪念日的设置推动了这一进程的发展。近年来，无论是政府还是民间，都发起了一系列凭吊抗日先烈的活动。在缺乏文献资料记载的情况下，抗战纪念碑体现出了它不可或缺的价值。

南京空军烈士陵园为缅怀牺牲于抗日战争中的航空英烈而建，陵园内的主建筑是抗日航空烈士纪念碑，像两个巨大的飞机机翼拔地而起，直插云霄，象征着航空烈士们驾驭着飞机捍卫祖国的天空。纪念碑上刻有国防部原部长张爱萍将军题写的“抗日航空烈士纪念碑”几个大字。碑座底部有四组浮雕，其中一组浮雕描绘的是在 1938 年武汉“4・29”空战，中国飞行员陈怀民击落一架敌机后受到 5 架敌机围攻，飞机油箱着火，本可跳伞求生的他毅然选择驾机撞向敌人，与敌人同归于尽的场面。这组浮雕再现了航空先烈们鏖战长空、保卫祖国的悲壮惨烈场面，令人震撼、崇敬。

田野调查过程中时常会有意外收获，靖西籍英烈墓碑的发现就是如此。李蟒岩战斗遗址调研时，当地农民不仅指认了战场遗址，还帮助找到了桂七军一七二师一〇二七团的广西籍战士埋藏地。大别山的抗战遗址调研，找到了英雄纪念碑残余，残碑中依稀能分辨出“一三八师抗战阵亡将士墓，山河同寿”等字样，有了这样的信息，凭吊英烈就有了可靠的依据。

（三）传承国家记忆

国家记忆以“为国家留史，为民族留记，为人物立传”为宗旨，这种记忆能够代表民族精神，激发民族斗志，弘扬民族文化，推动国家发展进步。碑刻所记载的一些抗战重大事件，是国家记忆的重要内容。

独山深河桥，是贵州地区的地名标志碑石刻，这块石刻具有特殊的意义，因为这里是日本侵略者在西南地区进攻的终点。1944 年，强弩之末的日寇，发动了所谓的“一号作战”计划，企图打通大陆交通线，尽管日寇在一定程度上实现了目标，但打到贵州独山后就再也无法前进一步。独山地名碑看似普通，但因日军被迫止步于此，却成为重要的抗战记忆，这块碑刻因此具有特殊的意义。

广西阳朔县遇龙桥上立的抗战胜利碑也传承了独特的抗战记忆。从碑刻记载的内容可以看出，1944 年，当地民众自发与日寇激战数十日并取得胜利。这一史实诠释了中国共产党人秉承全民族抗战理念，领导人民坚决抗战的生动情景，至今为人们所牢记。

1945 年 8 月 15 日，日本政府宣布无条件投降。同年 8 月 21 日至 23 日，今井武夫代表日本政府在湖南芷江向中国政府投降，128 万侵华日军在中国军民面前放下手中武器。为纪念芷江受降这一重大历史事件，国民政府在中国战区总受降地修建了“抗日胜利受降纪念坊”，该坊于 2014 年入选中华人民共和国民政部第一批国家级抗战纪念设施、遗址名录。

中国人民抗日战争纪念馆，位于卢沟桥事变发生地——北京市丰台区宛平城内，是我国唯一一座全面反映中国人民伟大抗日战争历史的大型综合性专题纪念馆、国家一级博物馆、全国优秀爱国主义教育示范基地、全国国防教育基地、全国首批廉政教育基地、全国百家红色旅游经典景区、全国首批国家级抗战纪念设施遗址。中国人民抗日战争纪念馆以历史图片和实物为主，辅以石刻、景观、油画、雕塑、幻影成像、影视片等展示手段，全景式展现全国各民族、各阶级、各党派、各社会团体、各界爱国人士、港澳台同胞和海外侨胞英勇抵抗日本军国主义侵略的光辉历史，突出表现中国战场作为世界反法西斯战争东方主战场为世界反法西斯战争的胜利作出了巨大的历史贡献。正因为该纪念馆具有如此丰富的历史内涵，承载着国家深刻的历史记忆，因此，许多抗战纪念活动，均在此举行。

本讲小结

抗战石刻作为抗日战争时期的历史文化遗存，以其丰富的内容、独特的材质，真实记录日军的侵华暴行，彰显中国军民英勇抵抗的顽强斗志，是研究抗日战争的重要实物资料，承载着中华民族不屈的民族精神。对现存的抗战石刻的整理与保护亟待加强，收集、整理抗战石刻，有利于民众瞻仰英雄、铭记历史，也有利于爱国主义教育活动的开展，进一步增强民族自信心与民族认同感。

解读抗战石刻，要以全民抗战理念为指导，以展现爱国主义、弘扬抗战精神为主旨。

要注重实地调查，将石刻中的文本信息与非文本信息结合起来，深刻理解其历史价值及教育价值。

要注重细节的考察，发掘碑刻和石刻中最独特、最有教育意义的内涵。

复习思考：

1.抗战石刻有哪几种类型？

2.抗战石刻的民族精神如何体现？

3.如何解读八路军百团大战纪念碑的非文本信息？

4.抗战石刻的国际意义何在？

第十三讲

碑刻在新经济史学中的运用

学习提要

近20年来，随着新经济史理论与方法流行，国内外学者越来越注重对碑刻文献的系统收集和运用。尤其在有关历史时期经济发展水平和制度变迁这两个新经济史研究的重要领域中，国内外学者将经济学的各种研究方法、数据处理技术与碑刻文献的深度融合，通过收集、提取和解读石刻中的大规模、系统性的数据和信息，有效地推进了新经济史的研究。

众所周知，经济史是一门经济学与历史学的交叉学科，其主要任务首先是描述和再现人类历史上所出现的经济活动和经济现象，进而探寻人类社会经济发展的规律。从20世纪50年代末60年代初以来，由美国一批经济史学家发起了一场“新经济史学革命”，他们倡导经济史学的“经济学化”，在经济史研究中以经济学理论为分析框架，注重使用统计、计量和反事实验证等方法。最近20年，新经济史的理论和方法逐渐运用于国内外的中国经济史研究。中国的新经济史研究开始于系统挖掘和整理各种官方档案与民间文献，尤其是借助于计量方法将这些史料中的量化信息数据库化，使中国经济史的资料与研究得到了前所未有的开发与拓展[①]。在这一研究新趋势中，碑刻文献已成为国内外学者关注的重要史料。

一、新经济史学的兴起与碑刻文献的系统运用

1964 年，美国著名经济史学家福格尔出版的《铁路与美国经济增长：计量经济论文集》一书被认为是新经济史学的开山之作。在福格尔之前，美国经济史学界都认为铁路运输在 19 世纪美国经济发展过程中起了不可替代的关键作用。但是，福格尔通过国民账户体系的核算与反事实验证的方法，发现铁路对美国经济增长的作用被经济史学家夸大了。如果在没有铁路的情况下，美国国内生产总值最多只减少大约 3%，铁路并没有在美国经济增长中起到决定性作用。也就是说，美国经济增长的原因应当从铁路之外去寻找。

但是，这场刚刚兴起的"新经济史学革命"把经济史研究从过去注重社会和人文情怀导向只关心经济发展本身。经过"经济学化"的经济史学与经济学一样，只关心整合、关心回归、关心时间变量，而不从社会制度、文化习俗和心态等角度上研究经济发展历史的背景和动因，因此无法为经济学提供更为广阔的视野。正如美国著名经济学家、诺贝尔奖获得者索洛所评价的，新经济史学家可以利用经济学家提供的工具，但无法回敬经济学家"同样的一碗粥"。也就是说，经济史应该是经济学的"源"，而不是经济学的"流"，这一点逐渐成为国际学界的共识[②]。

为了改变新经济史学这种被过度经济学化的倾向，进而为经济学提供研究

---

① Kris James Mitchener, "Debin Ma, Introduction to the Special Issue: A new economic history of China", *Explorations in Economic History*, Vol. 63, 2017.

② 李伯重：《反思"新经济史"研究：回顾、分析与展望》，《澳门理工学报（人文社会科学版）》，2017 年第 1 期。

视角、分析工具和实证素材，新经济史学家开始探索研究范式的转型之路。这种探索主要表现在以下几个方面：

第一，从研究对象来看。从过去仅仅关注统计数据较好的近现代时期的欧洲，转向关注中世纪，乃至更早的古典时期的欧洲，或者欧洲之外的地区。也就是说，过去那种以描述欧美经济史为中心的“西方中心观”逐渐让位于关注世界各国经济史的全球史观。

第二，从所使用的资料上看。从过去关注官方公布的统计资料，逐渐转向官方统计资料与民间统计资料并重。

第三，从分析框架上看。从过去单纯使用宏观经济学的分析框架，转向综合运用宏观经济学、发展经济学、新制度经济学和信息经济学等新兴经济学流派的各种分析框架。

第四，从研究方法上看。在过去使用的统计、计量和反事实验证等方法基础上，新增了制度分析、跨国跨地区的比较研究等方法。

上述四种变化趋势也体现在国内外的中国新经济史研究领域之中。由此，碑刻文献作为中国唐宋之后最常见的一种民间文献而逐渐进入了新经济史研究领域。事实上，早在 20 世纪五六十年代，国内就有一些研究明清资本主义萌芽的学者运用各地新编的碑刻文献集，论证当地具有资本主义萌芽性质的商人组织或手工工场的发展。当时，由于各地碑刻的收集、整理和保护工作才刚刚展开，学界对于碑刻的使用还处于起步阶段。20 世纪 90 年代之后，特别是 21 世纪以来，各地收集和出版了一大批地方碑刻文献资料汇编。碑刻这种宝贵的民间文献才被学界日益重视。对于新经济史学者来说，与经济主题相关的碑刻，如捐款碑、记事碑、契约碑、禁示碑等，包含着他们所关心的大量数据和信息，如地方工商业雇工工资、地方市场的物价、银钱比价、地方商号的数量和资本额、地方官府的工商业政策、地方土地市场上的交易情况等。这些碑刻的记录对象往往是村、镇或县等基层地理单位上的经济活动，它们能生动再现中国唐宋以来传统经济发展的特征、水平和趋势。而我们常用的经济史资料，如官书、奏折、方志和文集等，恰恰缺乏对这些微观经济活动的详细记录。因此，对于亟须展开传统经济发展水平的量化研究和制度阐释的新经济史学者来说，大规模、系统性地收集和研究来自各地的碑刻文献，成了他们推进研究的重要基础和实现路径。

值得注意的是，近年来，在世界各国经济史文献资料日益数据化的趋势下，一些海外学者开始尝试使用计算机数据处理技术，将部分碑刻的量化信息做成数据库。例如，英国学者艾伦（Robert C. Allen）联合英国华人学者马德斌等人从明清时期苏州的几套碑刻资料汇编中提取出当地部分手工业工匠和学徒的工资，并结合同时期其他资料中记录的工资，按照统一的计量方式和计量单位做成有连续年份、可分析、可比较的明清中国手工行业工资数据库，这些数据曾在西方学界的中西方经济发展的“大分流”讨论中发挥了重要的作用。碑刻文献的数据库化代表了新经济史研究领域应用碑刻的发展趋势。

二、碑刻文献与历史时期经济发展水平研究

历史时期的经济发展水平和制度变迁是国内外新经济史研究最重要的两个问题。

我们知道，系统全面地量化历史时期的经济发展水平是新经济史学关注的热点问题之一。一般而言，消费水平、实际工资、劳动生产率、历史 GDP、经济发展趋势和国家应对各种风险的能力等都是衡量一个国家或地区经济发展水平的重要指标。近年来，中外经济史学者合作，尝试使用统计学的方法从明清遗留下来的碑刻史料中大规模、系统性地整理和建构一系列能够反映明清以来中国各地经济发展水平的量化指标及其历史数列。

就目前的情况来看，学者们主要使用明清碑刻构建的是两种指标和数据。

一种是明清以来中国各地的工资水平。工资水平是体现一个国家或地区经济发展的重要指标，尤其是广大底层民众的工资增长，是经济增长的重要指标。明清时期的各种民间文献，如商业账簿、碑刻等都广泛记载了各种非技术工人和技术工人的工资。例如，英国学者艾伦（Robert C. Allen）联合英

国华人学者马德斌等人从《明清苏州工商业碑刻资料》的多通碑刻中系统整理出 1670 年、1693 年、1701 年、1715 年、1730 年、1772 年和 1795 年等多个年份的苏州踹布工的计件工资。继而，他们根据徐新吾提供的明清时期江南踹布工每日劳动生产率，将上述年份苏州踹布工的计件工资转化成日工资，以此构建了 1670—1795 年相对系统的苏州踹布工的日工资数列。他们又进一步将苏州的这一工资序列与 19 世纪上海棉纺织业的纺织工人工资联系起来，并将从其他统计资料中整理出来的同时期北京、广州等大城市若干行业的非技术工人的名义工资结合起来，就能展示出一幅 18 世纪上半叶至 19 世纪上半叶苏州、北京和广州等中国大城市非技术工人名义工资的变化趋势图（图 13-1）。

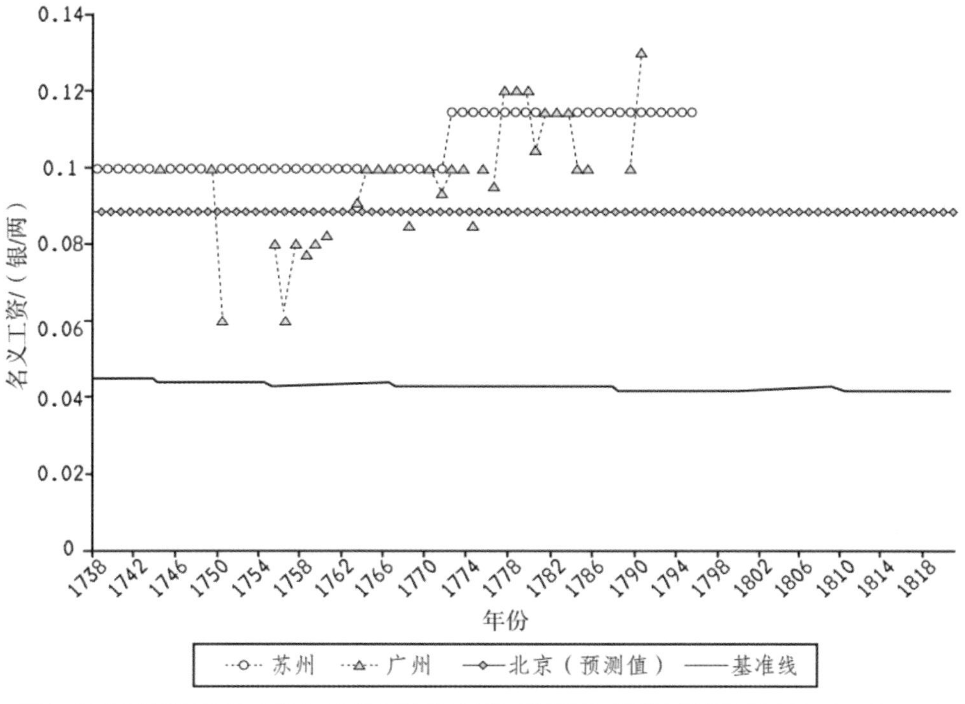

图 13-1　1738—1810 年北京、苏州和广州的名义工资

资料来源：马德斌著，徐毅等译：《中国经济史的大分流与现代化：一种跨国比较视野》，浙江大学出版社，2020，第 122 页。

从这一趋势图可以看出，在 1738—1810 年，也就是“康乾盛世”时期，与北京建筑工人和广州搬运工人的日工资比较，苏州踹布工的日工资水平最高，并且还经历了缓慢地增长，从每天 0.1 两增长到每天 0.115 两。值得注意的是，北京建筑工人的日工资则长期保持不变，广州搬运工人日工资的变化则较大，但是总体上还是经历了上涨，并在 18 世纪与 19 世纪之交赶上苏州踹布工，接近了 0.14 两。

其实艾伦等人的研究并不局限于此，他们不仅将中国各大城市非技术工人的日工资序列扩展至 20 世纪上半叶，并在剔除物价指数和生活成本的基础上核算他们工资的实际购买力，即实际福利的变化趋势，最后与同时期的欧洲和亚洲国家做比较，如图 13-2 和图 13-3。

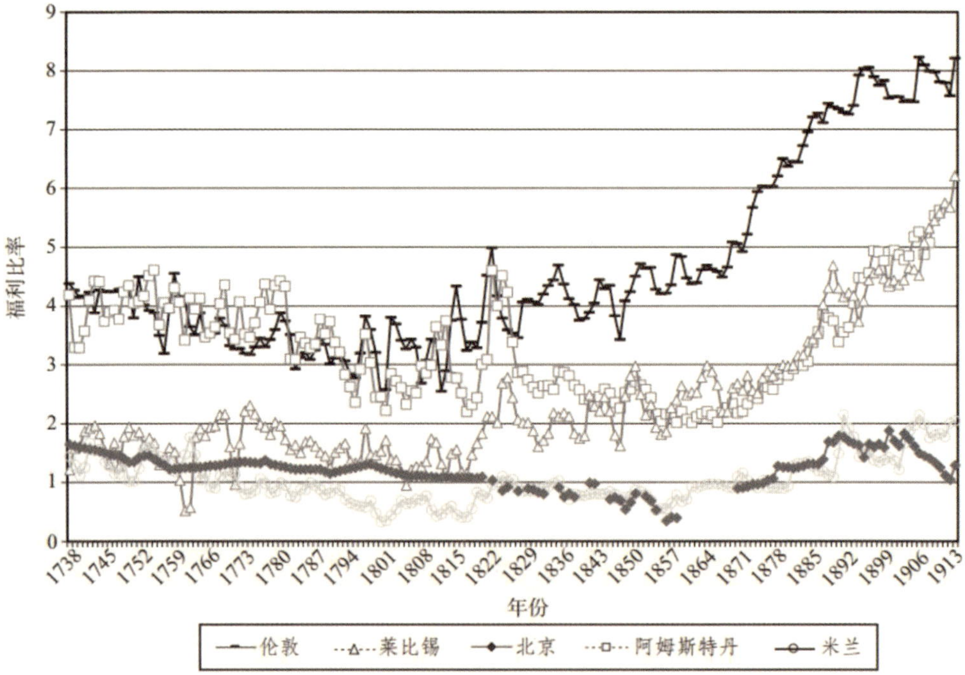

图 13-2　北京与欧洲城市的福利比率

资料来源：马德斌著，徐毅等译：《中国经济史的大分流与现代化：一种跨国比较视野》，浙江大学出版社，2020 年版，第 138 页。

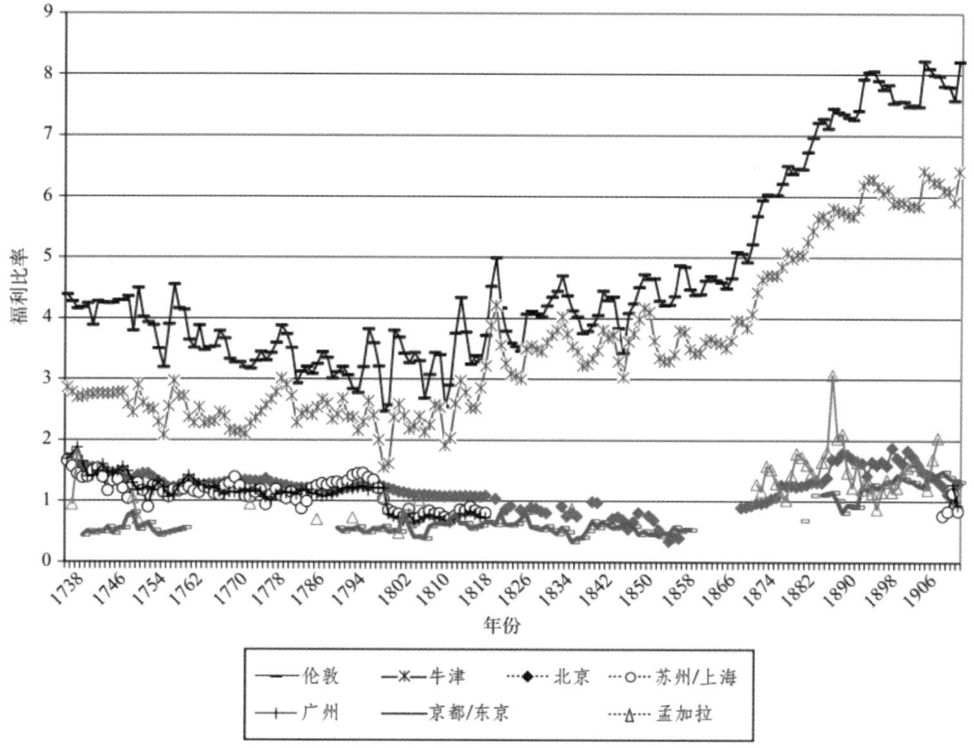

图 13-3 亚洲城市与欧洲城市的福利比率

资料来源：马德斌著，徐毅等译：《中国经济史的大分流与现代化：一种跨国比较视野》，浙江大学出版社，2020 年版，第 139 页。

他们的研究有几点重要发现：第一，中国的各地区中，长江三角洲地区的经济被认为是最发达的，但其实际工资并没有明显地高于北京或者广州。第二，从 18 世纪上半叶开始，苏州、上海、北京和广州等中国大城市非技术工人的实际工资在持续地下降，直到 19 世纪中叶的太平天国运动时期，它已经处在一个危及生存的水平。在太平天国运动之后，这些大城市的生活水平才得到了缓慢地改善并持续到 20 世纪初。第三，从国际比较的视角来看，中国的城市与欧洲生活水平较低的城市意大利米兰持平。换言之，西欧发展迅速的地区——伦敦、阿姆斯特丹和莱比锡等城市工人的生活水平要比中国大城市工

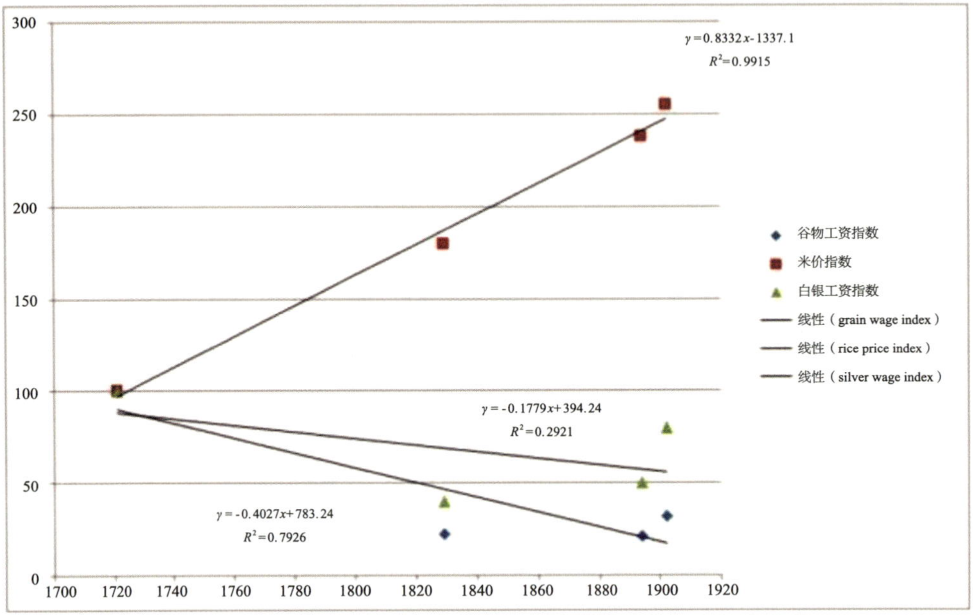

图 13-4　清代广西恭城刻工白银工资指数和谷物工资指数

资料来源：广西恭城瑶族自治县周渭祠和湖南会馆遗址留存的 4 通碑刻。

人高得多[①]。

他们这种将清代工资的量化方法运用于碑刻资料的解读和研究，我们在广西恭城瑶族自治县周渭祠和湖南会馆遗址留存的碑刻中也发现了 4 通记录有 18—19 世纪当地刻工计件工资的碑刻。

根据马德斌等人的方法，我们首先建立了 1720—1910 年当地刻工用白银计价的名义计件工资数列，然后利用当时桂林府的粮价记录，剔除粮价因素，建构一个用谷米计量的实际工资数列，如图 13-4。

从图 13-4 可知，18—19 世纪的 100 年间，随着人口的快速增加，粮价也随之增长，从而导致当地刻工行业工资都在等比例地下降，其中谷物工资比白银工资的下降幅度要大。直到 20 世纪初，两种工资的下降趋势才被些微的增

① Robert C. Allen, Jean-Pascal Bassino, Debin Ma, Christine Moll-Murata, and Jan Luiten van Zanden, "Wages, Prices and Living Standards in China, 1738-1925: In comparison with Europe, Japan and India", *Economic History Review*, Vol. 64, S1,2011.

长所取代。可见，我们在广西恭城发现的经济变化趋势与马德斌等人发现的结果相仿，这些基于碑刻的工资水平研究对于深化认识清代中国经济发展的趋势具有重要的价值。

在此，我们可以总结碑刻资料运用于历史时期经济发展水平研究的方法和流程：首先，需要搜集各种与经济相关的碑刻；其次，在整理这些碑刻的基础上，从中提取反映当地经济发展水平的各种指标及其数据，如工资、物价、利率、银钱比价、商业利润、运输成本和建筑业的投入等；再次，借助统计方法，使用统一的计量方式和计量单位，尝试建构具有连续年份、可比较、可分析的数列；最后，将新建构的数列与其他既有的数列结合起来，共同分析一个国家或地区某一历史时期的经济发展水平和趋势。

三、碑刻文献与历史时期制度变迁研究

在新经济史学家看来，制度是实现经济发展的主要动力和根本保证。换句话说，对历史上各种重要的社会经济制度的探讨也是近年来新经济史研究的热门话题。实际上，明清以来的碑刻中留存着大量有关各种制度变迁的信息。下面以清代厘金制度为例来说明碑刻在制度历史变迁研究中的运用及其意义。

学术界一般认为，厘金制度是晚清政府设立的一种国内贸易征税制度。始于清咸丰三年（1853 年），当时江苏扬州帮办军务的雷以諴为筹集镇压太平军的粮饷，在扬州的仙女庙等地对当地工商业者抽收厘金，后逐渐推广到全国。但是，根据明清以来各地碑刻资料的记载，早在清前期，许多地区已有民间抽厘的传统。这里以江苏省这个晚清厘金制度滥觞的省份为例，来说明碑刻对于探讨清代如何实现从民间抽厘，最终演变成官方抽厘这一制度变迁的历史价值。

从现在掌握的资料来看，江苏省民间厘金最早出现于清康熙四十五年（1706 年）前后的吴江盛泽镇。当地为感谢捐资修葺的一个著名寺庙——三义殿的商人们而刊刻了一方功德碑——《备修三义殿一厘缘碑》。这一碑文记载：

在松陵盛湖，独于三义殿流连最多……俾此庙历世常新之着，实在此一厘。缘凡省商贾贸易于斯者，计银数之多寡，留储每两千分之一。在出者如太仓粒粟，何损于釜钟，在需者如九仞高山，不穷于笼篑，况兹殿濒湖填筑，合镇胜观，谕香火洁清，必神灵之所欣，依虑风涛震荡，须葺治之随时，创此缘者固有弘功，守此缘者，当坚誓愿。此意前碑言之犹略，祈诸同志为我补勒一石，砌于殿庑之垣。[①]

由此可知，当时商人们捐资的形式主要是根据他们各自贸易所得的“银数之多寡，留储每两千分之一”，即碑文上所指称的“一厘”。根据这一值得信赖的史料可以断定，商人们所捐赠的“一厘”可谓是民间厘金的最初形态，这种民间厘金的属性也就相当于今日的“公基金”，只不过这种方式在当时是用于备修庙宇。

乾隆之后，随着工商业的日益发展，商人在全国各地纷纷建立会馆公所。作为当时商品经济发达的江苏省来说，会馆公所的建立情况亦是如此。为此，目前江苏各地仍然保留了大量有关当地初建或重建会馆公所的碑刻。在通常情况下，这些碑刻都会记载筹集会馆公所建设经费的具体举措，其中一个重要的举措就是募捐厘金。如据清乾隆四十二年（1777 年）苏州的山西商人会馆的《全晋会馆应垫捐输碑记》：“全晋会馆之建造，既有捐厘矣，又有乐输矣。”[②]而且当时的山西会馆还为“捐厘者”和“乐输者”各自立有功德碑。其中，“捐厘者”的功德碑名为《全晋会馆众商捐厘碑》，其碑文为：

捐厘之举……取于人者无多，则人咸乐其为捐输……况□盈千累万，亦于是乎基之，夫何患工程之浩繁哉……每年所捐若干，每商所捐若

① 江苏省博物馆编：《江苏省明清以来碑刻资料选集》，生活·读书·新知三联书店，1959，第 440 页。
② 苏州历史博物馆等合编：《明清苏州工商业碑刻集》，江苏人民出版社，1981，第 333 页。

干，至今十有六载以来，捐输弗绝，绵绵常济，盖不啻如水之成。[①]

由此可知，民间抽厘这种方式逐渐被用于当地商人会馆的筹款当中。捐厘最大的特点就是捐收的比率较低，“取于人者无多”，所以“人咸乐其为捐输”。正因为捐收的比率低，所以，它又具有持久性，能够“盈千累万”，以资助会馆浩繁的工程建设。对于会馆厘金的具体运作实态，当时的会馆碑刻也多有记载。例如，大多数会馆公所在建立之初，为了筹集经费，都需要在准备捐款的商人中间进行一次“公议”，订立一个“各相允议”的捐厘章程。捐厘主要是由各行业的总庄或总行根据分店的进货情况，代会馆向各店扣收厘金。清道光二十三年（1843 年），苏州绸缎业所就在《吴县为胡寿康等设局捐济绸缎同业给示立案碑》中明确规定了捐厘章程：“所需经费，就各店销货捐厘办理，仍由浙庄按照苏店置货实数，扣交公局支用，毋稍徇隐。”[②] 为什么会馆厘金会采取由总行代为扣缴的方式？苏州烛业东越会馆在《吴县为江鲁公所遵照旧章按货提厘给示遵守碑》中的章程给予了答案：“惟岁需甚非轻易，议以各店捐厘。店多地广难周。铺等因思各店凭行进货。兹向众行稽察岁销柏油各货多寡，议令每担扣存元银二分，按月向行对簿核收，交存会馆。”[③] 也就是说，由于烛业“店多地广难周”，东越会馆的董事们对各店能否按月缴纳厘金缺乏信心。故而，会馆唯有委托烛业的总行，在各店进货之时，顺带扣缴各店的厘金。通过总行强制性的扣缴方式，下属各商铺就难以逃避会馆厘金了。可见，委托总行扣缴厘金，既是会馆厘金抽收的主要方式，也是防止商人们逃避厘金的一种激励机制。

对于会馆厘金的用途，会馆碑刻上也有较为详细的记载。当时明清江苏商人会馆对于厘金的用途大致有三种：第一种是用于购建或扩建会馆公所之用。清道光二十九年（1849 年）的《新建豫章会馆始末碑》详细地记载了厘金在

---

① 苏州历史博物馆等合编：《明清苏州工商业碑刻集》，江苏人民出版社，1981，第 335 页。
② 苏州历史博物馆等合编：《明清苏州工商业碑刻集》，江苏人民出版社，1981，第 27 页。
③ 苏州历史博物馆等合编：《明清苏州工商业碑刻集》，江苏人民出版社，1981，第 290 页。

新建上海的江西豫章会馆过程中的重要性：建馆者“先希垫款，买得马姓地基一亩二分。逐向各乡劝募捐资，厘金接济。又荷茶商连岁厘金，输将踊跃，经费予以有资。随时亲往他郡，采办木石砖瓦等料，诹吉鸠工，起造门台、殿宇、楼屋、厅堂若干间”[①]。第二种是用于会馆公所举办的各类善举。七襄公所在清道光二十七年（1847 年）的章程规定：“如同业中有老病废疾不能谋生者；有鳏寡孤独无所倚藉者；有异乡远客贫困不能归里者，由各肆报之公局，令司月者核实。”于所捐的五厘公费中“量为资助”[②]。第三种是“因厘生息”。以嘉应会馆为例，根据它在清嘉庆十八年（1813 年）刊刻的碑刻记载，该商人团体章程规定，除将“各帮货物陆续抽敛”所得经费“经理得宜”外，还将经费“放出生息”[③]。

为了保证能持续地收到厘捐，防止以多捐少；同时，为避免厘捐被内部管理人员所侵吞，以及防止外人干扰捐厘过程，会馆公所将其“公议”的捐厘章程呈请地方政府“立案”。经地方官员批示之后，商人常将当地政府核准立案保护会馆公所捐厘的公文或禁令，刻在该会馆或公所的门前、门内，这是现今许多留存江苏省会馆公所碑文的由来。我们用苏州东越会馆的《烛业东越会馆议定各店捐输碑》阐述商人会馆“捐厘立案”的具体流程。苏州东越会馆是由当地的烛业商人于清道光二年（1822 年）建立的。建立之初，因“岁需甚非轻易”，就规定了捐厘公费的章程，并由“各行允议，永远遵行”。但是，道光六年（1826 年）即有捐款人提出：“诚恐同业私将捐项侵蚀，抑或众行日久更张，遗漏滋弊，必致敬 神各款章程废弛玩忽，不得预为防杜。”这显然是对捐厘章程的执行和管理力度信心不足。所以，该会馆经过“公议”，联名向苏州府递交呈词。在这份呈词中，除大致描述东越会馆成立的经过和捐厘章程外，最重要的是希望苏州府能“恩赐给示，刊石遵守，以垂永远”，也就是希望官府能保护捐厘章程的有效实施。苏州知府在接到此呈词之后，“除批榜示外，合行给示勒石遵循”。该知府“勒石”的内容如下：

---

① 苏州历史博物馆等合编：《明清苏州工商业碑刻集》，江苏人民出版社，1981，第 336 页。

② 苏州历史博物馆等合编：《明清苏州工商业碑刻集》，江苏人民出版社，1981，第 28 页。

③ 苏州历史博物馆等合编：《明清苏州工商业碑刻集》，江苏人民出版社，1981，第 351 页。

仰该各行户及店铺人等知悉：嗣后各店进货，应凭行按销货多寡，务各照议捐输，实心经理，毋得私将捐项侵蚀，致扰公端。该经手行户等，不得遗漏弊滋。各宜永远遵守，禀遵毋违。特示。[①]

经过“立案”与“勒石”，该会馆的捐厘受到了苏州府的行政保护。至此，该会馆这次“捐厘立案”的整个流程结束，并取得成功。可以这么说，商人团体将“捐厘”向官府“立案”，至少有三个基本流程：首先，强调的是捐厘成员的“公议”；然后，联名向地方官递送呈词，呈词一般要求地方官员保护捐厘的正常实施；最后，由政府批示同意或不同意呈词的内容。这是咸丰以前，江苏省等地会馆公所进行“捐厘立案”的常见程序。通过这个流程，会馆厘金制度引入了政府司法力量，所以，厘金也就成了一种政府认可的合法公基金。至此，民间集体捐厘在内有管理章程，在外有政府的“立案”保护下，大大加强了集资功效，这都有助于会馆公所的发展。

事实上，起源于康熙后期的祠庙厘金，除了在商人会馆公所中得到推广，还会在善堂善会与地方社会两个层面上推广，至清道光年间（1821—1850年），已分化出会馆厘金、善举厘金与地方公益厘金等多种民间厘金。例如，乾隆年间（1736—1795年）留存下来的《福山塘上货物捐条目碑》就详细记载了苏州府常熟市福山镇发起捐厘用作地方公益的例子。乾隆早期，福山镇已经发展成为江南一个著名的地方专业性市场，常年集中有大量各路客商。而福山塘河则年久淤塞。为了便利福山港的进出口贸易，当地士绅、商贾集体捐资进行疏浚。这项工程于清乾隆十七年（1752年）竣工。但是，该塘河“总因潮汐往来，浮沙日积”。刚刚疏浅的塘河很快就有可能再次淤塞。唯有“勤于捞浅，则可永远流通”。所以，当地“商牙士民”各界再次“公议进口出口一应货物，稍酌公储，以备将来捞浅之费”。他们还商议出一个“公议条规”，具体规定了进出口福山港的船只货物所要捐输的银钱数额，并且选举出综理此事的

① 苏州历史博物馆等合编：《明清苏州工商业碑刻集》，江苏人民出版社，1981，第267-268页。

董事。从货物捐银细则来看，60% 以上的货物使用抽厘的方式，来留储公费①。也就是说，抽厘是福山各业筹集浚河公费的主要方式，进而可以看出厘金制度在地方公益事业中的推广。

总之，上述各种公益厘金在制度层面上已呈现出“自下而上”的演化趋势，即由原初的地方社会自愿捐厘发展到官府强制要求地方社会捐厘，其服务的对象要么是单个的民间组织，要么是小范围的地方社会②。清咸丰三年（1853 年），雷以諴为筹集军饷，在江苏里下河地区仿照当地的会馆厘金、善举厘金与地方公益厘金的做法，将抽厘制度引入政府政策，正式设立了一种新的工商业税种。至此，江苏厘金完成了从完全民捐到亦官亦民再到官办的制度演变。

在此，可以总结碑刻资料运用于历史时期制度变迁研究的方法和流程：首先，需要从各地的碑刻中收集和提取反映历史时期制度变迁的典型个案及其信息；其次，根据时间线索，将这些典型个案及其信息置于宏大历史背景之中比对和解读，发现某一具体制度变迁的脉络；最后，结合其他史料分析和评价这一具体制度变迁的趋势、历史作用和历史意义。

本讲小结

本讲主要介绍碑刻文献用于新经济史学这一国内外史学界研究前沿领域的背景、现状、趋势和典型案例。首先，从学理层面上介绍了新经济史研究领域应用碑刻文献的原因、方式方法、呈现形式和发展趋势；继而，以新经济史学最重要的两个问题——历史时期的经济发展水平和制度变迁的研究为典型案例，详细阐述国内外学者将碑刻运用于上述两个问题研究的过程；最后，总结了学者们在研究中使用的基本方法和流程。相信随着碑刻受到越来越多的经济史学者的重视，它在新经济史的研究中必将发挥更大的作用。

---

① 苏州历史博物馆等合编：《明清苏州工商业碑刻集》，江苏人民出版社，1981，第 304-305 页。

② 徐毅：《江苏厘金制度研究：1853—1911 年》，上海财经大学出版社，2009，第 35 页。

复习思考：

1.碑刻对于新经济史学转型具有怎样的意义？

2.常见的碑刻中有关历史时期经济发展水平的指标与信息有哪些？

3.本讲总结的方法与流程是什么？

第十四讲

越南河内文庙进士碑与科举考试

学习提要

本讲主要介绍：第一，越南河内文庙和进士碑的基本概况；第二，越南河内文庙进士碑刻蕴含的历史文化价值；第三，越南河内文庙进士碑刻与越南科举考试。

中国石刻作为一种文献载体和文化形式，适用范围之广、发展规模之大，以及存在时代之久，在世界文化史上实属罕见。与中国毗邻的一些周边国家，如日本、朝鲜、越南等国，因深受中国文化的影响，也存有不少金石文刻。

中国的汉字、佛教和各种文化主要是通过两种途径传入日本：一是经由朝鲜半岛传入日本；二是由中国直接传入日本。日本金石文所表现的书风有两种：一种是带有稚拙的汉隶特征及古朝鲜书法意味的“六朝书风”，具有这种书风的日本金石文，制作时间集中在5世纪中叶至7世纪中叶之间，这是因为这一时期中国书法经由朝鲜半岛传入日本。另一种是“隋唐书风”，这一书风的金石文制作时间是7世纪中叶之后，由于日本实施了遣隋使和遣唐使制度，遣隋使和遣唐使的往来，使得日本金石文直接受到隋唐时期流行的书法风格的影响。日本现存最早的三座金石文碑位于日本群马县，依次为“山上碑”（681 年）、“多胡碑”（711 年）、“金井泽碑”（726 年），被誉为“上野三碑”，我国清代学者对此三座碑刻的研究新意频出，成为当时日本金石学最前沿的研究。此外，关于日本所存金石文研究的专著有《寰宇访碑录》《金石萃编》《潜研堂金石文跋尾》《授堂金石跋》《两汉金石记》《八琼室金石补正》等。

朝鲜半岛在新罗时期与唐朝宗藩往来频繁，双边多有文书交递，鉴于中原王朝史学载录的“详内而略外”，故目前学界较为关注的是 7—10 世纪朝鲜半岛碑志史料研究。清代著名金石学家刘喜海依据朝鲜朝贡使者所赠金石碑志拓片，撰写跋文，编辑《海东金石苑》8 卷，此书收录 7—10 世纪统一新罗金石碑志共 18 件、罗末丽初金石碑志 12 件（1000 年之前），成为解朝鲜半岛金石文的入门之作。此外，还有《朝鲜金石总览》（1919 年）、《朝鲜金石总览补遗》（1923 年）、《超粘古迹图谱》（全 15 卷，1925—1935 年）、《朝鲜古迹调查报告》（1937—1940 年）、《韩国金石全文》等图书。但是由于受自然气候和人为损坏的影响，朝鲜半岛现存新罗、百济以及罗末丽初的金石碑志，整体保存状况并不好。

越南与中国山水相连，文化交往源远流长。中国史书称越南为交趾、交州、安南等。2000 多年来，中、越两国在政治、经济、文化上的交往十分频繁，两国文化相互交融、借鉴，文化交往历史悠久，越南汉字碑铭深受中国铭文的影响。由于越南常年雨量大、湿度高、战乱多，纸质文献难以保存，碑铭是当地普通百姓记载日常生活的主要方式之一，真实地反映了越南过去乡村政治、经济、文化、社会等多方面情况。据评估，碑文拓片现存有 68000 余份，数量是纸质文献的 2 倍多，目前，中外学界整理出版的代表性越南汉字铭文汇编资料有《越南汉喃铭文汇编》《越南汉喃铭文拓片总集》《越南汉喃铭文拓片书目》（2007—2012 年）。关于碑铭研究，早在 14 世纪上半期就有黎崱的《安南志略》，近代有高朗的《黎朝进士题名碑记》、黄春瀚的《李常杰与李朝外交和宗教史》和何文晋的《铜铭文石刻文——铭文与历史》等作品。接下来，我们将以越南河内文庙碑刻为例对越南碑铭的形成和蕴含内容展开解读。

一、越南河内文庙和进士碑的基本情况

1070 年，越南李圣宗皇帝（1054—1072 年在位）下令在升龙城（今越南首都河内市）修建文庙，在文庙内供奉孔子及七十二贤像，后在文庙基础上扩建成国子监，国子监文庙逐渐成为越南选拔、培养人才的国学院。在封建王朝的支持与重视下，各地修文庙祭孔子，越南历史上文庙最多时达到 160 余座，目前保存较好的文庙尚存 12 座，分别是河内国子监文庙、山西文庙、兴安赤腾文庙、北宁文庙、海阳毛田文庙、永福文庙、顺化文庙、庆和延庆文庙、同奈镇边文庙、永隆文圣庙、同塔高领文圣庙和会安清瞻文庙。在河内文庙内现今仍矗立着 82 块进士碑，每块石碑上都记载着越南封建王朝开科取士的过程和中举士人的姓名、籍贯等详细信息。这些珍贵的碑刻资料成为我们探究越南文庙进士碑所蕴含的历史文化信息的重要载体，也是我们梳理越南古代科举考试制度形成和发展的史料依据之一。

（一）河内文庙的建立和布局

河内文庙位于越南首都河内市栋多郡，四面临街，南面为国子监路，北面临阮太学路，西面是孙德圣路，东面为文庙路。文庙国子监建筑群占地 54331 平方米，主体建筑位于一个长 300 米、北面宽 75 米、南面宽 61 米的长方形内，依照“圣人面南而治”的观念呈南北朝向。作为儒学文化在越南备受尊崇的重要载体，河内文庙于 1070 年由越南李圣宗皇帝下令在升龙城[①] 南面“修文庙，

---

① 1010 年，李太祖“自华闾徙都于京府大罗城，暂泊城下，黄龙见于御舟，因改其城曰升龙城”［引自：（越）吴士连等著，陈荆和校删：《大越史记全书 · 本纪 · 卷二》，东京大学东洋文化研究所发行，1985，第 208 页］。1831 年，阮朝的明命帝在升龙定都，见城市环抱于红河大堤之内，遂改称为“Hà Nội”（河内），一直沿用至今。

图 14-1　文庙门

塑孔子、周公及四配像，画七十二贤像，四时享祀”[①]。河内文庙在1076年扩建国子监，“皇太子临学焉”[②]，李圣宗将自己的儿子李乾德送到文庙读书，文庙逐渐成为越南培养、选拔人才的国学院。

河内文庙前是文湖，文湖中央的金洲岛上有“文湖亭”，文庙门东、西庙墙下立有下马碑和碑亭。文庙前后共五进庭院，分别是入道区、成达区、进士碑林区、大成殿和太学区，代表中国文化中的“水、木、火、金、土”五行以及“仁、义、礼、智、信”五德。文庙的中轴线上分别布置着文庙门、大忠门、奎文阁、天光井、大成门、大拜殿、启圣殿。奎文阁为木质结构，阁高两

① （越）吴士连等著，陈荆和校删：《大越史记全书·本纪·卷三》，东京大学东洋文化研究所，1985，第245页。

② （越）吴士连等著，陈荆和校删：《大越史记全书·本纪·卷三》，东京大学东洋文化研究所，1985，第245页。

图 14-2　奎文阁

层，重殿，八檐，四面窗框呈圆形，建在四根石柱上，与方形的石柱构成“天圆地方”的意境。其上层为红色木阁栏栅，四周有圆形栏杆装饰八宝图样，四个圆窗嵌在四方形的框架中敞开，有魁星光芒照耀四方之寓意。

奎文阁旁边同样有两道小门，分别为秘文门和蓄文门，寄意文章含义深远、辞藻华丽优美。穿过奎文阁进入进士题名碑刻区后，正前方是四方形的天光井，82 块进士碑分列于天光井的两侧。天光井波光粼粼、映照天空，意为“采天上之灵光成地上之华章”，水光映衬着两旁的进士题名碑，进一步显示出儒学在越南封建王朝中的重要地位。

经过大成门后是文庙的正庙区，广场尽头是大拜殿及后宫，大拜殿内为孔子塑像，悬有康熙皇帝题赠的“万世师表”匾额。大拜殿供奉周公、孔子及“四配”（复圣颜回、宗圣曾参、述圣孔伋、亚圣孟轲），左右厢房供有孔家七十二贤人以及越南各朝名儒的牌位。在大拜殿后面原来是黎朝时期的国子监，阮朝建都顺化后在当地建国子监，此处改为怀德府（归属于河内市）的府学，并在其后部添建启圣祠，祭祀孔子的父母①。1946 年，原址因损毁被拆除，后于 1954 年重建。1998 年，河内市政府决定重修国子监，经过考古资料的收集发掘，2006 年建成二层建筑，底层祭祀越南大儒国子监司业朱文安，二楼祭祀对越南儒学发展有重要贡献的李圣宗、李仁宗和黎圣宗 3 位封建皇帝。

（二）越南科举考试与河内文庙进士碑

1. 越南科举考试的发展始末

自隋唐以来，今越南中北部地区逐渐受到儒学文化教义的浸润。1075 年，李仁宗（1072—1127 年在位）开科取士："太宁四年春二月，诏选明经博学及试儒学三场，黎文盛中选，进侍帝学。"②这是越南封建王朝首次实施科举，之后"选文职官员识字者入国子监"③。1232 年，陈太宗（1225—1258 年在位）开科选取太学生：分为第一甲、第二甲和第三甲。陈朝天应政平十五年（1246 年），"定大比进士，以七年为准"④，即从 1246 年开始七年开科一次。次年，陈朝将儒、佛、道作为科试，设立状元、榜眼和探花三魁。1374 年，陈睿宗（1373—1377 年在位）隆庆二年"廷试进士"，在科举考试中置进士科。陈顺宗（1388—1398 年在位）光泰九年"诏定举人格"，"前年乡试，次年会试，中者御试策一篇，定其第"⑤。胡朝依照陈朝的规例三年开科取士一次，胡汉苍（1401—1407 年）开大二年（1404 年）"定试举人式，以今年八月乡试，明年

---

① Nguyễn Quang Lộc, Phạm Thúy Hằng. *Văn Miếu Quốc Tử Giám*(Hà Nội:Công ty Công nghệ và Lạc Hồng, 2012), p.86.

②（越）吴士连等著，陈荆和校删：《大越史记全书·本纪·卷三》，东京大学东洋文化研究所发行，1985，第 248 页。

③（越）吴士连等著，陈荆和校删：《大越史记全书·本纪·卷三》，东京大学东洋文化研究所发行，1985，第 248 页。

④（越）吴士连等著，陈荆和校删：《大越史记全书·本纪·卷五》，东京大学东洋文化研究所发行，1985，第 333 页。

⑤（越）吴士连等著，陈荆和校删：《大越史记全书·本纪·卷八》，东京大学东洋文化研究所发行，1985，第 471 页。

礼部试，又明年八月会试”[①]，“各以三年一试”[②]。越南科举考试制度在后黎朝逐步发展、日趋完善。1428 年，黎太祖（1428—1433 年在位）即位之后，“定律令，制礼乐，设科目……收图籍，创学校”[③]，实行抑佛重儒的政策，独尊儒学，儒教开始占据优势地位。黎太宗（1433—1442 年在位）下诏设立学校，下令各府官员“广泛挑选民间的良家子弟充为生徒，置儒师教授之”[④]。1434 年，黎太宗下诏规定三年一次科举考试，分为乡试、会试和殿试。乡试分为四场，分别考经义、制、诏、表、诗赋和文书。乡试一般在比较宽阔的江岸边和收割后的稻田里举行，考场四周封闭，中间竖立起一些茅草屋用作监考。乡试的取中者称为乡贡，通过皇帝殿试后取中者为进士。为褒扬贤才，越南从黎朝开始立进士题名碑。据《大越史记全书》记载：黎朝大宝三年（明正统七年，1442 年）黎太宗下诏“命制文题名竖碑。进士碑记自此始”[⑤]。黎圣宗光顺三年（1462 年）定乡试法：“先暗写汰冗一科。自第一场四书经传共五道；第二场诏、制、表用古体四六；第三场诗用唐律，赋用古体骚选；第四场策一道，经史时务中出题限一千字。”[⑥]科举制度在黎朝光顺年间（1460—1469 年）、洪德年间（1470—1497 年）大体完备，标志着越南科举制度在黎圣宗进入鼎盛时期。1802 年，阮朝嘉隆帝（1802—1820 年在位）定都顺化后，在当地修建文庙——国子监，并在顺化组织科举考试，从 1820—1919 年，共开科 38 次，取士 558 人。阮朝启定四年（1919 年）举行了越南最后一次科举考试，共录取 36 人[⑦]。据越南学者陈文玾在《 李、陈、黎、莫、阮进士科试和考取进士人数综合表》统计，越

---

① （越）吴士连等著，陈荆和校删：《大越史记全书・本纪・卷八》，东京大学东洋文化研究所发行，1985，第 484 页。

② （越）阮文桃：皇越科举镜《越南汉喃研究院藏书》，编号：VHv. 1277。

③ （越）吴士连等著，陈荆和校删：《大越史记全书・本纪・卷十》，东京大学东洋文化研究所，1985，第 565 页。

④ （越）吴士连等著，陈荆和校删：《大越史记全书・本纪・卷十一》，东京大学东洋文化研究所，1985，第 577 页。

⑤ （越）吴士连等著，陈荆和校删：《大越史记全书・本纪・卷十一》，东京大学东洋文化研究所，1985，第 606 页。

⑥ （越）吴士连等著，陈荆和校删：《大越史记全书・本纪・卷十二》，东京大学东洋文化研究所，1985，第 646 页。

⑦ Trần Văn Giáp, *Lược Truyện Các Tác Gia Việt Nam- Tập 1*(Hà Nội: Nhà xuất bản khoa học xã hội，1971), p. 520.

南历朝总计开科 187 次，取士 2991 人[①]。

2. 越南河内文庙进士碑刻的来历和类别

1484 年，以重视文学著称的黎圣宗（1460—1497 年在位）下令在河内文庙——国子监树碑。从文庙门进去后，经过奎文阁进入第三进院，院子正中为天光井，两边分别立着 82 块进士题名碑，每边 41 块，每块高 1.5～2 米不等，其中 81 块立于黎朝，1 块立于莫朝。这些进士石碑都是采用产于越南清化东山县安石山的青石雕琢而成，用石龟驮负。每块碑刻记录了科举考试中中举者的姓名和籍贯，因此，雕刻的大小、艺术装饰都不尽相同，但是碑刻的体例相同。碑身呈“日”字形，上面刻有碑记，碑记从上往下，从左至右，大致记录了开科考试的年代、开科原因、监考官员的职务和姓名以及主管内容，之后是从高至低中举者的姓名和籍贯。碑记显示了参加科举考试的人数，撰写碑文者、修改碑文者的姓名和职务，以及立碑时间。碑刻集书法艺术、龙凤花草、人物形象等雕刻艺术于一身，具有较高的文物考古价值和艺术欣赏价值。

科举碑大致可以根据三个阶段，分为三类[②]：

第一类：立于洪德十五年（1484 年）到大正七年（1536 年）的进士碑。这类的龟趺呈现圆形，光滑平整，花纹精细，碑头呈半月形；碑头和碑身四周雕刻有花纹。碑头上的装饰纹以月云或太阳为主，碑身四周雕刻有云纹和花纹。

第二类：立于盛德元年（1653 年）的进士碑最有特色。龟趺呈方形，有棱角，线条简洁明了，龟脖微缩，头部微斜或横着，嘴宽且向上弯曲，无牙，四脚张开。碑头呈半月状隆起，装饰花纹以“双龙绕月”为主题。龙身肥硕，与烟云缠绕在一起，雕刻力度大。进士碑上使用“龙纹”进行装饰，说明古代越南儒士的地位较高，得到了封建王朝的尊重和认可。

---

① Trần Văn Giáp, *Lược Truyện Các Tác Gia Việt Nam- Tập 1*(Hà Nội: Nhà xuất bản khoa học xã hội，1971), pp. 517-520.

② Nguyễn Văn Tú. *Văn Miếu Quốc Tử Giám và danh ngôn Khổng Tử*(Hà Nội: Nhà in Bộ Lao động Thương binh Xã hội, 2008), pp. 71-73.

图 14-3 河内文庙进士碑

第三类：立于永盛三年（1717 年）到景兴四十一年（1780 年）的进士碑。除了碑头上有“双龙映月”的图案，有些还有“凤凰拜月”的图形，呈现出两只硕大的凤凰张开翅膀围绕着月亮。碑身的图案发展到后期更多样、更丰富一些，表现了儒士阶层豪放丰富的生活，体现了当时的生活状态。

现存于河内文庙的 82 块进士题名碑刻，详细记录了 1442—1779 年越南通过科举考试中举的共 1307 名进士的姓名和籍贯，以及历代越南封建皇帝颁令开科取士的详细信息。在越南河内文庙竖立的进士碑中，获得第一甲即“进士及第”称谓的有 85 人；第二甲称为“进士出身”，即“黄甲”，有 283 人；第三甲称为“同进士出身”，即“进士”，有 939 人[①]。进士碑刻的碑座外形是石

① Ngô Đức Thọ, *Văn Miếu Quốc Tử Giám và 82 bia tiến sĩ*(Hà Nội：Công ty CP in & Truyền thông Nam Thanh, 2007), p. 68.

龟，将碑刻立于龟背上，象征永久长存，意在褒扬贤才，以此激励民众努力学习钻研。在河内文庙记录的进士中，有 3 人中举后对获得的功名不满意，而后再次参加科举考试又中举的，因此，出现了 3 人的名字籍贯两次被刻入进士碑的情况，所以河内文庙进士碑上呈现的 1307 个名字，实际登科中举的进士为 1304 人[①]。

二、河内进士碑刻所蕴含的历史文化信息

从河内文庙现存的 82 块进士碑刻，可以发现并研究越南科举考试制度的形成和发展过程。这些石刻透露出越南历代科举取士的时间、规模、建制、要求等详细信息。同时，这些珍贵的碑刻对于研究越南古代科举制度和国学教育体系具有重要的文化价值。

（一）考试过程及开考时间

根据现存于河内文庙的进士碑题记的科考时间，可以发现越南科举考试为每三年一次，第一年举行乡试，多数在子、午、卯、酉年的八月，与中国举行乡试（也称为秋闱、秋试、秋榜）的时间吻合。乡试的取中者称为乡贡，可以参加第二年的会试，会试多在丑、辰、未、戌年举行，因此，在河内文庙的碑刻中多出现“乙未科、壬辰科、丙戌科”等字样。在《大越史记全书》中有记载，黎朝绍平元年（明宣德九年，1434 年）八月，黎太宗诏令：“令定为试场科目，期以绍平五年各道乡试，六年会试都省堂。自此以后，三年一大比，率

① Ngô Đức Thọ, *Văn Miếu Quốc Tử Giám và 82 bia tiến sĩ*(Hà Nội：Công ty CP in & Truyền thông Nam Thanh, 2007), p.67. 这三人分别是郑铁长、阮原镇、阮仁被。郑铁长，绍天府安定县东李乡人（今为越南清化省寿春县幸福乡）。阮原稹，青林县人（今为越南海阳省南策县）。郑铁长与阮原稹是师生关系。黎朝大宝三年（1442 年），郑铁长和阮原稹一同参加考试并考取第三甲同进士出身。黎朝太和六年（1448 年），两人再次参加科举考试，郑铁长考取第一甲进士及第榜眼，而阮原稹仍为第三甲同进士出身。阮仁被，武宁县人（今为越南北宁省桂武县），黎朝光顺七年（1466 年）和黎朝洪德十二年（1481 年）两次考取第三甲同进士出身。

以为常，中选者并赐进士出身。”[①]会试在京师举行，试场设于讲武殿庭，及格者称为贡士。会试内容和乡试基本相同。会试考中四场者，可以参加殿试。殿试也称廷试或御试，在会试后数月内举行。殿试只分名次高下，并无黜落，阅卷后举行进士唱名仪式，并挂黄榜于太学门。之后，新科进士荣归乡里。回京后经过一次称之为应制命的复试，即授予官职。

（二）开考场数和考试内容

黎朝壬申科进士碑（见图 14-4）中写有“四场取合格黎贵惇等六名”，

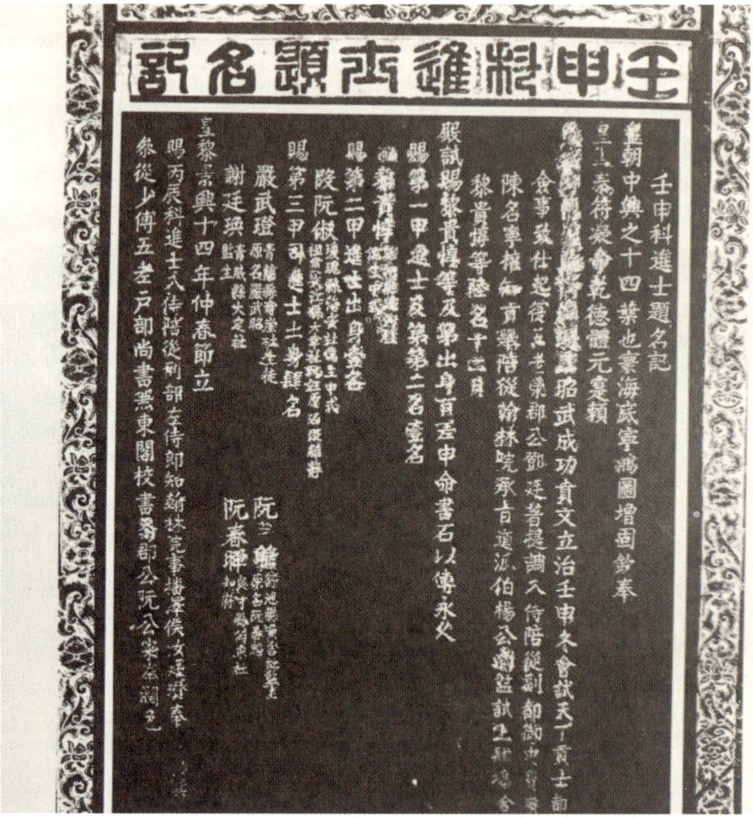

图 14-4　景兴十三年（1752 年）壬申科进士题名碑

① （越）吴士连等著，陈荆和校删：《大越史记全书 · 本纪 · 卷十一》，东京大学东洋文化研究所，1985，第 577 页。

其文表明越南的会试共四场，有别于中国科考的三场。黎朝绍平元年（1434年），黎太宗下诏参照大明会典，规定三年一次科举考试，试法亦仿明制："第一场，四书论三题，孟子四题，中庸一题，总八题，士人自择四题作文，不可缺五经，每经各三题，独春秋二题；第二场诏制表各一；第三场诗赋各一，诗用唐律，赋用李白；第四场策问，其策题则以经史同异之旨，将帅韬钤之蕴为问。"[①] 越南黎朝科举考试在内容上除考"四书"义、经义、诏、表、策问之外，第三场考诗赋，第四场考文书。虽然越南李、陈、黎朝封建帝王出于统治的需求，对科考内容做了部分的调整和增删，但是对士子熟谙儒学教义和诗文辞赋的要求是不变的。越南著名学者黎贵惇曾说："夫古人论奉使，以文学则须博洽多闻，以词命则须婉正得体，然气自不可不善，盖内外尊卑势位殊别，若望风而先馁，予以荒远自处，简交寡言，必为人所鄙薄。"[②] 由于越南封建王朝与中国存在长期的封贡关系，派遣到中国来的使臣、行人一般以进士为任，而与明清王朝保持较密切宗藩关系的黎朝，在派出北使使臣时亦以汉文化修养和科举中格作为选拔标准，因此，在科举选拔人才时尤以擅长汉文诗词歌赋者为优先，科考的内容也以四书五经、孔儒教义为主。

（三）登科士人获取的功名

越南的乡试中试者称举人，会试中试者称贡士，殿试中试者称进士。黎朝壬申科进士碑中记录了中举者的功名："赐第一甲进士及第第一名，赐第二甲进士出身一名，赐第三甲同进士出身。"由此得知，越南科举考试中的进士分三甲，第一甲分为三个等级，即"第一甲进士及第第一名""第一甲进士及第第二名""第一甲进士及第第三名"；第二甲称为"第二甲进士出身"；第三甲称为"第三甲同进士出身"。根据现存碑刻资料发现，进士碑中记载有一届科考

① （越）潘辉注：《历朝宪章类志》，卷二十六《科目志》，越南教育文化部，1974，第 12 页。

② 葛兆光、（越）郑克孟：《越南汉文燕行文献集成・北使通录・题辞（第四册）》，复旦大学出版社，2010，第 12-13 页。

只有3人中举（1592年①和1667年②）的情况，也有62人同时中举（1478年③）的情况，但并不是每场考试每个级别都有人考中，偶尔也会出现有“进士出身”而无“进士及第”的结果④。1075年，陈朝举行了越南历史上的第一次科举考试，当时不称为状元，而叫作“首科”（Thủ khoa）。1247年，陈太宗增设状元、榜眼和探花三魁称号⑤。1256年，陈太宗将科举所录取的状元分为“京状元”（Kinh Trạng nguyên）和“寨状元”（Trại Trạng nguyên），京状元取自离升龙城较近的四个乡镇考区，寨状元取自籍贯为清化、义安的考生。越南历史上有两次“双状元”出现，一次是1256年，陈国扐为京状元，张灿为寨状元；另一次是1266年，陈固为京状元，白辽为寨状元。⑥“状元”这个称谓一直沿用到1736年黎懿宗（1735—1740年在位）时期才被废止⑦，改回“首科”的称号。

（四）对参加科举考试者的出身作出限定

进士碑上刻有中举者的姓名和籍贯，从中可知，参加殿试的儒生资格为府、州、县学生员之考试及格者。黎朝壬申科进士题名记有文：“黎贵惇 延河县延河社儒生中式，严武蹬 青兰县同崖社生徒，谢廷瑍 青威县大定社监生，阮春晖 良才县归东社知府。”这表明参加会试者当时的身份分别为“生徒、儒生、监生、知府”。除此以外，其他碑刻中还列举有“知县、训导、教授、寺

---

① （越）吴士连等著，陈荆和校删：《大越史记全书·本纪·卷十七》，东京大学东洋文化研究所，1985，第894页。记载：壬辰十五年 莫洪宁二年 明万历二十年（1592年）会试天下举人，赐郑景瑞、吴致和进士出身、吴致知同进士出身。

② （越）吴士连等著，陈荆和校删：《大越史记全书·本纪·卷十九》，东京大学东洋文化研究所，1985，第984页。记载：丁未五年 明永历二十一年 清康熙六年（1667年）四月 殿试 赐阮冠儒等三名同进士出身。

③ （越）吴士连等著，陈荆和校删：《大越史记全书·本纪·卷十三》，东京大学东洋文化研究所，1985，第704页。记载：戊戌洪德九年 明成化十四年（1478年）赐黎广志等六十二名进士及第出身有差。

④ Nguyễn Văn Tú. *Văn Miếu Quốc Tử Giám và danh ngôn Khổng Tử*(Hà Nội: Nhà in Bộ Lao động, Thương binh Xã hội, 2008), p. 67.

⑤ （越）吴士连等著，陈荆和校删：《大越史记全书·本纪·卷五》，东京大学东洋文化研究所，1985，第333页。

⑥ Nguyễn Quang Lộc, Phạm Thúy Hằng. *Văn Miếu Quốc Tử Giám*(Hà Nội:Công ty Công nghệ và Lạc Hồng, 2012), p. 206.

⑦ Nguyễn Văn Tú. *Văn Miếu Quốc Tử Giám và danh ngôn Khổng Tử*(Hà Nội: Nhà in Bộ Lao động Thương binh Xã hội, 2008), p. 99. 越南科举考试中“状元”一词所代表的科举等级等同于越南其他时期科考中的“进士及第第一甲第一名”。在越南科举史中，获得“状元”称号的有46人。

丞”等各种身份职位的士人参加考试。由于不拘一格选人才，每次参加科举考试的人数从450人（1442年）到6000人（1640年）不等[①]。为了确保科考士人中举后能为封建王朝所用，越南各朝代对参加科举考试者的出身和来源有严格要求。黎朝光顺三年（1462年）科举考试规定：每年八月应试者在各地报名，须填写“通身脚（角）色，并供出府县社年齿及治经、祖父脚（角）色，不许诈冒”，同时规定“不孝、不睦、不义、乱伦及教唆之类，虽有学问词章，不许入试”，“倡优、逆党、伪官、有恶名者，其本身及子孙并不得应试”[②]，即歌妓之家、朝廷罪臣或者家庭成员有刁讹、乱伦、奸诈行为的人不得参加科举考试。越南科举考试对参考人员的身份有“保结”手续，黎朝光顺三年（1462年）“定保结试例。听本管官及本社社长保结其人实有德行者，方许上数应试”[③]，保结人定为考生所在地的“社长”。黎宪宗（1497—1503年）景统四年（1501年）乡试时，“各处社长端保本社士人，除秀林、生徒外，某军色民人，果是良家子弟，有行检学问，能属文、备四场者，亦许端保”[④]。如果社长保结不实，经府县州官吏查出，须送问治罪。

（五）监试官员的官职情况

在黎朝景兴十三年（1752年）壬申科进士题名记中记载的会试官员有：“都督佥事、荥郡公邓廷著提调，入侍陪从、副都御史、宝嶺侯陈名宁权知贡举，陪从、翰林院承旨、道派伯杨公澍监试，碑文撰写者为从刑部左侍郎知翰林院事播泽侯汝廷瓒，润色者为少傅五老户部尚书兼东阁校书乔郡公阮公寀。”从中可知，参与黎朝壬申科进士考试的官员职务有佥事、提调、权知贡举、刑

---

① Nguyễn Văn Tú. *Văn Miếu Quốc Tử Giám và danh ngôn Khổng Tử*(Hà Nội: Nhà in Bộ Lao động Thương binh Xã hội, 2008), p.67.

② （越）吴士连等著，陈荆和校删：《大越史记全书·本纪·卷十二》，东京大学东洋文化研究所，1985，第645-646页。

③ （越）吴士连等著，陈荆和校删：《大越史记全书·本纪·卷十二》，东京大学东洋文化研究所，1985，第645页。“社”，是越南封建时期行政划分中的最小管辖级别，“社长”即“村长”。

④ （越）陈文为撰，陈荆和校删：《黎史纂要（卷四）》，越南汉喃研究院藏抄本，编号：A.1452/1。

部左侍郎、少傅五差户部尚书兼东阁校书。《大越史记全书》中记载，越南黎朝乡试、会试设监临、提调、监试、考试、同考试、印卷、收掌试卷、受卷、弥封、誊录、对读、巡绰、供给等官员。只有在殿试中，改考试官为读卷官。黎朝景统四年（1501年）十二月，皇帝“定乡试事务”，“继今士人入试时，提调监试等官责令检举监官公同搜检，场中或有藏诗书事实等迹，一切察觉，至士人入试场时，自于门外详加检察。若某抄为事实等文义怀挟并代试者，即捉正身送问，前项犯人充本府军三年，终不得入场，弥封监不明以贬降罪之，承宪二司一体公同检察，方许入场考试”[①]，其中不仅提到当时的乡试官员有提调、监试、弥封等职，而且对夹带作弊者“充军三年”，考官监考不严或舞弊者则“贬降罪之”，显示出越南封建王朝对科举考试选拔人才的严格监管。

（六）朝廷对登科士人的任用

在黎朝景兴十三年（1752年）壬申科进士题名记中记载的“副都御史宝嶺侯”陈名宁为黎朝永庆三年（1731年）辛亥科第二甲进士出身，而且在1754年甲戌科和1757年丁丑科进士题名碑中，陈名宁是这两场科举考试中的监试官员，从碑记内容来看，当时的职位是“丁部左侍郎宝嶺侯”。景兴十三年（1752年）壬申科举考试中的另一位监试官员为“权知贡举道派伯”杨公澍，与陈名宁一同为永庆三年（1731年）辛亥科第三甲进士出身。还有“刑部左侍郎播泽侯”汝廷瓒，为黎朝永佑二年（1736年）丙辰科第三甲同进士出身。陈名宁、杨公澍和汝廷瓒这3人通过科举考试金榜题名之后，在其后的科举考试中成为监试官员，体现了越南朝廷对中举士人的重用，也透露出普通人可以通过科举考试改变自身命运。

中举之后，进士能获得朝廷的各种恩典，如颁赏官服衣帽、上香祭祀、御赐筵宴、衣锦还乡等，载入登科目录；之后根据考取的级别和朝廷的需要委以重任。黎圣宗洪德三年（1472年）：“定进士资格例，第一甲第一名正六品八

① （越）吴士连等著，陈荆和校删：《大越史记全书·本纪·卷十四》，东京大学东洋文化研究所，1985，第771-772页。

资，第二名从六品七资，第三名正七品六资，并赐进士及第。第二甲从七品五资，赐进士出身。第三甲正八品四资，赐同进士出身，入翰林院加一级，除监察御史、知县以本品除。”[①] 中举者多数分派到翰林院工作，有的升任行政中枢的尚书；有的担任侍读或者人侍经筵，辅佐皇帝或皇子们从事读讲及诊解经典的任务；有的在国子监承担祭酒的职务，更多的是因为精通汉语和熟知中国的礼节和诗书，奉命北使，从事邦交活动。例如，黎朝景兴十三年（1752 年）壬申科榜眼黎贵惇的升迁道路即是明证。黎贵惇（1726—1784 年）是延河县延河乡（今为越南太平省兴河县）人，1752 年中举为榜眼，1753 年被授翰林院侍书，后任侍讲。1760 年至 1762 年，黎贵惇被选为如清岁贡副使，与正使陈辉宓等人出使中国。1769 年由颖城伯晋封为侯。在 1772 年壬辰科进士碑上记载，当时黎贵惇在当期科考中任监试，职位为左侍郎，署都御史。1775 年升任陪讼[②]、副都御史，于 1784 年 3 月升为工部尚书。黎贵惇逝世后，黎显宗罢朝三日以悼之，并追赠谥号为颖郡公。

（七）碑刻在扬善祛恶、表彰贤才方面的作用

在黎朝景兴十三年（1752 年）壬申科进士题名碑中载有：“殿试赐黎贵惇等及第出身有差申命书石以传永久 赐第一甲进士及第第二名一名 黎贵惇 延河县延河社儒生中式。”这说明越南黎朝皇帝十分重视运用科举考试选拔人才，科考结果都会“命书石以传永久”。黎贵惇参加 1752 年的科举考试被取为榜眼，1753 年任翰林院侍书，后任副都御史、工部尚书，是越南历史上著名的学者、文人、史学家、哲学家和政治家，为越南的史书撰写和文学创作作出过重大贡献。在越南的封建历史上，还有许多人通过科举考试脱颖而出成为文化名人，例如，大保三年（1442 年）壬戌科进士吴士连（章德县祝山社人）编撰

① （越）吴士连等著，陈荆和校删：《大越史记全书・本纪・卷十二》，东京大学东洋文化研究所，1985，第 691 页。

② 官职相当于越南封建时期的副宰相。

了《大越史记全书》[①]；洪德九年（1478 年）戊戌科黄甲[②]阮俨（河静省宜春县前田乡人），是一位对越南教育和文庙建设有巨大贡献的人。越南封建王朝通过立碑刻名褒扬贤才，鼓励文人志士报效国家，在大保三年（1442 年）壬戌科进士碑有文："贤才国家之元气，元气盛则国势强以隆，元气馁则国势弱以污（亏），是以圣帝明王莫不以育才取士培植元气为先务也。"碑文中记录了历代中举者的姓名，也展现了越南封建皇帝对科举考试选拔人才的重视。"会试登科有录，既足以表当代之盛明，题名刻石有碑，又足以示后来之广劝焉。"[③]通过刻碑立名让贤能志士美名远播，供后人敬仰祭拜。因此在越南民间认为，通过熟读诗书、参加科举考试并为朝廷所用是让家族子孙荣耀自豪的事，也会用"金榜石碑，千秋永存"来激励自己的孩子努力读书、为国奉献。

除了表彰贤才，立碑的目的还在于扬善祛恶。洪德九年（1478 年）戊戌科碑文记载："如果考取功名只为求温饱……只会贪婪而不去考虑国家，人们会说：这个人奸诈、狡猾，将个人私利凌驾于国家之上，损公肥私、欺良压善、结党营私。因此碑刻立得越久越让此人臭名远扬。立碑的深远含义也在于此，难道只是为了美名远播吗？"[④]"立碑可以促使善良的人得到激励，使恶人得以警诫，用事实告诫后人，这对于治理国家难道只起到一点作用吗？"[⑤]由此可见，越南河内文庙的进士题名碑不仅具有扬善祛邪、教化民间的作用，而且还体现了越南封建君王对科举考试的重视，碑文所蕴含的儒学教义在越南民众中具有较高的认知度。

---

① 吴士连为黎太宗大宝三年（1442 年）进士，在后黎朝担任礼部右侍郎、朝列大夫、国子监司业、史官等官职。洪德十年（1479 年），奉黎圣宗之命编纂完成《大越史记全书》。

② 即越南科举考试中的第二甲进士。

③（越）吴士连等著，陈荆和校删：《大越史记全书・本纪・卷十二》，东京大学东洋文化研究所，1985，第 656 页。

④ Nguyễn Văn Tú. *Văn Miếu Quốc Tử Giám và danh ngôn Khổng Tử*(Hà Nội: nhà in Bộ Lao động Thương binh Xã hội, 2008), p.67. 根据黎圣宗洪德九年（1478 年）戊戌科进士碑记内容整理。

⑤ Nguyễn Văn Tú. *Văn Miếu Quốc Tử Giám và danh ngôn Khổng Tử*(Hà Nội: nhà in Bộ Lao động Thương binh Xã hội, 2008), p.67. 根据黎希宗永治五年（1680 年）庚申科进士碑记内容整理。

三、越南进士碑刻所蕴含的文化价值及其内涵

通过考察越南河内文庙的82块进士碑刻的来历和形成过程，发现河内文庙进士碑刻不仅形制优美、内涵丰富，而且还蕴含了深厚的历史文化价值和文化内涵。这些进士碑刻折射出古代越南科举考试的规模和建制，作为越南封建时期官方塑造的最高文化追求，是越南科举考试制度的实物留存和儒学文化的历史见证，它们逐渐成为越南本国人民崇尚儒学文化的重要对象。1997—2000年，“国子监文庙文化科学活动中心”代表越南政府共实施完成了21个重建项目，投入资金322129美元[①]，文湖、监花园和太学院都得以重建，力求将河内国子监文庙建成21世纪东南亚地区规模宏大、文化内涵丰富的大型孔庙建筑群。2010年4月7日，越南文庙国子监保存的82座进士石碑荣获教科文组织（UNESCO）确认为世界资料遗产[②]。在此基础上，越南政府于2012年5月10日和9月27日分两次批准国家特等级文化遗产名录（当年越南全国入选的有34处），其中，越南文庙国子监建筑艺术及历史古迹区位列首位（目前越南全国共有48处）[③]。

（一）越南进士碑刻展现了儒学教义对越南传统文化的深刻影响

中国历代王朝派出的官员到达越南之后，大力推广汉学，尊崇儒家教义，为儒学在越南的传播和发展奠定了基础。1070年，越南李圣宗皇帝下令在升龙城修建文庙，并在文庙的大成殿供奉孔子和七十二贤人，通过科举考试制度的大力推广，孔儒教义也在潜移默化之中传播到了越南全境。李朝之后历代皇帝都通晓儒学，从小习得汉语字，并擅长做汉文诗词。古代越南的子弟，8岁读孝经忠经，12岁读《论孟》《大学》《中庸》，15岁以上读《诗经》《尚书》

---

① Trần Mạnh Thưng. *Di tích Văn Miếu Quốc Tử Giám*(Hà Nội:Nhà xuất bản Thanh Hóa, 2005), pp.41-43.

② 冬夏:《文庙—国子监进士石碑荣获“世界资料遗产”证书》，越南社会主义民主共和国门户网站，http://cn.news.chinhphu.vn/Home/文庙国子监进士石碑荣获世界资料遗产证书/20104/436.vgp,2012年4月7日。

③ 另有14处遗址被列入国家级特殊遗迹区名录，越南人民报网，http://cn.nhandan.com.vn/tourism/item/15203011，2013年12月11日。

《礼记》《周易》《春秋》及子史，适龄即参加乡试会试，都希望通过科举考试一鸣惊人。到陈朝时期，皇帝下诏予中举者“赐宴袭衣出身有差，引三魁游街三日”[①]，饱读儒学经义的士子不仅为皇帝所赏识而且受众人敬仰尊重。据《大越史记全书》记载，后黎朝建立之后，黎太祖“首兴学校，祠孔子以太牢，其崇重至矣”[②]，此举进一步确立了儒学在越南国学中的主导地位。为提高儒士的身份地位，黎太宗绍平元年（明宣德九年，1434 年）颁诏：“赐国子监生及路县生徒着冠服，并于国子监教授及路县教职着高山巾。”[③] 陈朝时期顺宗曾下诏：“定文武冠服，文从官职爵六品以上用高山巾。”[④] 这也就意味着黎朝时期在国子监和各地府学的老师可以同六品以上官员一样穿戴，一时在越南全国掀起了遍读儒学诗书的热潮。文人志士无不以习得儒学经典著作为追求、以诗词歌赋为雅趣、以修身治国平天下为己任，更以为国奉献、努力成为“有功之人”为终生目标，这种理念渗透到每个越南普通家庭中，影响着每个越南人。由于历代越南封建帝王对儒学文化的重视和推崇，民众也逐渐形成以孔儒教义为核心的人生价值观，并在当今社会仍然不断映射到越南社会文化的各个方面。时至今日，河内文庙仍然作为越南文人志士尊师尚学之地，每年在河内文庙举行“教授和副教授职称颁授典礼”和“首科礼”[⑤]，在越南人看来是对努力奉献国家的知识分子的最高奖励。河内文庙的奎文阁以其独特的建筑形式和符号含义，成为河内的城市形象标志，也是越南诸多文化音像制品、出版社的商标，甚至作为越南对外文化宣传的形象和符号，足见河内文庙的文化表征意义。河内文庙拥有宣传孔儒教义的文化内涵，鼓励学子勤奋好学为国家奉献才能，其在越南

① （越）吴士连等著，陈荆和校删：《大越史记全书·本纪·卷七》，东京大学东洋文化研究所，1985，第 445 页。

② （越）吴士连等著，陈荆和校删：《大越史记全书·本纪·卷十一》，东京大学东洋文化研究所，1985，第 577 页。

③ （越）吴士连等著，陈荆和校删：《大越史记全书·本纪·卷十一》，东京大学东洋文化研究所，1985，第 577 页。

④ （越）吴士连等著，陈荆和校删：《大越史记全书·本纪·卷八》，东京大学东洋文化研究所，1985，第 471 页。

⑤ 文庙首科礼，即集合当年越南国内各高校成绩最优异的毕业生，到国子监文庙举行表彰仪式，并向文庙先圣先贤进香的一种仪式。

文化体系中占据重要地位，是儒学在越南扎根和传播的历史见证。

（二）越南进士碑刻表明科举考试是越南封建王朝选拔人才的重要方式

越南从 1075 年到 1919 年实行科举考试制度，经过李朝、陈朝、胡朝和黎朝等历代皇帝的推崇，形成了一整套完善的选拔人才的教育体系，考取功名成为越南古代文人的终生追求，这也促使儒学文化在越南得以广泛和深远地传播。1075 年，李仁宗在全国设立科举考试制度，设翰林院教授翰林学子，士子们想要获取功名并获得官衔，就要努力研读儒学书籍。1227 年，陈朝“试三教子谓儒道释各承其业者”①，即举行儒、道、释三教考试，逐步确立儒学经义在科举考试中的地位。至 1396 年胡季犛改革科举制度，将科举考试分为乡试、礼部试、会试三个级别，并在科试中增加了书算考试，显示了儒学对越南文化的影响。后黎朝极力推崇儒学，兴办儒学教育，完善以儒学为内容的科举取士制度。黎朝绍平元年（明宣德九年，1434 年）定取士科，诏曰：“得人之效，取士为先，取士之方，科目为首。”②1472 年，黎圣宗颁布《申定会试法》，规定科考内容为：“第一场，四书八题，五经每经三题；第二场，诏、制、表各三题；第三场，诗、赋各二题，赋用李白体；第四场，策问一道。”③河内文庙进士碑资料显示，黎朝大宝三年（1442 年）越南全国参加科举考试的士子有 450 人，至黎神宗（1618—1643 年，1648—1662 年在位）阳华六年（1640 年）达到 6000 人，为越南科举会试人数之最④。在封建帝王的大力推行之下，黎朝共开科 107 次，取士 1429 人，占越南开科取士总人数的近一半⑤。许多儒生士

---

① （越）吴士连等著，陈荆和校删：《大越史记全书·本纪·卷五》，东京大学东洋文化研究所发行，1985，第 323 页。

② （越）吴士连等著，陈荆和校删：《大越史记全书·本纪·卷十一》，东京大学东洋文化研究所发行，1985，第 577 页。

③ （越）吴士连等著，陈荆和校删：《大越史记全书·本纪·卷十一》，东京大学东洋文化研究所发行，1985，第 691 页。

④ Ngô Đức Thọ, *Văn Miếu Quốc Tử Giám và 82 bia tiến sĩ*(Hà Nội: Công ty CP in & Truyền thông Nam Thanh, 2007), p. 67.

⑤ Trần Văn Giáp, *Lược Truyện Các Tác Gia Việt Nam- Tập 1*(Hà Nội: Nhà xuất bản khoa học xã hội, 1971), pp. 517-519.

人通过科举考试走上仕途，成为历史上有名的文化家、政治家。例如，陈朝胡宗鷟，年少时登科，曾奉正使如明，迁翰林承旨兼审刑院使，有《效颦诗集》传世；胡朝阮廌，圣元元年（1400 年）中太学生，授正掌台御史，黎利称帝后，拜为丞相、冠服侯，位居文官之首；阮直，大保三年（1442 年）壬戌科中状元，后来成为翰林院承旨兼国子监祭酒，著有《樗潦集诗》；黎贵惇，黎朝景兴十三年（1752 年）壬申科中榜眼，次年被黎显宗任用为翰林院侍书，后任副都御史、工部尚书。这些通过科举考试选拔出来的士人，为越南封建王朝的兴盛与发展起到了重要的作用。

（三）越南进士碑刻透露出越南王朝文臣武将管理体系的形成

从秦始皇部设立象郡到公元 968 年越南封建王朝自治，儒学思想在越南广泛传播并深入人心。至越南李朝时期，封建帝王愈发注意到儒家思想中的“礼法刑政”对于加强自身管理起到积极的作用，这促使越南的封建帝王开始注重儒学教育，大力宣扬儒学的“大一统思想”，并选择精通儒教思想的文臣来管理国家，而采用科举考试选拔符合的人才就是最佳的方式。陈朝“佛儒并重”，但是儒教中的“三纲五常”有利于封建统治阶级对人们思想上的管辖，因此，封建王朝也十分注重科举取士，并从 1232 年开始划分为“三甲”。胡朝对科举考试制度进行了改革：乡试中者免徭役；礼部试中者充选补；会试中者充太学生。这从侧面扩大了科举取士的影响，推动了文人志士投身科举考试中以求功名、为国效力。科举考试发展到后黎朝进入鼎盛时期，越南史学家潘辉注评论曰：“历朝科举之盛，逮夫洪德至矣。其取士之广，选人之公，尤非后世所及。”[①]“洪德”为黎圣宗年号，他在位期间大力推行科举考试制度，尤其重视以科举来选拔官吏，其在位 38 年，共开科 12 次，取进士 501 人，状元 9 名[②]。其

① （越）潘辉注：《历朝宪章类志》，卷二十六《科目志》，越南教育文化部，1974，第 15 页。

② Nguyễn Văn Tú. *Văn Miếu Quốc Tử Giám và danh ngôn Khổng Tử*(Hà Nội: Nhà in Bộ Lao động Thương binh Xã hội, 2008), p.91.

中有光顺四年（1463 年）状元梁世荣[①]、光顺七年（1466 年）进士杜润[②]、光顺十年（1469 年）进士申仁忠[③]、洪德十二年（1481 年）状元范敦礼[④]等人，皆为后黎朝的封建统治和国学教育作出了杰出贡献，这些文人志士推动后黎朝进入越南封建王朝的鼎盛时期。

（四）越南进士碑刻显示文赋诗歌是越南封建王朝的主流国学

由于越南科举考试以四书五经为考试内容，兼考文书诗赋能力，因此，逐渐在越南文学史中形成注重诗文创作的导向，凡是中举的进士无不在诗词文赋上颇有建树。陈朝皇帝陈太宗、黎朝黎圣宗、陈朝朱文安、黎朝阮廌等，无不精通汉文诗赋。陈太宗工于诗赋，著有《太宗御集》《箕裘集》《贻后录》等。黎圣宗则被看作是 15 世纪下半叶越南最有名的诗人[⑤]，“凡五经四书，百家诸子，无不贯通，崇师重道”[⑥]，正所谓“山清水碧之处无不有圣宗的诗文”[⑦]，他精通汉诗音律，著有《琼苑九歌》《明良锦绣诗集》《珠玑胜赏诗集》等。黎圣宗时期，越南的科举考试制度逐步完善，儒学思潮蓬勃发展，逐步在越南思想文化上占据了重要地位。随着诗赋在科举考试内容上的加重，儒士们研修汉文诗赋，促进了以汉诗为主要内容的汉文学的成熟。至阮朝时期，越南实行行政改革，全国设立 36 镇，每镇设一座文庙，每县设一座文祠，每村设立露天文

---

① 梁世荣为黎圣宗光顺四年（1463 年）状元，著有《大成算法》，里面记载了当时的数学知识和他的发明创造，因为精通测量计算，民间称其为“量状元”。

② 1494 年，黎圣宗亲自创立了越南历史上规模最大的文学组织——骚坛会，他自称“骚坛元帅”，与 28 位文臣宿将吟诗唱酬，被称为“越南文坛上的二十八秀”或“骚坛二十八宿”。他们吟咏唱和，留下了大量汉语、喃字诗文，如《天南余暇集》《春云诗集》《古今宫词诗》《英华孝治诗集》《文明鼓吹诗集》等。杜润为黎圣宗光顺七年（1466 年）进士，为“骚坛会”副元帅。骚坛会的成立标志着黎朝宫廷文学的昌盛。

③ 申仁忠为黎圣宗光顺十年（1469 年）进士，官至翰林院侍读兼东阁大学士，他与杜润同为“骚坛会”副元帅。其家族为儒学世家，族中多人应试科举而中试，申仁忠的儿子申仁宇为 1481 年进士、申仁信为 1490 年进士，孙子申景云为 1487 年探花。

④ 范敦礼参加黎圣宗洪德十二年（1481 年）科举考试，连中三元考中状元，官至尚书，后出使明朝，在广西桂林学会编织竹席的技术，回国后传给越南海潮乡（今属太平省兴河县）的乡亲父老，极大地推动了越南竹编工艺的发展。范敦礼也被称为越南“竹席鼻祖”，也被越南人称为“席状元”。

⑤ 于在照：《越南文学史》，军事谊文出版社，2001，第 60 页。

⑥ （越）《大越黎朝帝王中兴功业实录 · 卷一》，《越南汉喃研究院藏抄本》，编号 A.19。

⑦ （越）陈重金著，戴可来译：《越南通史》，商务印书馆，1992，第 178 页。

址。各地修文庙祭孔子，明命帝阮福皎（1820—1840 年）亲临文庙向孔子顶礼膜拜，儒学地位至此达到至高无上的地位。在越南历史上有名的儒学志士还有许多：陈朝的朱文安（1292—1370 年）是越南首屈一指的儒学家和教育家，著有《四书说约》《七斩疏》《樵隐诗集》等诗集，被越南史学家称为“儒宗”①；黎朝的阮廌（1380—1442 年）是汉语和喃字文学兼工的文学大家，著有《抑斋诗集》《军中词命》《国音诗集》等汉文著作；壬申科榜眼黎贵惇是一位著作等身的文化名人，他撰有《黎朝通史》《见闻小录》《抚边杂录》《芸臺类语》等 9 部历史著作，有《易经肤说》《春秋略说》《金刚经注》《阴骘文注》等 12 部古籍的校释注释之作，此外，还编有涉及佛教、道教、兵家、医术等各领域的 10 部子部典籍②；另有莫朝阮秉谦（1491—1585 年），他是 16 世纪汉、国语诗成就卓著的名家，著有《白云庵诗集》《白云国语诗集》等，其最重要的贡献是将中国儒学经典《四书》进行注释，写成《四书说约》，并以国子监祭酒的身份进行推广与传授，使儒学在越南更加本地化。到了 18 世纪，阮攸（1765—1820 年）依照中国传统诗赋体例创作的六八体长篇叙事诗《金云翘传》，这是越南喃字文学的顶峰之作。在越南长达 1000 多年的封建统治中，熟读儒学典籍、考取功名一直是文人志士们追求的目标，也促使越南形成以儒学文化为国学的主流文化思潮。

本讲小结

从 1075 年李仁宗开科取士至 1919 年阮朝举行最后一次科举考试，越南实行了近 900 年的科举考试制度，是全世界结束科举考试最晚的国家。从河内文庙的碑文中，我们能感受到越南对中国儒学文化中“修身，齐家，治国，平天下”家国情怀的追求和认同。这些碑文展现了越南对通过科举考试选拔人才

---

① Nguyễn Quang Lộc, Phạm Thúy Hằng. *Văn Miếu Quốc Tử Giám*(Hà Nội:Công ty Công nghệ và Lạc Hồng, 2012), pp. 50-51.

② 于在照：《越南文学史》，军事谊文出版社，2001，第 98 页。

制度的重视，以及对参加科举考试士子的儒学要求和道德标准，同时也体现了对中举士人的尊重和任用。越南通过科举选拔治国人才，尊儒重道，不仅让儒学道义逐渐成为越南传统文化的根基，而且为越南封建王朝的兴盛和发展提供了制度保证。竖立在越南河内文庙的 82 块进士题名碑作为科举考试制度的见证，正是研究越南科举史的重要历史资料。通过考证进士题名碑记载的相关信息，我们得知科举考试制度对越南国学文化的确立、文臣贤能的选拔、国家管理体系的维护都起到了重要的作用，这进一步证明科举取士是越南封建王朝统治过程中不可或缺的人才选拔方式，而且科举的大力推行对儒学在越南的传播和发展以及汉字文化圈在东亚的逐渐形成具有重要意义。碑刻文化是一种世界现象，是各国历史事件的重要记载和见证，世界上许多国家都通过刻碑立传的方式记录重要事件。

复习参考：

1.越南科举考试的过程和考试内容是什么？

2.越南科举考试制度对越南封建王朝治理国家起怎样的作用？

3.越南河内文庙进士碑刻包含哪些独特的历史文化资源？

4.越南文庙对推动越南科举考试制度的确立和发展有怎样的作用？

5.越南文庙对越南文化体系的建构和形成有怎样的影响？

后　记

《观石读史》教材终于面世了，我们课程组全体成员感到由衷的高兴。

我们所供职的广西师范大学历史文化与旅游学院，一直十分重视社会历史调查，以此作为加强理论联系实际、促进教学创新的重要途径。通过长期深入社会实际开展调查研究，师生们加深了对社会的认识，掌握了调查研究的基本功，同时，也积累了大量的来自社会基层的历史文献资料，其中包括石刻资料。

以这些资料为依据，从20世纪80年代开始，我们在老一辈教师的带领下，开设了“广西地方史”“社会历史调查方法论”等课程。进入21世纪以来，我们又根据国家经济、文化建设和学科建设需要，开设了《文化资源学》《广西文化地图学概论》等课程。在此过程中，对碑刻文化有了较全面、深入的了解，越来越清楚地意识到，在现代社会里，让大学生了解石刻基本理论与基本知识，传承中华优秀传统文化，并掌握将其转化为建设资源的方法，是历史教育工作者义不容辞的责任。因此，决定将《观石读史》作为人文素质公共选修课，面向全校开设。经过10余年的努力，本课程已由校级课程逐渐发展为广西线上线下混合式一流本科课程、国家线上线下混合式一流本科课程。到目前为止，选修《观石读史》的学校有黑龙江工程学院、湖南工学院、西南科技大学、吉林艺术学院、河北师范大学、阜阳师范学院、广西师范大学、山西医科大学、广西医科大学、安徽中医药大学、武汉生物工程学院、桂林理工大学、贺州学院等，共44所，选课人数逾万。

为进一步提升课程建设质量，课程组决定在各自讲稿的基础上发展为教材。教材兼顾线上和线下教学的需要，以历史唯物主义和中国式现代化理论为指导，围绕“观石读史”课程的基本理论、基本知识和基本技能的教学组织相关内容。教材中的石刻资料，多为本课程组成员经多年实地调查获得，石刻价值及其保护、利用的观点，也多为本课程组成员研究的成果。鉴于人文素质教育课具有通识特征，教材各讲均注重石刻文化在大学专业基础中的有效渗透，凸显通识教育的功能，针对教学中出现的问题不断调整教学内容与教学方法，努力提高教学质量。各专业的同学在教学实践中，以各种方式解读石刻信息，并将其运用到不同的专业设计中，我们从中能较准确地掌握教学动态。乡村振兴战略的实施，促进了历史文化资源的开发、保护与利用，也促使我们对石刻文化的现代价值不断有新的认识。党和国家根据现代教育和科技发展趋势，制定了一系列具有较强指导意义的方针、政策，使我们能沿着正确的方向开展教学改革和教材建设。2019 年，教材初稿形成，之后根据教学实践及国家文化事业发展态势不断进行修改、完善。2023 年，编写任务完成，接着，又在出版社的建议下进行新的修改，使之进一步完善。《观石读史》既是我们课程组 10 余年教学探索的成果，也是社会各界共同培育新时代教育的产物。

承担编写任务的教师共有 8 位，具体分工如下：

写在前面的话：唐凌

上编

第一讲　学会“观石读史”，探索历史奥秘：唐凌

第二讲　石刻简史、类型、制作与保存保护：江田祥

第三讲　石刻图片的拍摄与电脑后期处理：彭家威

第四讲　石刻的非文本解读：唐凌

第五讲　如何对石刻评头品足：唐凌

第六讲　“观石读史”的启示：唐凌

下编

第七讲　石刻与宗谱：李天雪

第八讲　石刻所反映的传统乡村社会：李天雪

第九讲　石刻中的民族关系：刘祥学、李天雪

第十讲　商业会馆石刻的历史价值：唐凌

第十一讲　石刻文献与区域社会变迁：江田祥

第十二讲　抗战中石刻中蕴藏的民族精神：李闰华

第十三讲　碑刻在新经济史学中的运用 ：徐毅

第十四讲　越南河内文庙进士碑与科举考试：钟珂

后记：唐凌

在教材基本成型后，唐凌、李天雪、江田祥、徐毅分别从不同的角度进行审读，提供修改意见，最后由唐凌负责定稿。

在本教材面世之际，我们对广西师范大学黄现璠教授和钟文典教授等老一辈学者深表敬意。他们不仅身体力行，带领我们走向田野，寻找石刻，开辟“观石读史”的道路，而且他们治史的思想和方法，为本课程组提供了重要的理论启发和方法指导。

我们感激所有参与石刻收集整理工作的师生和社会各地的文史工作者。他们用自己的劳动和智慧，帮助我们挖掘出不少新的有价值的石刻资源，并帮助我们将这些资源进行整理，使之成为有用的教学素材。

我们感激广西师范大学教务处及课程发展中心的领导及工作人员。他们在《观石读史》教材立项、编写以及相关教学实践活动中提供了许多帮助。

我们感激上海智慧树广西师范大学客栈的工作人员。他们在协助我们拍摄《观石读史》网络课程的同时，传授了许多现代课程建设理念与技术，使我们编写教材的思路得以扩大。

我们感激上海智慧树课程运作管理中心的工作人员。他们以学习报告、平台师生交流信息汇总等方式及时反馈的学生学习情况，为我们教材编写准确判断重点、难点、创新点提供了重要依据。

我们感激广西师范大学历史文化与旅游学院的领导。他们的鼓励和督促，使我们获得前进的动力。

我们感激中国出版集团研究出版社的编辑团队。他们用专业出版人的专业眼光帮助我们发现书稿中存在的各种问题，促使我们将学术研究成果向教材建设成果转化。

最后，我们感谢所有已选修或即将选修《观石读史》课程的全国各地的大学生。他们对中华传统文化的热爱和对本课程产生的兴趣与专注，使我们深受鼓舞。他们所提出的各种问题与建议，密切了教与学之间的联系，使我们对教学理论与实践方法以及教材的编写策略能够较准确地进行把握，进而不断提高教学质量。我们的发展与他们的成长相互促进。

我们将根据教育改革发展的新趋势和教学过程中出现的新情况和新问题，不断完善教材，使其质量不断得到提高，在人才培养和社会服务中发挥积极的作用。

本书编写组

2025 年 5 月 12 日